新时代智库出版的领跑者

国家智库报告 2023（25）
National Think Tank

经济

# 碳中和的县域贡献与战略路径

——湖北兴山县碳中和2035案例研究

潘家华　张莹　李萌　著

STRATEGIC PATHWAYS TO CARBON NEUTRALITY TARGET AT COUNTY LEVEL: THE CASE OF XINGSHAN COUNTY, HUBEI PROVINCE

中国社会科学出版社

# 图书在版编目(CIP)数据

碳中和的县域贡献与战略路径：湖北兴山县碳中和2035案例研究／潘家华，张莹，李萌著 .—北京：中国社会科学出版社，2023.8

（国家智库报告）

ISBN 978-7-5227-2330-3

Ⅰ.①碳… Ⅱ.①潘…②张…③李… Ⅲ.①区域经济—绿色经济—经济发展—研究—兴山县 Ⅳ.①F127.634

中国国家版本馆 CIP 数据核字（2023）第 139831 号

| 出 版 人 | 赵剑英 |
|---|---|
| 项目统筹 | 王 茵 喻 苗 |
| 责任编辑 | 周 佳 |
| 责任校对 | 王 龙 |
| 责任印制 | 李寡寡 |

| 出 版 | 中国社会科学出版社 |
|---|---|
| 社 址 | 北京鼓楼西大街甲 158 号 |
| 邮 编 | 100720 |
| 网 址 | http://www.csspw.cn |
| 发 行 部 | 010-84083685 |
| 门 市 部 | 010-84029450 |
| 经 销 | 新华书店及其他书店 |
| 印刷装订 | 北京君升印刷有限公司 |
| 版 次 | 2023 年 8 月第 1 版 |
| 印 次 | 2023 年 8 月第 1 次印刷 |
| 开 本 | 787×1092 1/16 |
| 印 张 | 16.5 |
| 插 页 | 2 |
| 字 数 | 211 千字 |
| 定 价 | 89.00 元 |

凡购买中国社会科学出版社图书，如有质量问题请与本社营销中心联系调换
电话：010-84083683
**版权所有　侵权必究**

**摘要：** 日益严峻的气候变化问题是国际社会需要共同面对的重大挑战。随着全球对气候问题的认知不断深化，应对气候变化正式进入国际科学和政治议程。2015 年达成、2016 年生效的《巴黎协定》提出将全球平均气温较前工业化时期上升幅度控制在 2℃以内，并努力将温度上升幅度限制在 1.5℃以内，为全球二氧化碳排放路径研究和减排确定了新的目标和锚点。政府间气候变化专门委员会（IPCC）发布的《全球温控 1.5℃特别报告》指出，只有在 21 世纪中叶在全球范围实现碳中和，才有可能将全球变暖幅度控制在 1.5℃以内，从而避免气候变化给人类社会和自然生态系统造成不可逆转的负面影响。

2020 年 9 月 22 日，国家主席习近平在第七十五届联合国大会一般性辩论上面向全球郑重承诺，"中国将提高国家自主贡献力度，采取更加有力的政策和措施，二氧化碳排放力争于 2030 年前达到峰值，努力争取 2060 年前实现碳中和"，并在随后的国内外重要会议上多次重申落实该目标的决心。实现碳达峰、碳中和是一场广泛而深刻的经济社会系统性变革。碳中和目标的实现不仅需要从国家层面出台相应的政策措施和行动方案，也需要地区层面积极去落实规划目标，探索适合本地碳中和发展的路径。

本书从宏观层面对以湖北兴山县为代表的一批县域单位实现碳中和的路径，开展了一些总体性、方向性和前瞻性研究。通过实地调研和资料、数据分析，研究认为具有实现碳中和优势条件的县域经济体，通过抓住机遇和统筹谋划，争取提前实现碳中和，不仅能为地区层面实现碳中和提供有益借鉴，也有利于自身生态优势转化为发展动力，在实现碳中和的同时推动经济社会持续发展。

兴山县具有得天独厚的水力资源禀赋和风光水生物质能等零碳能源利用潜力，可以实现域内零碳能源的供给保障，成为全球碳中和进程中特点鲜明的亚国家主体碳中和示范样本。以提前实现碳中和目标，研究针对兴山县的能源生产、消费模式的发展与调整方向给出了具体的意见：生产供应端应充分挖掘和利用本地清洁能源资源，构建"风光水生物质储能"多能互补的零碳能源体系；在消费终端也应加快清洁能源替代，用零碳电力来保障基本需求。兴山县的支柱或优势产业磷化工，生产过程中必须要使用煤炭做还原剂，在现有经济技术条件下，不具有零碳能源的完全可替代性，可以通过加强森林管理和进一步提升林业生产力，以林业增汇用做碳中和的负碳手段。但作为县域单位，兴山县面临收入水平低，投资资金短缺，人才较为匮乏、技术保障不足等现实约束，应基于本地的优势，争取国家政策支撑，创新市场机制来保障碳中和对接资金投入，技术到位。国家和省市能源、电力部门可考虑以兴山县为代表的一批县域单位作为碳中和试点示范，在政策和体制机制上，加以扶持，积累经验，服务全国。

**关键词**：碳中和；零碳能源；化石能源替代；战略路径；乡村贡献；基于自然的解决方案

**Abstract**: Climate change is a global emergency. As the global understanding on climate change deepen increasingly, the fight against climate change has officially entered the international scientific and political agenda. The Paris Agreement, reached in 2015 and entered into force in 2016, aims to hold "the increase in the global average temperature to well below 2℃ above pre-industrial levels" and pursue efforts "to limit the temperature increase to 1.5℃ above pre-industrial levels." It has set the overarching goal for global emission reduction. An IPCC special report on the impacts of global warming of 1.5℃ issued by Intergovernmental Panel on Climate Change (IPCC) says that only by achieving carbon neutrality in the middle of the 21st century on a global scale can global warming be controlled below 1.5℃, so as to avoid irreversible negative impacts of climate change on human society and ecosystems.

On 22 September 2020, at the General debate of the 75th session of the United Nations General Assembly, President Xi Jinping committed that China would increase its national independent contribution and adopt more powerful policies and measures whereas China would peak carbon dioxide emissions before 2030 and achieve carbon neutrality before 2060. These ambitious goals have been reiterated in several important conferences afterward. To peak carbon emissions and achieve carbon neutrality is an extensive and profound systemic reform for the economy and society. To achieve carbon neutrality not only requires corresponding policies and action plans at the national level, but also the active implementation at the regional level to explore a proper path for local carbon neutrality.

This book carries out research on the path to carbon neutrality of counties represented by Xingshan County, Hubei Province from the perspective of macroeconomics which is directional and prospective. Based on field research, data analysis and literature review, the research concludes that county economies with advantages to achieve carbon neutrality should seize opportunities and make carbon neutrality overall plans in advance, which can not only provide useful experiences for achieving carbon neutrality at the regional level, but also help transform the ecological advantages into development momentum, so as to promote sustainable economic and social development while achieving carbon neutrality.

Xingshan County has unique zero-carbon energy endowment, such as hydropower, wind, solar power and biomass energy, which guarantee the supply of zero-carbon energy within the region. Such characteristic makes Xingshan a demonstration sample of sub-national subjects with distinctive characteristics in the process of global carbon neutrality. In order to achieve carbon neutrality in advance, specific suggestions are given for the development of energy production and consumption mode in Xingshan County, whereas the supply side should fully explore and utilize local clean energy resources to build a multi-objective optimization of multi-energy complementary integrated energy systems. At the demand side, clean energy replacement should also be accelerated, with zero-carbon electricity to meet basic needs. Phosphorus chemical industry, the pillar industry in Xingshan County, must use coal as reducing agent in the production process which cannot be substitute by zero-carbon energy under the current economic and technological conditions. Hence, using forestry as a carbon-neutral negative carbon means is needed and forest management should be strengthened to further enhance forestry productivity. However, as a county, Xingshan County faces practical constraints such as low income level, shortage of investment funds and talents, as well as insufficient technical support. Xingshan County should make the most of its advantages to strive for the support of national policies, innovate market mechanism to ensure the link to necessary techniques and investment. Energy and electric power departments at national, provincial and municipal should consider carbon neutrality pilot construction in counties with policies support so as to summarizes successful experience and promote at nation level.

**Key words**: carbon neutrality, zero-carbon energy, fossil fuel phase-out, strategic paths, rural contribution, the nature-based solutions

# 目 录

前 言 …………………………………………………………（1）

一 研究背景……………………………………………………（1）
 （一）碳中和目标的重要意义 ………………………………（1）
 （二）兴山县碳中和研究的核算边界 ………………………（12）
 （三）研究框架与结构安排 …………………………………（15）

二 兴山县经济社会发展现状与趋势展望……………………（21）
 （一）兴山县区位和生态环境概况 …………………………（21）
 （二）兴山县经济发展现状 …………………………………（24）
 （三）社会发展情况 …………………………………………（31）
 （四）兴山县2035年社会经济整体发展愿景展望 ………（40）

三 兴山县能源生产供应结构及发展潜力……………………（53）
 （一）兴山县能源生产和供应情况 …………………………（53）
 （二）兴山县零碳能源供应潜力分析 ………………………（57）
 （三）兴山县储能发展潜力分析 ……………………………（92）

四 兴山县能源消费需求结构与未来态势 …………………（100）
 （一）兴山县能源消费总量及结构现状 …………………（100）
 （二）分部门终端消费结构现状 …………………………（105）

（三）兴山县能源消费规划方向分析 …………………（112）
　　（四）兴山县能源需求预测 ………………………………（115）

**五　兴山县碳排放与碳汇核算** …………………………………（122）
　　（一）碳排放核算方法 ……………………………………（122）
　　（二）碳核算方法结果 ……………………………………（125）
　　（三）不同测度方法下碳排放总量分析 ………………（128）
　　（四）部门碳排放测算结果分析 ………………………（129）
　　（五）兴山县碳汇发展情况 ………………………………（134）
　　（六）兴山县碳流现状分析 ………………………………（140）
　　（七）碳排放预测结果 ……………………………………（142）

**六　兴山县实现碳中和的能源替代分析与路径选择** ……（144）
　　（一）兴山县能源供需平衡和匹配性分析 ……………（144）
　　（二）兴山县的能源替代与净零碳转型路径分析 ……（148）
　　（三）兴山县发展多能互补能源系统技术需求
　　　　分析 …………………………………………………（172）

**七　兴山县实现碳中和的经济社会影响与时间
　　进程选择** ………………………………………………（183）
　　（一）兴山县零碳能源发展的经济社会影响
　　　　分析 …………………………………………………（183）
　　（二）兴山县实现碳中和的时间进程 …………………（200）

**八　兴山县2035年提前实现碳中和的前景展望与
　　启示** ……………………………………………………（207）
　　（一）兴山县有条件早于国家目标提前实现协同
　　　　多赢的碳中和 ………………………………………（207）
　　（二）兴山县提前实现碳中和面临的关键挑战 ………（216）

（三）兴山县 2035 年提前实现碳中和的政策
　　选择 ································· (220)
（四）未来可以进一步开展的工作 ················ (231)

**参考文献** ································· (234)

# 前 言

2015年联合国巴黎气候会议达成协议，明确规定全球温度升幅相对于工业革命前的水平，控制在2℃以内，力争实现1.5℃，要求在21世纪后半叶实现净零碳排放。2018年，联合国政府间气候变化专门委员会发布《全球升温1.5℃特别报告》，将气候增温的临界点锁定在1.5℃。随即，许多发达国家以及一些发展中国家提出各自国家自主贡献目标，承诺在2050年，甚至早于2050年实现碳中和，即净零碳排放。2020年9月，中国也明确向国际社会宣示，在2030年前实现碳排放达到峰值，2060年前实现碳中和。2021年10月，中国政府确认碳中和的关键路径和核心标志是能源结构的根本变革，并提出可测度、可报告、可核认的指标，即2060年非化石能源在一次能源结构中的占比达到80%以上。也就是说，化石能源需要从2020年的85%降到2060年的20%以内。

《巴黎协定》下气候变化框架公约缔约方提交国家自主贡献目标，并鼓励亚国家主体也就是非主权国家层面的地方单元贡献并推进碳中和进程。世界各国经济社会发展的国情不同、能源资源禀赋迥异，因而各国所提出的国家自主贡献目标的碳中和时间节点和实现路径不尽一致。中国作为一个经济体量巨大、人口数量众多、地区发展严重不平衡的发展中国家，迈向碳中和的方向明确，但步调不可能也不必要整齐划一。经济社会发展水平较高的、零碳能源资源禀赋条件较好的地区或行业部门，可以且应该先行一步，并且步子可以迈得大一些。不仅需要领先于全国实现碳中和，而且要为那些经济技术水平相对滞后的、自然资源条件存在困难的地区或行业提供支持，作出贡献。化石能源富集而且是经济支柱产业的地区，化石能源不可能立即退出，且经济社会对能源安全稳定的需求以及高度资本密集的资产积淀，表明这些地区的碳中和只能滞后于全国平均水平。风光无限的西北地区，零碳可再生资源富集，但风电、光伏电力的能源密度和间歇性特征表明，西北地区尽管需要碳中和，但不可能一步到位。大水电装机容量大，具有可调节灵活性，是零碳发展的最佳选择。北欧国家如挪威，零碳进程领先世界，就在于其零碳水电的优势。但是，我国的产业布局在空间上与大水电的分布不重叠，而且全国一盘棋，西南大水电的投资、建设、运营权属均不在地方，主要服务于东部地区。因而，西部地区的零碳电力需要送往用电负荷中心——东部地区，在既定的投资和国家能源生产和消费总体格局下，显然不能作为西部地区当地碳中和的能源保障。

但是，没有纳入国家大区域调配的小水电投资、建设、运营均在属地。20世纪70年代末80年代初，面对薪材奇缺而毁林破坏生态、电力极度短缺等情况，国家大力倡导发展小水电，保护生态，促进发展。因而，许多小水电条件较好的地方自力更生，就地就近大力发展小水电，涌现了一大批全国小水电的先进县。那么，这些小水电发展基础较好、规模较大的小水电条件优渥的县域，是否有可能以此为基础，辅之以风电、光伏和生物质能源，而率先迈向碳中和呢？2021年我们在鄂西南调研发现，湖北兴山县早在20世纪80年代建成国家级小水电先进县，小水电装机容量达24万千瓦，年发电量超过8亿度，已建有县域的局域电网，可以满足本县电力需求的80%左右。兴山县域面积超过2300平方千米，山地面积大，人口规模较小，森林覆盖率高，因而碳汇潜力也比较大。进一步挖掘提升小水电潜力，通过全县光伏屋顶，集中光伏、风电、生物质以及利用地形地貌优势开发抽水蓄能，大力提升零碳能力的规模、水平和稳定性，是否可能替代并市场挤出化石能源而早于全国，甚至早于发达国家的时间节点实现碳中和呢？北欧国家如挪威、芬兰提出在2035年前后实现碳中和，喜马拉雅高山小国不丹甚至声称已经实现碳中和。

中国在县域层面，何时实现碳中和，如何实现碳中和？有些基础条件好的，不仅自身可以提前实现碳中和，而且可以对县域外更高层级区域碳中和作出贡献，有些则自身资源禀赋条件不具优势，需要与域外合作而实现碳中和。作为全国小水电先进县，兴山县森林资源富集，但人口规模和经济体量并不庞大，工业化、城市化水平不具全国领先地位。这也就表明，兴山县有可能率先迈向碳中和，而且还可能为宜昌市、湖北省乃至全国实现碳中和作出自己的贡献。兴山县通过积极行动，能够在2035年实现碳中和吗？为此，我们研究团队选取湖北兴山县作为县域自主贡献碳中和的案例，开展研究。研究团队在宜昌市兴山县领导和有关部门的大力支持下，2021年年初启动了"兴山县碳中和2035"研究，纳入中国社会科学院生态文明研究智库、北京工业大学生态文明研究院的研究计划。2021年，我们研究团队申报获批国家自然科学基金碳中和研究专项，于是这一研究又纳入国家自然科学基金专项的案例选项。

我们的研究表明，兴山县完全可以基于小水电的零碳电力优势，挖潜提质，形成具有可调控性的灵活性电源；在风光发电成本已经低于煤电标杆电价而且还在快速下降的情况下，推动整县光伏屋顶计划，提质放大光伏规模，布局山脊风电，开发利用生物质能，利用地形地貌优势开发抽水蓄能电站，兴山县有潜力就地利用零碳电力，满足县域经济社会发展所需的电力能源需求。从需求侧看，兴山县工业、交通、居民生活，除磷化工所需用作还原剂的煤炭外，原则上其他能源终端消费均可实现电力替代。唯有磷化工生产用煤，在现有技术条件下，2035年前不可以完全替代，仍存燃煤排放。但是，这些排放也可以被兴山县大量的森林碳汇中和而实现净零碳。

兴山县 2035 年实现碳中和战略路径和思路研究作为一项智库研究成果，可以明确得出以下结论和启示。第一，对于具有较好零碳资源优势的县域经济体，可以率先迈开步子，统筹谋划，抓住机遇，在全国乃至全球碳中和进程中，走在前列，作出示范。兴山县小水电发展具有自主可控性，以此为骨架，风光生物质能多能互补，完全可以实现域内零碳能源的供给保障。第二，实现碳中和不仅是能源生产和供给侧，终端消费侧的零碳能源替代也具有同等重要性。家庭及办公用能，在建筑空间内，原则上、理论上完全可以实现零碳电力替代。对于家庭供暖或制冷，热泵技术、电热毯、电热器、空调等，也可零碳电力保障需求。但是在工业领域，兴山县的支柱或优势产业磷化工，生产过程中必须要使用煤炭做还原剂，在现有经济技术条件下，不具有零碳能源的完全可替代性。第三，兴山县作为县域经济体，森林覆盖率高，水热状况良好，自然生产率高，加强森林管理和进一步提升林业生产力，可以用做碳中和的负碳手段，作为兴山县 2035 年碳中和的零碳手段。不仅如此，兴山县的地形地貌有利于发展抽水蓄能，潜力巨大。第四，兴山县碳中和 2035，按 2021 年计，只有 15 年时间。路面交通如果从现在起禁止燃油汽车上市，按 15 年使用寿命，则可在 2035 年大略实现交通的零碳电力替代。建筑民用等用能也有较为充裕的时间实现零碳电力的转型。因而，兴山县 2035 年碳中和战略与路径，有着可实现的前景。第五，兴山县作为经济相对欠发达的地区，收入水平低，投资资金短缺，人才较为匮乏，仅靠自身的努力，2035 年实现碳中和几乎是不可能的。但是，兴山县零碳能源的生产潜力、抽水蓄能的巨大空间、自然优势的碳汇能力，可以为兴山县以外的地区，为宜昌市、湖北省乃至全国碳中和提供支持和帮助。因为市场对接资金投入，技术到位，不仅是兴山县碳中和的需要，也是宜昌市、湖北省乃至全国碳中和的需要。第六，对于目前暂时难以实现零碳的，如磷化工用煤，以及重型货车难以立即纯电动化，还有兴山县从域外购入产品生命周期可能存在的碳排放，需要研究分析，但不必苛求一步到位，实现绝对的净零碳。碳中和是一个长期的过程，现在能做什么，就做什么，能做多少，就做多少。当前难以做到的，还是按照传统的办法，提质增效，减少排放。当然，也要加强研发，寻求氢能等零碳替代。第七，碳中和是一场广泛而深刻的经济社会系统性变革，既然变革，就必然有得有失，有的可能会有损失，有的必然会有收益，这就需要深入分析，必须要可行，必须要可得大于所失，而且要对所失有所补偿。这样，社会发展，人与自然才能实现和谐。也就是说，我们要实现人与自然和谐共生的净零碳现代化。第八，极为重要的是体制机制的保障。例如，兴山县的小水电、局域网可能在技术上、保障上存在一些困难。国家和省市能源、电力部门可以将兴山县作为碳中和试点示范，在政策和体制机制上加以扶持，积累经验，服务全国。

参与碳中和县域贡献与战略路径兴山县碳中和2035年案例研究的团队骨干，主要来自中国社会科学院生态文明研究智库，包括张莹、李萌和李雨珊等，以及北京工业大学生态文明研究院博士研究生刘保留等。在研究过程中，项目组先后于2021年和2022年两次前往湖北兴山县开展实地调研与座谈交流，时任兴山县县委书记汪小波同志对兴山县碳中和工作高度重视，对我们的研究工作提供了极大的支持。在宜昌市政府与兴山县政府相关部门的协助下，研究团队汇集、研判了大量第一手的资料与数据，并针对研究中的碳汇、工业碳排放等问题，组织召开了一系列视频会议进行研讨。针对阶段性研究成果，我们在2022年2月组织召开项目讨论会，得到中国气候变化事务特使解振华、国家发改委能源研究所原所长周大地、全国人大环资委法制办原主任徐晓东以及能源基金会首席执行官兼中国区总裁邹骥等国内资深专家的指导。本书在编写过程中，也得到了中国社会科学出版社喻苗同志、周佳同志的指导与帮助，研究成果能够以规范出版物的形式向读者呈现。作为项目负责人，在此一并致谢。

可再生能源资源禀赋优越的县域经济体是未来提前实现碳中和的重要亚国家主体单元。研究团队通过两年多的努力，试图以自下而上的方式，剖析县域经济体净零碳转型的潜力与路径，我们认为这样的研究是非常有意义和价值的。当然，囿于数据可获得性等现实的阻碍，研究中还有一些细节仍待推敲与打磨，部门利益羁绊可能难以轻易解除，资金技术人才等在县域层面必然存在能级水平的差异。尽管这样，我们也希望这一研究，作为地方层面贡献国家碳中和目标进程的战略研究，研究思路、方法和政策选择等方面对认知和推进中国的碳中和研究和实践，有一些启示与积极影响。也恳望社会各界不吝批评指正。

潘家华
2023 年 3 月

# 一　研究背景

## （一）碳中和目标的重要意义

**1. 全球对实现碳中和必要性的认识与行动**

全球性的气候变化是人类面临的最严峻挑战之一。20世纪80年代以来，全球自然科学家对气候问题的认识不断深化，世界气象组织（World Meteorological Organization，WMO）所发布的《2019年温室气体公报》指出，2018年全球平均温度比1981—2010年的平均值偏高0.38℃，较前工业化水平高出约1℃。以平均温度提高为特征的气候变化影响已经不容忽视。工业革命以来，人类活动导致的温室气体排放是造成气候变化的主要原因。联合国政府间气候变化专门委员会（Intergovernmental Panel on Climate Change，IPCC）所发布的每一次气候评估报告，均比上一次更加肯定人为活动是造成全球气候变化的主要原因。2021年8月9日，IPCC发布的第六次评估报告第一工作组报告指出，1850—1900年，全球地表平均温度已上升约1℃；2011—2020年，全球地表平均温度比1850—1900年高1.09℃，这是自12.5万年前冰河时代以来从未见过的水平，过去5年也是自1850年有记录以来最热的五年；① 从未来20年的平均温度变化来看，全球温升预计将达到或超过1.5℃。来自全球的作者

---

① 刘兰：《全球极端天气走向常态化》，《生态经济》2021年第9期。

团队在报告中指出,"除非立即、迅速和大规模地减少温室气体排放,否则将温升限制在接近1.5℃或2℃是无法实现的"。全球各国能否勠力同心,积极去实现2015年《巴黎协定》所设较为严格的"1.5℃"温升目标,对于地球生态系统能否健康存续至关重要。

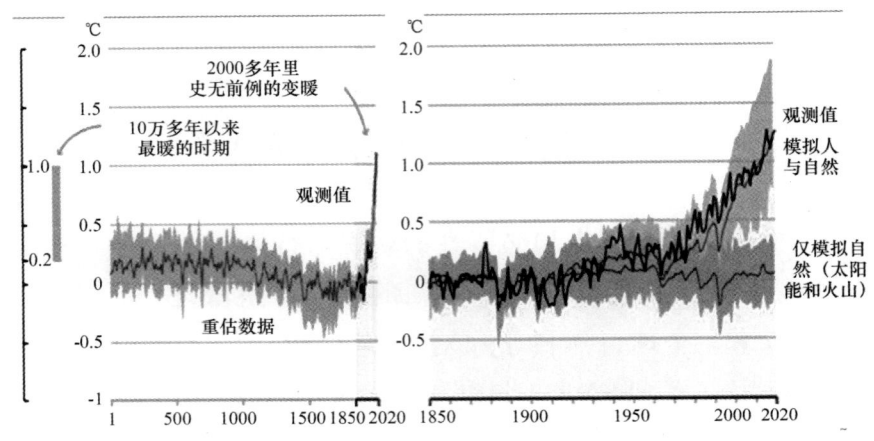

**图1-1 全球温升趋势预测**

资料来源:联合国政府间气候变化专门委员会:《2021年气候变化:自然科学基础》,2021年。

IPCC在2018年发布的《全球1.5℃升温特别报告》中指出,为了实现全球变暖温度控制在1.5℃以内的目标,促进人类社会的可持续发展,必须在21世纪中叶实现全球范围内净零碳排放,即实现碳中和。① 碳中和是指人为排放源与通过植树造林、碳捕集与封存(CCS)技术等人为吸收汇达到平衡。② 核算单位多为国家主体,也可以是亚国家主体单元,如城市、县

---

① 联合国政府间气候变化专门委员会:《全球1.5℃升温特别报告》,2018年。
② 陈迎、巢清尘:《碳达峰碳中和100问》,人民日报出版社2021年版。

镇等。

2020年12月2日，联合国秘书长古特雷斯在"地球现状"（State of the Planet）演讲上提出，联合国在2021年的核心目标就是建立一个旨在帮助各国实现温室气体净零排放的全球联盟。他指出，到2021年年初，全球超过一半的国家都将作出充满雄心的碳中和承诺，这些国家的经济体量和碳排放规模在全球的占比超过2/3。截至2022年8月底，全球已经有136个国家公开作出碳中和承诺。

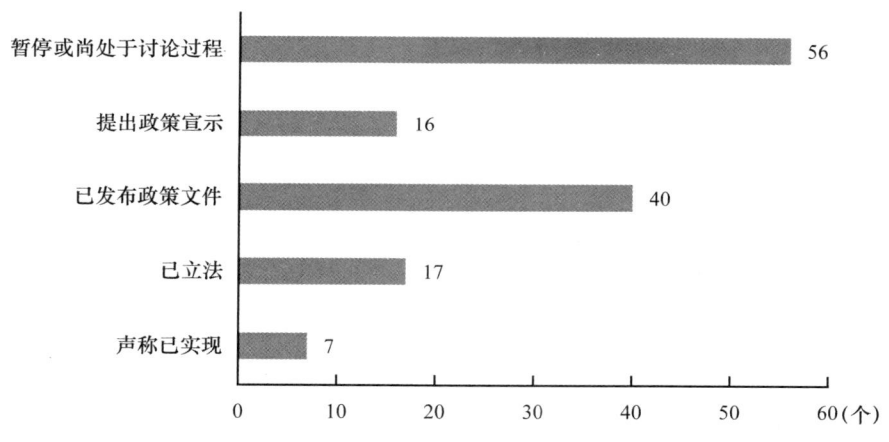

图1-2 国际碳中和实现进程中的国家进度

资料来源：https://eciu.net/netzerotracker。

从全球视域看，欧盟委员会提出要在2050年实现碳中和的长期愿景，并已在2021年6月通过的《欧洲气候法案》中纳入该目标，以法律形式保障碳中和目标的效力。在欧洲，一些经济体量较大的发达国家，如德国、英国、法国等均已确认2050年实现碳中和的目标。北欧一些经济体量相对较小的国家提出了更加积极的目标，例如，芬兰提出要在2035年整体实现碳中和；冰岛提出要在2040年实现碳中和；挪威提出要努力在2030年通过国际抵消实现碳中和，2050年在国内实现碳中和。苏里南和不丹等仍近乎农业社会状态的小国，则对外宣称已经实现碳中和。因此，一些条件适宜的经济单元，完全有可能更早的实现碳中和目标。

### 2. 中国实现碳中和承诺与行动方向

中国是全球经济体量最大的发展中国家，也是主要的温室气体排放国，也充分向世界彰显了积极应对气候变化问题的大国担当。中国国家主席习近平在第七十五届联合国大会一般性辩论上对外庄严承诺，"中国将提高国家自主贡献力度，采取更加有力的政策和措施，二氧化碳排放力争2030年前达到峰值，努力争取2060年前实现碳中和"，这是中国首次在国际社会提出碳中和目标。2020年12月，习近平主席在联合国气候雄心峰会上发表题为"继往开来，开启全球应对气候变化新征程"的重要讲话，并进一步宣布，"到2030年，中国单位国内生产总值二氧化碳排放将比2005年下降65%以上，非化石能源占一次能源消费比重将达到25%左右"。[1]

在作出碳达峰和碳中和承诺之后，2021年3月举行的中央财经委员会第九次会议确定了，"我国力争2030年前实现碳达峰，2060年前实现碳中和，是党中央经过深思熟虑作出的重大战略决策，事关中华民族永续发展和构建人类命运共同体"；明确了实现碳达峰、碳中和是一场广泛而深刻的经济社会系统性变革，碳达峰、碳中和工作也将被纳入生态文明建设整体布局，在2030年前实现碳达峰、2060年前实现碳中和的目标，也将成为生态文明建设的刚性目标。[2] 2021年10月，习近平主席在《生物多样性公约》第十五次缔约方大会领导人峰会上指出，中国将陆续发布重点领域和行业碳达峰、碳中和实施方案和一系

---

[1] 刘珉、胡鞍钢：《中国打造世界最大林业碳汇市场（2020—2060年）》，《新疆师范大学学报》（哲学社会科学版）2022年第4期。

[2] 高世楫、俞敏：《"双碳"促进人类可持续发展》，《今日中国》2022年第1期。

列支撑保障措施，构建起碳达峰、碳中和的"1+N"政策体系。所谓"1+N"政策体系，"1"是指《中共中央 国务院关于完整准确全面贯彻新发展理念做好碳达峰碳中和工作的意见》，将发挥统领作用；"N"是指以国务院印发的《2030年前碳达峰行动方案》为首的政策文件，包括能源、工业、交通运输、城乡建设等分领域、分行业碳达峰实施方案。目前，我国的碳达峰、碳中和"1+N"政策体系已基本建立，在政策措施层面为中国实现碳中和目标奠定了基础。同时，2022年10月，党的二十大报告进一步明确了要积极稳妥推进碳达峰、碳中和，立足我国能源资源禀赋，坚持先立后破，有计划、分步骤实施碳达峰行动，深入推进能源革命，加快规划建设新型能源体系，积极参与应对气候变化全球治理。

实现碳达峰、碳中和是中国基于负责任大国的责任担当和建设中国特色现代化的内在要求作出的重大战略决策。[①] 中国承诺从碳达峰到碳中和的过渡期仅有30年，远远短于发达国家所用的时间，这意味着中国实现二氧化碳和温室气体减排、经济和能源系统转型的速度和力度都要比发达国家大得多，需要付出艰苦努力。

碳中和目标可以设定在全球、国家、城市、企业活动等不同层面。中国对外承诺的2060年碳中和目标，是国家主体的最终时间核算节点。在中国仍处于工业化、城市化中后期的现实下，从碳达峰到实现碳中和仅有30年的窗口期，实现碳中和目标时间紧、任务重。中国地域宽广，各地区间资源禀赋和经济发展不平衡，在地方和城市层面，实现碳中和的进程不可能"齐步走"，一些具备条件的省、市、县域等亚国家主体单元必须要早于2060年实现碳中和。各地区应该根据自身特点，制订

---

① 施正荣：《将碳达峰、碳中和纳入生态文明建设整体布局》，《世界科学》2021年第8期。

和实施差别化的碳中和方案。在这样的背景下，具有良好基础的县域亚国家主体单元兴山县力争率先实现碳中和，既能在全国一盘棋的视角下，为其他实现碳中和压力较大的地区分担责任，也可能成为本地实现快速发展和转型提升的重大机遇。

### 3. 兴山县迈向碳中和的有利条件

20 世纪 80 年代，湖北省宜昌市兴山县成为全国首批小水电建设先进县、电气化建设达标县，并在 1989 年顺利通过国家达标验收，成为全国知名的水电明星县。兴山县依托当地丰富的水电资源，牵引县域经济发展的绿色引擎，在全国首创"矿电化一体"的发展模式，推动县域经济的起步和不断提升。在走向碳中和的道路上，兴山县具有得天独厚的优势。

零碳能源基础好：兴山县可开发利用的零碳和碳中性能源发展潜力大，具有丰富的清洁能源和较完备的电力发、配、售综合优势和消纳体系。县域内水电资源丰富，有大小河流、溪流 156 条，垂直高差 2300 多米，水能蕴藏量达 31.8 万千瓦，已建成小水电装机 23.4 万千瓦，年均水电发电量在 6 亿度以上；兴山县年平均风速大于 3 米/秒的天数在 200 天以上，具备一定的风电发展基础，规划开展 16 万千瓦风力发电项目；兴山县年均日照时数为 1517.42 小时，光伏电站发展粗具规模，已建成两座装机 42 兆瓦的光伏发电站，目前正在新建一座装机 50 兆瓦的光伏发电站，届时全县光伏总装机可达 100 兆瓦，年光伏发电量将过亿度。兴山县森林、农田面积占比较高，丰富的农林有机废弃物也为生物质能源的利用提供了良好的基础。县内现已有生物质颗粒生产企业，还拟建设日处理生活垃圾 300 吨、装机 7.5 兆瓦的垃圾发电厂，建成后年发电量可达 0.3 亿度，未来还将积极探索多元化开发利用生物质的方式和途径。

产业结构趋好：兴山县产业结构逐步优化，三次产业结构由 2015 年的 12：54：37 变为 2021 年的 13：37：50，工业增加值占GDP的比重不断下降。依靠所拥有的水能、矿产、林特、旅游四大自然资源，形成小水电、磷化工、硅冶炼、建材、食品五大县域工业支柱产业，工业万元能耗和碳排放逐年递减，为工业领域实现碳中和打下良好的基础；通过深挖域内旅游和生态康养资源，推动第三产业积极发展，第三产业增加值占GDP的比重不断上升。

碳汇潜力大：兴山县林业资源丰富，全县林地面积达304万亩，森林面积达280万亩，森林覆盖率达80.1%，"十四五"时期，每年森林蓄积量约为1315万立方米，具有丰富的植被品种，包括马尾松林、柏木林、杉木林等，每年森林碳汇增量潜力可观。兴山县仍通过坚持扩大面积和提升质量相结合，充分挖掘林地空间，按照宜林则林、宜草则草的原则，大力开展植树造林、种花种草活动，通过提高森林单位蓄积量水平、加强森林病虫害防控和森林管理等措施进一步增加碳汇能力。

社会意愿强：兴山县政府高度重视以绿色生态统领发展，重点引导发展硅基、碳基战略性新兴产业和现代服务业等低碳产业，"十三五"时期累计投资20亿元用于绿色小水电和光伏发展，装机容量分别达到23.38万千瓦和4.14万千瓦，电力、太阳能等清洁能源消费占比由15.42%大幅上升到37.32%，化石能源消费占比从72.2%下降到47.7%，能源消费总量降幅47.74%，碳排放总量降幅为64.96%，能源利用效率和结构优化走在全省前列。按照国家确定的"碳达峰、碳中和"重大战略决策，兴山县积极启动"碳达峰、碳中和"专项规划编制工作，进一步建立低碳高效能源体系，统筹推进多元互补的能源体系构建，谋划实施垃圾焚烧发电、15万千瓦光伏、16万千瓦风电、碳汇林、抽水蓄能等重大项目建设。兴山县政府已经提出要打造"零碳旅游""零碳交通"示范县等目标；争取在全国率先整县达到"碳中和"，实现全国"碳达峰、碳中和"先行示范区创建目标。从企业低碳发展层面来看，县内规模最大的兴发集团通过建设小水电站发电和化工生产一体化运作，能实现公司在兴山县内化工生产用电70%自给，同时在企业生产过程中加强先进技术应用和节能改造，通过一系列低碳技术发展手段来为实现碳中和目标贡献力量。通过宣传相关知识和推广光伏发电项目，让民众对"双碳"目标建立基本认识，帮助各界加深对碳中和愿景的认识和理解，并主动开展和参与绿色零碳行动，履行监督和保护环境的责任和义务。

**4. 兴山县实现碳中和带来的协同影响**

碳中和涉及经济社会广泛而深刻的系统性变革，要求在能源生产端和消费端进行根本性调整。这也意味着发展范式要从工业文明向生态文明方向转型，涉及经济、社会、能源、生态环境等多个领域，需要多个领域系统谋划、协同推进。[①] 通过能源转型、技术创新和资金引进等途径去实现净零碳转型，会带来更多超越减碳的收益，包括促进经济增长、增加就业岗位、保障能源安全、推动技术创新、加强污染防治、改善生态环境等。实现碳中和的多目标协同，需要以系统性的视角，对经济发展与减碳降污、短期安全与长期转型、全国一盘棋与地区协同配合进行综合考量，确定最优的多目标系统方案与路径。兴山县作为全国"小水电示范县"，零碳能源禀赋好，生态条件优越，率先实现碳中和具有众多的有利条件。兴山县在实现碳中和目标的进程中，也会带来经济、社会、生态环境等多重红利。因此，应当用系统思维、科学方法，更精准、精细地制订减碳方案，走一条科学合理、符合兴山县实际发展情况的低碳化道路。

**（1）碳中和与经济发展的协同**

从中长期来看，实现碳中和目标将在全球范围内引领经济

---

① 毛显强、郭枝、高玉冰：《碳中和与经济、社会、生态环境的协同研究》，《环境保护》2021年第23期。

社会发展方式发生系统性的变革。而这一进程对于中国的经济发展而言，无疑是利大于弊，将推动中国的经济发展方式实现绿色转型，并借助碳中和带来的产业重构机遇，在一些行业取得竞争优势。

兴山县经济总量保持着逐步递增的趋势，"双碳"目标的实施既给当地经济高质量发展带来机遇，也使得当地的产业结构调整和技术进步面临新的挑战。实现碳中和能够推动兴山县城镇化和工业化进程进一步深化，实现产业结构升级与优化。兴山县现有的高碳、高耗能行业，如兴发集团等，需要依托既有低碳技术，促进新技术的突破，加速高碳型技术的淘汰；与此同时，通过大力发展减碳技术，利用适宜的燃料替代、工艺替代与优化、生产效率提升、资源和能源回收利用等技术，帮助兴山县的相关产业实现提质增效。但也要避免为了退出化石能源利用，在短期内快速降低传统高碳行业，如磷化工行业产能，给兴山县经济带来严重后果。

因此，兴山县要成为碳中和示范县，落实碳中和发展目标，应当统筹考虑长期利益与短期利益，科学地规划和控制碳中和进程。既不可忽视当地经济发展需求和技术条件现状，对磷化工这样的产业实行短促的"一刀切"退出政策，也不能只考虑短期利益，大幅提高产能，使未来碳中和目标的实现难度大增。

**（2）碳中和与生态环境改善的协同**

自然生态系统深度参与全球碳循环过程。在推进碳中和进程中，也应重视自然生态系统所发挥的增汇作用。森林碳汇是自然生态碳汇的重要组成部分。2020年，兴山县森林覆盖率达到80.02%，具有较大的增汇潜力。因此，要充分发挥和释放生态系统碳汇的潜力。但是，对于实现碳中和目标，从碳排放量和碳汇潜力的量级比较来看，碳汇所发挥的作用只能是辅助性和补充性的。兴山县在实现碳中和目标的整体协同进程中，应该注重森林在生物质能方面的贡献。传统农耕文明的能源多为生物质能。生物质能可以储存，具有使用灵活性，能源形式多样，可以表现为固态、液态（如生物柴油）、气态（如沼气），还可以提供生物质电力。此外，森林的生物多样性保护、水土保持、净化空气、减少噪声等生态服务功能，也比简单的碳汇功能更有价值。[1]

同时，在推进兴山县碳中和的过程中，要防范净零碳转型带来的潜在生态环境风险，减少极端天气、灾害的威胁，提升气候韧性。兴山县要提前实现碳中和，必须以可再生能源全面替代化石能源。然而，太阳能与风能的利用过程以及太阳能光伏发电设施和风电设施的建设过程都会对原有的生态环境产生新的影响。[2] 例如，风电站在运行过程中可能会对当地栖息的动物活动产生不利影响，造成一些不利的生态环境影响。[3] 而建设水电站也可能导致原有水量分布的特征发生变化，破坏自然景观和当地的生物多样性，甚至引起流域生态系统退化等问题。[4]

### （3）碳中和与社会福祉的协同

确保兴山县碳中和目标的顺利实现，既要注重效率，使有限的碳排放权资源配置得到最大化产出，保障经济增长不受或少受冲击，又要注重质量，用碳中和目标倒逼经济向高质量发展转型，还要兼顾公平，即兼顾实现碳中和目标对不同人群福利状况的影响，使碳中和目标实施更加可控、便利和低成本。这就要求采用公平、公正转型的方式来推进。

---

[1] 潘家华：《碳中和革命的发展范式转型与整体协同》，《阅江学刊》2022年第1期。

[2] 梁红、魏科、马骄：《我国西北大规模太阳能与风能发电场建设产生的可能气候效应》，《气候与环境研究》2021年第2期。

[3] 蒋俊霞等：《风电场对气候环境的影响研究进展》，《地球科学进展》2019年第10期。

[4] 庞明月、张力小、王长波：《基于能值分析的我国小水电生态影响研究》，《生态学报》2015年第8期。

在推动兴山县产业低碳转型的过程中，应综合考量经济利益和社会福祉。随着供给侧改革和去产能的实施，加上实现碳中和目标，高耗能、高排放行业的从业人数可能会呈现下降趋势。短期来看，将加速这些行业劳动力的转岗和加大就业压力。因此，应积极培育可再生能源在生产端和消费端创造的就业机会，采取针对性措施来妥善应对化石能源退出进程中带来的就业减少问题。同时，也要充分体现社会福祉，实现公平、公正转型。这也是实现碳中和多目标协同的重要任务，通过在兴山县建立全方位的公平、公正转型政策体系，从而解决碳中和目标推进过程中可能导致的从业人员下岗等问题，确保社会生活稳定发展。

**（4）碳中和与多能互补的协同**

《"十四五"规划和2035远景目标纲要》提出建设金沙江上下游、雅砻江流域、黄河上游等清洁能源基地，并推进电力源网荷储一体化和多能互补发展的指导意见，提出以先进技术突破和体制机制创新为支撑，构建以新能源为主体的新型电力系统。因此，充分利用我国风、光、水以及生物质能在资源、电力、投资上的互补性，努力突破风、光、水能和生物质能互补开发的技术"瓶颈"，将促进清洁可再生能源高质量发展，加快实现碳中和目标。[①]

在这样的发展背景下，兴山县具有的得天独厚的资源为多能互补的协同发展奠定了坚实的基础。因此，兴山县在推进碳中和发展的过程中，一方面，在降低化石能源比例，提高可再生能源占比时，应该全局规划，循序渐进；另一方面，要充分结合每种能源的自身特点，协助解决大规模的风电、光伏、生物质等可再生能源上网带来的供电稳定性问题。同时，要根据

---

① 杨永江、王立涛、孙卓：《风、光、水多能互补是我国"碳中和"的必由之路》，《水电与抽水蓄能》2021年第4期。

其资源禀赋统筹规划,在满足社会能源需求的前提下,以最优成本进行能源供给,实现水、风、光和生物质能等零碳能源一体化发展,提高多能互补的运行效率。

## (二) 兴山县碳中和研究的核算边界

### 1. 核算地理边界

世界自然资源研究所(World Resources Institute)等机构针对城市碳排放核算的边界开展研究,提出了三个层次的核算范围:范围1:城市辖域内的直接排放;范围2:城市辖域内供电、供热、供冷等产生的间接排放;范围3:发生在城市辖域内的活动,以及在城市辖域外产生的所有其他间接排放。

从地理边界核算来看,只考虑兴山县域内的碳源、碳汇,不包括转移排放,只核算年度净排放量,不核算历史存量排放,不考虑由于兴山县与其他地区区域间贸易隐含的碳排放,以及领空领域的碳排放。参考国际标准,同时考虑到数据的可获得性,本报告所针对的碳中和核算将考虑范围1和范围2产生的碳排放。其中,范围1只考虑本地化石能源燃烧产生的直接排放,范围2在考虑本地化石能源燃烧产生的直接排放的同时,还考虑了电力使用产生的间接排放。但是,因为目前国内的电网供电碳排放核算方法无法准确体现地区电源结构实际情况,由此算出的碳排放水平可能会存在高估或低估的问题,因此本书还对范围2的碳核算方法进行了修正,计算出考虑电源结构的兴山县碳排放水平,即提出了考虑发电结构调整后的范围2的排放情况。

### 2. 核算生命周期

考虑产品生命周期碳排放,需要基于城市投入产出表计算终端消费全生命周期 $CO_2$ 排放,是一种比较彻底的基于消费的

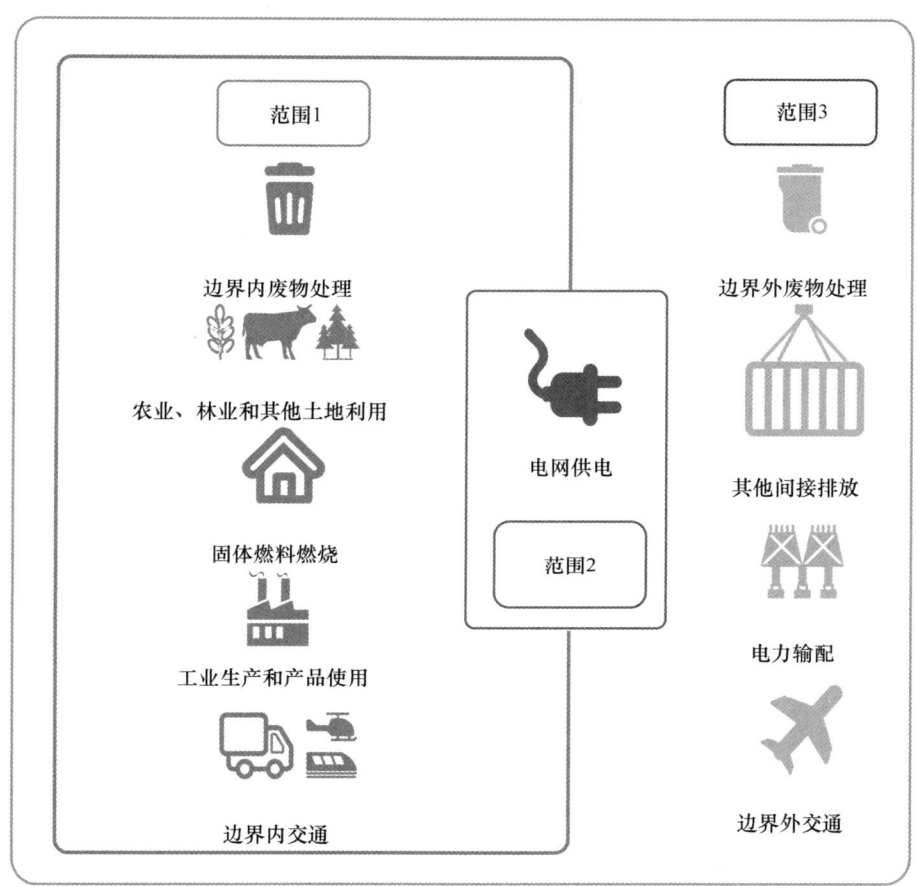

**图 1-3 城市碳排放核算边界界定**

资料来源：参考 WRI 建立的《温室气体核算体系》绘制，GHG Protocol. Greenhouse Gas Protocol, https://ghgprotocol.org。

核算方法。但这种方法需要获取城市比较详尽的投入产出表，因而数据获取和质量存在一定的困难，而且数据量大、计算过程复杂。同时，全生命周期碳核算需要掌握生命周期各阶段的活动与排放系数，不便于实际操作。因此，本报告不考虑产品生命周期碳排放，兴山县域以外环节的碳排放不在核算范围内，只考虑在兴山县域内的生产、经营和维护活动产生的相关碳源与碳汇。

### 3. 碳源核算

从温室气体的属性看，碳大致分为两类。一类是气候中性碳，主要是自然生态系统各种生命过程和土壤中的碳循环。绿色植物从大气中通过光合作用吸收固定二氧化碳形成碳水化合物等干物质通过枯枝落叶、死亡和动物食用而转化、排泄，生命有机体中的碳又回到大气。自然碳循环对气候系统的影响总体上是中性的。另一类则为气候灾性碳，主要源于化石能源相关的排放和人工生产制造的温室气体如各种含氟气体。这些碳是额外于气候系统的，原本大气中并不存在，是人为制造尤其是从地质年代形成于地下而通过现代工业手段挖掘出来并释放到大气中，提升大气二氧化碳浓度，引发地表增温，造成气候灾变。① 尽管含氟气体使得全球增温潜势高，但总体数量少，因而气候灾性碳的重点在于化石能源相关的温室气体排放。本报告只考察气候灾性碳，即化石能源生产和燃烧排放的二氧化碳，农业生产、土地利用变化和生产过程相关的甲烷、氧化亚氮以及供冷剂、发泡剂等产品生产和使用中的4种含氟温室气体，由于占比相对比较低，核算较为困难，不确定性较大，因而不纳入核算体系。

### 4. 碳汇核算

碳汇是从大气中移除温室气体、气溶胶或温室气体前体的任何过程、活动与机制。② 本研究主要考虑了具有碳移除效果的碳汇增量，这样兴山县最后的碳中和并不是化石能源的绝对清零，而是通过碳移除量实现净零碳排放。在碳移除核算方面，

---

① 潘家华：《中国碳中和的时间进程与战略路径》，《财经智库》2021年第4期。

② 胡剑波、张宽元：《国内外碳汇研究的特征、脉络与展望——基于CiteSpace的知识图谱分析》，《兰州财经大学学报》2023年第2期。

只包括人工努力而形成的增量碳汇，不包括没有人工努力的自然年增长、土壤碳汇、湿地碳汇等。据IPCC温室气体清单指南，有人为采取直接活动或者人为措施间接干预的土地都属于有管理的土地。如造林、毁林、采伐等是人为直接活动，而建保护区、护林防火等属于间接干预。如果没有上述活动就是无管理的土地，如荒漠。在有管理活动的土地上发生的人为直接或间接的碳汇就是人为碳汇，无管理土地上的碳汇为零。[①]

目前关于森林碳汇的计算方法主要包括生物量法、蓄积量法、碳密度法、碳平衡法等，本报告考虑到兴山县森林实际统计数据情况，不考虑由于森林火灾等自然灾害因素影响导致森林面积的减少，采用森林蓄积量法来对兴山县森林碳汇潜力进行大致匡算。

## （三）研究框架与结构安排

### 1. 研究意义

习近平总书记指出，实现碳达峰、碳中和是一场广泛而深刻的经济社会系统性变革。实现碳中和目标不仅需要从国家层面出台相应的政策措施和行动方案，也需要地区层面积极去落实规划目标，探索适合本地碳中和发展的路径。因此，开展本课题的研究工作具有十分重要的价值和现实意义。

兴山县2035年实现碳中和目标主要是依据国家和政府相关规划目标来考虑的。2035年是中国基本实现社会主义现代化远景目标的时间节点。2020年11月，《中共中央关于制定国民经济和社会发展第十四个五年规划和二〇三五年远景目标的建议》从九个方面勾画了2035年基本实现社会主义现代化远景目标，

---

[①] 陈迎：《碳中和概念再辨析》，《中国人口·资源与环境》2022年第4期。

提出到 2035 年"广泛形成绿色生产生活方式，碳排放达峰后稳中有降，生态环境根本好转，基本实现美丽中国建设目标"。[①] 湖北省也明确提出要"广泛形成绿色生产生活方式，生态环境根本好转，基本建成美丽湖北"的 2035 年远景目标。在上述绿色发展目标的统领下，兴山县基于自身有利的碳中和优势，在 2035 年提前实现碳中和，不仅能为其他地区实现碳中和提供有益借鉴，也有利于自身生态优势转化为发展动力，在实现碳中和的同时推动经济社会持续发展。

聚焦现有碳中和的相关研究，目前国内碳中和的探索大多聚焦城市单元，针对县域单元的研究较少或缺失。本研究通过分析小规模县域经济实现碳中和的潜力以及未来发展的路径，并与大城市的实现路径进行对比，能够厘清不同层面经济社会发展的差异性，也能为探索建立先行先试的碳中和示范区提供案例。

兴山县作为全国小水电示范县，具有较好的零碳能源发展基础。而县域作为中国统筹治理乡村社会的基层行政组织，具有完善生态文明建设和实现碳中和的诸多禀赋优势，如经济发展体量较小、产业结构趋于集中等，有着城市不具有的诸多优势与独特功能。县域是生态环境治理的主阵地，对中国的碳中和具有独特功能和贡献。因此，以兴山县作为实现县域碳中和的研究样板，匡算县内各种零碳能源发展需要的投资成本以及产生收益，厘清未来化石能源替代和退出对经济社会发展可能带来的影响，同时，梳理技术需求，探索实现路径，归纳政策需求，并尝试指出未来实现碳中和的发展路径以及时间进程，这也从亚国家主体，即县域层面，起到先行先试的示范和引领作用，能够为后续开展相关研究工作提供重要的参考和经验

---

[①] 李俊峰：《做好碳达峰碳中和工作，迎接低排放发展的新时代》，《财经智库》2021 年第 4 期。

借鉴。

### 2. 研究方法

兴山县碳中和2035年目标旨在响应国家政策方针和战略需求，基于自身优势，勇于担当，在提前实现碳中和方面探索有益经验。在明确兴山县实现碳中和发展目标的基础上，需要对兴山县实现碳中和的具体路径进行科学论证。为此，本研究借助碳排放核算、情景预测、成本收益法、案例研究法以及经济和能源结构转型机理分析与科学论证等方法来针对兴山县2035年碳中和实现路径进行系统性探讨，通过科学的方法与严谨的分析论证，致力于提供一套科学、有效并且可行的战略规划方案。开展本研究，获取的数据主要来自《兴山县统计月报》、兴山县相关部门提供的规划、数据资料以及从世界、国家和省级、市级等相关权威网站上提供的支撑材料。

碳中和的核心要义是有序退出化石能源，推动零碳能源全面替代化石能源。不同于以往研究中将碳排放视作经济发展的刚性约束，采用卡亚恒等式对碳排放影响因素进行结构分解，或采用一般均衡分析采用碳定价方式来推动高碳能源退出；本研究针对兴山县的分析，将基于零碳的生产与消费革命，从经济社会对能源的需求出发，探询兴山县替代性零碳能源的发展潜力和替代成本，最终目标是在兴山县的能源供给端实现净零碳排放，并在终端能源消费推动实现电能替代全覆盖。因此，本研究直接从能源供给的源头着手，分析探索零碳能源，尤其是零碳可再生能源电力的可获得性、可保障性、经济性及生态友好性，从而在能源供给侧和需求侧，总体上替代或挤出化石能源。

在市场逻辑上，考虑从能源供给和能源消费端来实现化石能源的替代以及零碳能源的全覆盖。立足于兴山县实际发展情况，零碳能源基础较好，未来零碳能源发展潜力较大，并且化石能源基本依靠外来调入。从能源供给需求来看，如果建设"风光水生物质储能"多能互补的零碳能源体系，可以有效解决化石能源的供应问题，满足生产供应需求。从终端能源消费需求来看，如果能够实现建筑和交通领域电气化，工业部门的刚性排放通过碳汇的方式来进行抵消，同样能够达到终端零碳化的发展目的。从市场逻辑发展的角度来分析，充分考虑到未来清洁能源和化石能源具有同样的能源性质，并能提供同质的服务，并且将自然的因素考虑进去，基于自然的解决方案，充分利用并考虑了自然带来的增值服务。

此外，考虑到数据的可获性以及研究的局限性，本研究主要从宏观层面对兴山县碳中和路径，开展了一些总体性、方向性和前瞻性的研究，属于战略路径的研判和分析，针对具体部门、行业的技术操作层面的分析以及行动方案的制定，尚需要进一步的深入研究。

### 3. 研究结构安排

兴山县虽然是经济发展、规模体量并不算很大的县域经济单元，但是具有较好的可再生能源发展基础，能够作为先行先试的碳中和示范区，本报告聚焦于兴山县碳中和实现路径，主要内容如下。

兴山县经济社会发展现状与趋势展望。经济社会发展状况、资源禀赋条件等是实现碳中和的基础。因此，本部分首先对兴山县的区位以及生态环境现状进行梳理，并针对兴山县人口发展、经济结构、居民收入和消费结构、就业以及财政收入等开展分析，探讨当前兴山县的发展现状以及未来的变化趋势。同时，针对兴山县2035年经济社会整体发展愿景进行展望，指出了2035年实现碳中和的可行性。

兴山县能源生产结构供应及发展潜力分析。主要考察兴山县当前能源供给和消费现状，分析了能源供给和消费的具体特征。同时，针对兴山县零碳能源供应潜力进行了分析，指出小水电、太阳能、风能和生物质能发展的现状以及未来可以进一步挖掘的潜力。此外，还研究了兴山县储能技术的应用。

兴山县能源消费需求结构与未来态势分析。兴山县实现碳中和必须构建清洁的能源供应体系，因此，需要厘清能源消费的具体结构。该部分首先对兴山县"十四五"时期能源消费总量进行了梳理，分析了能源消费的变化趋势。其次，针对分部门能源消费情况进行分析，指出工业、建筑、交通以及农业部门能源消费的特点。最后，结合现有能源消费现状进行预测，研究了兴山县未来高能源消费和低能源消费情景下，能源消费总量和分部门能源消费量的走势以及特征。有关兴山县碳排放的核算分析。该部分针对兴山县碳排放总量以及分部门碳排放量进行了核算分析。明确了碳排放核算的方法，考虑到兴山县实际能源消费情况，计算了三种情况下兴山县碳排放的变化情况，并指出了兴山县可以结合自身发展优势和特点，明确更为合适的碳排放计算方法。

兴山县实现碳中和的能源替代分析与路径选择。该部分首先明确了兴山县的能源供需平衡性和匹配性。其次，对电力、工业、建筑和碳汇部门的能源替代以及净零碳转型路径进行了讨论，并对2035年实现碳中和的能流和碳流路径加以分析。最后，分析了兴山县打造零碳多能互补系统的可行性和技术需求。

兴山县实现碳中和的经济社会影响及时间进程分析。该部分分析了兴山县发展不同零碳能源的成本与综合效益，涉及水电、太阳能、风电、生物质、储能、微电网和碳汇增汇等方面。并针对兴山县实现碳中和的时间进程进行了分析，明确了具体领域为推动实现碳中和的重点行动方向与时间进程。

兴山县实现碳中和的前景展望。该部分首先明确提出了研究结论，即兴山县有条件早于国家目标提前实现协同多赢的碳中和，并围绕该目标从资金需求、零碳能源技术研发、消费认知观念和政策扶持等方面,阐述兴山县在推进碳中和过程中遇到的关键挑战。其次,讨论了兴山县在 2035 年提前实现碳中和可供参考的政策选择。最后,指出了未来可以进一步开展和深化的研究工作。

# 二　兴山县经济社会发展现状与趋势展望

## （一）兴山县区位和生态环境概况

### 1. 兴山县区位情况和行政区划

兴山县隶属于湖北省宜昌市，因"环邑皆山，县治兴起于群山之中"而得名；地理位置位于湖北省西部，长江西陵峡以北，大巴山余脉与巫山余脉交汇处，北接神农架林区，南连秭归县，西部与巴东县接壤，东部与宜昌市武陵区相接，东北部连接保康县。兴山县全县东西长66千米，南北宽54千米，国土面积为2328平方千米。兴山县现辖6镇2乡，县人民政府驻古夫镇，其余乡镇由北到南分别是榛子乡、南阳镇、黄粮镇、高桥乡、昭君镇、峡口镇、水月寺镇，共91个村（居），5个社区，截至2020年年底，兴山县总人口达16.24万人，常住人口为14.39万人，约占宜昌市总人口的4%。

兴山县距离宜昌市市区约138千米，距离湖北省省会武汉市约438千米。兴山县交通便利，北上沿国道90千米直达神农架林区，东沿高速公路直达宜昌市中心城区。目前境内有2条国道、5条省道过境，还拥有Ⅱ级通航河道，总长21.2千米。目前全县正在规划建设形成"县城高铁陆港、峡口香溪水港、黄粮通航空港"三港联动的立体交通体系。其中，正在加紧建设的郑万高铁、宜兴高铁均设站兴山县城。高铁开通后，兴山县到宜昌市仅需20分钟，到武汉市仅需2小时，到北京市的时间将缩短为4小时；东西向沪蓉高速G42以及即将开始建设的南北向十宜高速也将交汇于兴山；位于黄粮镇的兴山通航机场正加紧建设。除此之外，香溪河航道是湖北省首条长江干支流一体化一级航道，可直通长江三峡，兴山峡口港具备左岸2000万吨货运、右岸100万旅游人次吞吐能力。

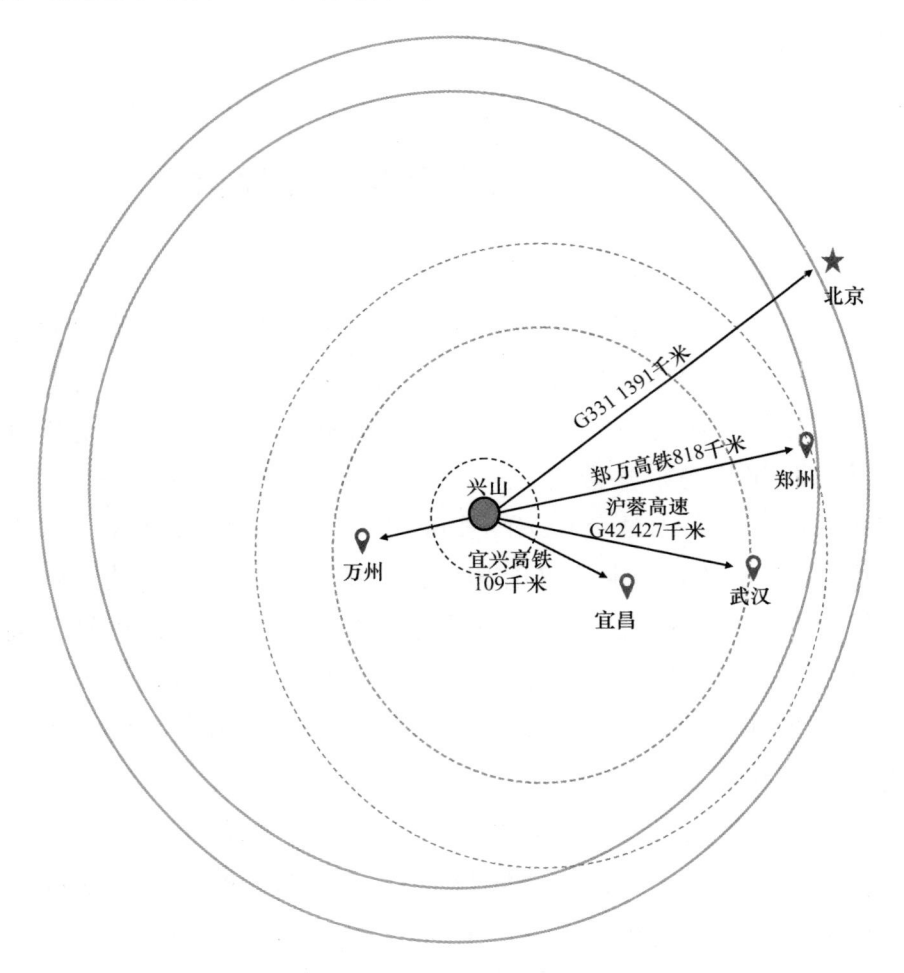

图2-1 兴山县交通体系示意

立体交通体系构建的不断完善，也使兴山县与外界的经济联系更加紧密。为了承接高铁带来的都市圈经济外溢效应，兴山县正在加紧建设,通过推进古昭南一体化发展的"小县大城"建设,将古夫、昭君、南阳三镇统一规划建设,承接泛神农架区域人口和产业。兴山县正大力发展生态文旅康养产业,通过实施全域旅游发展战略,充分利用高铁时代带来的发展机遇,使县内独特的资源禀赋和环境优势得到最大化体现和发挥。

### 2. 兴山县气候基础与自然条件

兴山县的区位地理条件和气候基础为该县发展清洁的可再生能源、提前实现碳中和提供了良好的基础。兴山县属亚热带大陆性季风气候,春季冷暖多变,雨水较多;夏季雨量集中,炎热多伏旱;秋季多阴雨;冬季多雨雪、早霜。由于地形复杂,高低悬殊,气候垂直差异大,全县年均气温在15.3℃左右,极端最高气温为43.1℃,极端最低气温为-9.3℃。全县年均降水量为1242.1毫米,绝对降水量充沛,但时空分布差异大,主要集中在夏季,且北部多于南部,高山多于低山。表2-1中展示了兴山县实现碳中和的自然条件。

表2-1　　　　　　　　兴山县实现碳中和的自然条件

| | |
|---|---|
| 水文特征 | 县域内有香溪河和凉台河两大水系,大小溪河共156条<br>年均径流总量20.96亿立方米,垂直高差2300多米<br>水能蕴藏量31.8万千瓦,可开发量24.24万千瓦 |
| 太阳能资源 | 年均辐射总量99千卡/平方厘米,4—9月总辐射量为64千卡/平方厘米,占全年的64.7%<br>年均日照时数1517.42小时,平均日照百分率38% |
| 风力资源 | 集中于县内东部和北部的山脊顶部<br>年平均风速大于3米/秒的天数在200天以上<br>目前正在谋划建设5个40兆瓦的风力发电项目 |
| 森林资源 | 森林蓄积量约1472.3万立方米,森林覆盖率超过80%,年均碳汇增量可观<br>获"中国天然氧吧""全国森林康养基地试点建设县"等荣誉称号 |

### 3. 兴山县矿产资源基本情况

丰富的矿产资源是兴山县产业发展的重要基础。目前全县已探明矿产50多种，其中煤炭资源主要分布在三叠系上统—侏罗系下统香溪群内，全县已探明煤炭储量0.16亿吨，保有储量超0.03亿吨；磷矿资源分布相对集中，其中鲜家河瓦屋磷矿矿带长28千米，面积为120多平方千米，地质勘探储量达6514.7万吨，属中国已探明的三大磷矿矿床之一。此外，兴山县还有已探明的优质大鳞片石墨储量1亿吨；银钒矿储量达2.3亿吨，是亚洲最大的银钒复合矿床；花岗岩储量达52亿立方米，是全国14个重点石材出口基地之一。

## （二）兴山县经济发展现状

### 1. 经济发展水平

2015—2021年，兴山县经济总量基本保持逐年递增的态势，年均增速为6.92%（见图2-2）。在经历了2020年新冠疫情对

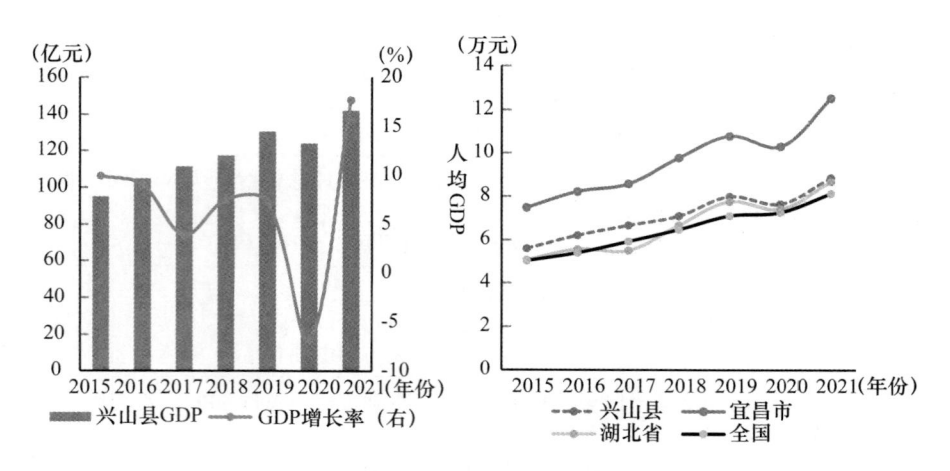

图2-2 2015—2021年兴山县国民经济发展水平

资料来源：《兴山县统计月报》《湖北省统计年鉴》《国家统计年鉴》。

全县经济造成的显著冲击之后,兴山县经济在2021年有效恢复,较同期增长17.7%。兴山县经济总量占宜昌市经济总量比重较低,常年保持在3%上下的水平(见表2-2)。近5年兴山县人均GDP年均增速为7.89%。2020年受疫情影响,全县人均GDP同比下降4.25%,随后在2021年得到迅速恢复,人均GDP达到8.83万元。兴山县人均GDP水平高于湖北省和全国平均水平,但与宜昌市人均GDP水平仍存在一定的差距,且该差距呈逐渐扩大的趋势。

表2-2　　　　　2015—2021年兴山县GDP占宜昌市比重　　　　（单位:%）

| 2015年 | 2016年 | 2017年 | 2018年 | 2019年 | 2020年 | 2021年 |
| --- | --- | --- | --- | --- | --- | --- |
| 3.09 | 3.10 | 3.15 | 2.90 | 2.93 | 2.91 | 2.83 |

资料来源:《兴山县统计月报》《湖北省统计年鉴》。

### 2. 经济结构

传统上,兴山县的县域经济主要依靠农业,工业基础相对薄弱,产业结构呈现"一三二"的特征。改革开放以来,兴山县借助县内矿产资源的优势,积极发展磷化工,以兴发集团为代表,发展起一批优势产业,产业结构也逐渐向"二一三"方向进行战略调整。"十三五"时期,随着县域内旅游和生态康养资源的不断挖掘,第三产业在县域经济发展中的重要性不断凸显,产业结构向"三二一"方向转变的趋势明显。兴山县"十三五"时期三次产业结构随时间的变化情况如图2-3所示。

具体而言,"十三五"时期兴山县三次产业的变化趋势主要表现出以下特征。

农业结构不断优化,农业增加值占比保持稳定。"十三五"时期,兴山县利用其独特的地理环境,优化农业区域布局,加大农业结构调整力度,大力建设高山、半高山特色农业带,加快特色农产品产业发展。在特色农业产业政策扶持下,兴山县

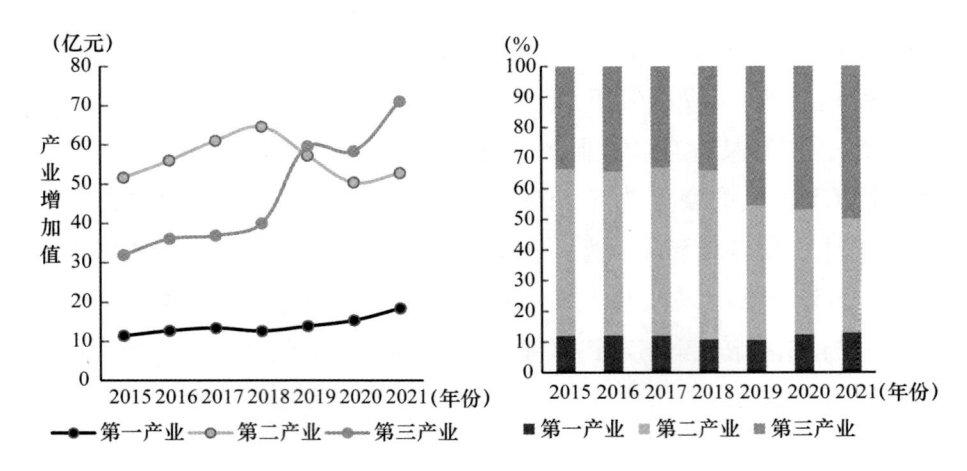

图 2-3  2015—2021 年兴山县经济结构

资料来源：《兴山县统计公报》。

第一产业增加值保持稳中有升的变化趋势，年均增长率为 6.07%，第一产业增加值占全县 GDP 比重也一直稳定在 10%。截至 2020 年，兴山县共有林地 294.75 万亩，耕地面积为 29.27 万亩，其中水田 5.18 万亩。表 2-3 中总结了 2020 年兴山县主要农产品产量及增速，其中柑橘、烟叶和茶叶是产量增长最快的农产品，2020 年增幅分别达到 5.90%、4.75% 和 1.66%。

表 2-3  2020 年兴山县主要农产品产量及增速  （单位：万吨,%）

|  | 产量 | 同期增速 |
| --- | --- | --- |
| 粮食 | 5.24 | 0.56 |
| 油料 | 0.92 | 1.36 |
| 烟叶 | 0.20 | 4.75 |
| 茶叶 | 0.25 | 1.66 |
| 柑橘 | 10.41 | 5.90 |
| 蔬菜 | 26.64 | 0.03 |
| 中草药材 | 0.29 | 0.82 |

资料来源：《兴山县 2020 年统计公报》。

第二产业规模收缩，支撑经济的支柱作用下降。2015—2020年，兴山县第二产业规模经历了先扩大再收缩的变化过程，产业增加值年均增速为-0.51%。其中在2015—2018年，第二产业增加值持续增长，并于2018年达到近五年的峰值，年均增速达7.73%。2018年后，兴山县第二产业规模逐年递减，产业增加值在2020年跌至50.34亿元，较2018年下降22%，增加值占GDP比重也由2018年的55.08%下降至40.60%。

受新冠疫情影响，2020年兴山县21家规模以上工业企业工业总产值同比下降14.5%，工业销售产值同比下降11.7%。表2-4总结了全县规模以上企业主要产品产量及增长速度，仅有磷矿石和化学试剂保持增长，增幅分别达到7.37%和39.98%，其余产品产量均呈现不同程度下降。但随着疫情得到有效控制，2021年工业各行业景气水平得到不同程度的复苏。

第三产业快速发展，推动兴山县产业结构持续优化。近年来，兴山县第三产业规模总体呈增长态势，其中在2015—2018年，第三产业产值增速相对缓慢，年均增速为7.78%。2019年，第三产业规模大幅度提高，同期增幅达48.79%。

表2-4　　　　　2020年兴山县规模以上企业主要
产品产量及增长速度　　　（单位：万吨，%）

|  | 产量 | 同期增速 |
| --- | --- | --- |
| 磷矿石 | 233.95 | 7.37 |
| 鲜冷藏肉 | 4.75 | -20.82 |
| 冻肉 | 0.30 | -82.38 |
| 硅橡胶 | 0.53 | -0.34 |
| 水泥 | 100.09 | -13.18 |
| 化学试剂 | 0.91 | 39.98 |

资料来源：《兴山县2020年统计公报》。

### 3. 就业状况

兴山县的支柱产业持续平稳发展，为稳定和促进就业提供了重要的支撑。从表2-5可以看出，2015—2019年，兴山县失业率水平稳定在1.60%—1.70%，而同期全国平均水平为3.6%—4%。2020年受疫情影响，全县失业率升至3.09%，仍低于全国平均水平。兴山县具有丰富的零碳资源禀赋，如果能够在政策推动下形成规模化利用，能源生产和供应结构将发生重要调整，这无疑也将创造出一些更加清洁、工作环境更加友好的就业机会。

表2-5　　　　2015—2020年兴山县失业率情况对比　　　　（单位:%）

|  | 兴山县 | 宜昌市 | 湖北省 | 全国 |
| --- | --- | --- | --- | --- |
| 2015年 | 1.57 | 1.80 | 2.60 | 4.00 |
| 2016年 | 1.71 | 1.80 | 2.40 | 4.00 |
| 2017年 | 1.70 | 2.06 | 2.60 | 3.90 |
| 2018年 | 1.68 | 2.35 | 2.50 | 3.80 |
| 2019年 | 1.70 | 2.29 | 2.40 | 3.60 |
| 2020年 | 3.09 | 3.50 | 3.35 | 4.20 |

资料来源：《兴山县统计公报》，国家统计局。

图2-4展示了兴山县吸纳就业人数排名前五的行业从业人数变化趋势。从行业就业规模随时间变化趋势来看，2010—2015年所有行业就业人数都呈增长态势，但2015年之后不同行业就业规模变化趋势出现分化。除制造业吸纳能力保持稳定并呈波动上升趋势外，其余行业就业人数在2015年达到近10年来的峰值水平之后有所下降。

制造业作为兴山县的支柱行业，吸纳就业人数最多，也是兴山县唯一一个就业人数超过1万人的行业，其余各行业的从业规模均保持在5000人以内。截至2019年年底，制造业、建筑业、批发与零售业、交通运输仓储和邮政业、采矿业的就业规模分别是1.43万人、0.20万人、0.35万人、0.17万人、0.12万人。

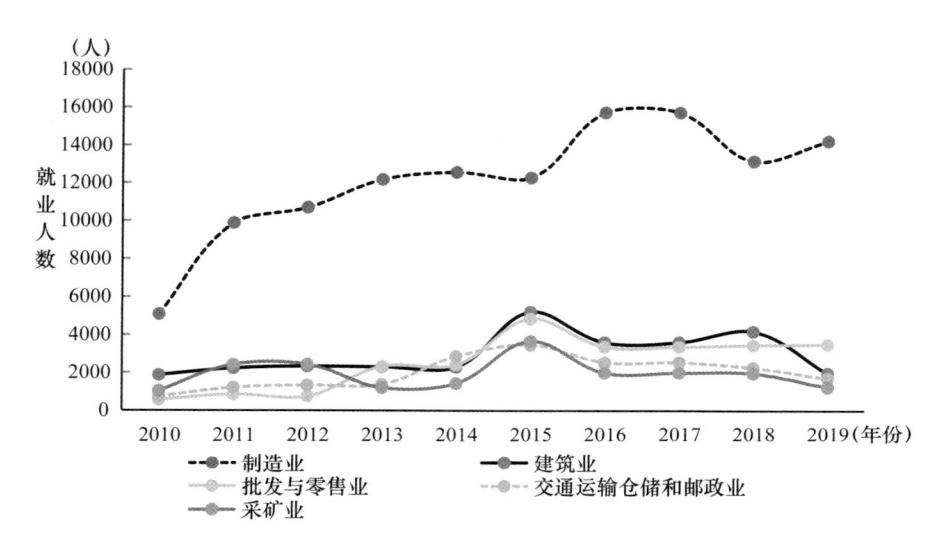

**图2-4　2010—2019年兴山县主要产业就业规模**

资料来源：《兴山县统计公报》。

预计在兴山县加速实现碳中和的过程中，还会在水电、太阳能利用与光伏发电、生物质能等清洁能源领域创造出更多管理维护的就业岗位。

### 4. 消费水平

社会消费品零售总额能直接反映一个地区的消费需求，2015—2019年，兴山县社会消费品零售总额保持增长态势，年均增长率为12%，占宜昌市社会消费品零售总额的比重逐年增加。2020年在新冠疫情影响下，全县社会消费品零售总额跌至37.27亿元，同比下降17.67%。疫情得到有效控制后，兴山县政府积极推出各项提振消费的政策，推动消费市场逐渐回温。表2-6反映了兴山县"十三五"时期社会消费品零售总额变化趋势。

表 2-6　　　　2015—2020 年兴山县社会消费品零售总额　　（单位：亿元，%）

| | 兴山县社会消费品零售总额 | 兴山县占宜昌市比重 |
|---|---|---|
| 2015 年 | 28.65 | 2.63 |
| 2016 年 | 32.60 | 2.63 |
| 2017 年 | 36.19 | 2.72 |
| 2018 年 | 40.51 | 2.73 |
| 2019 年 | 45.27 | 2.65 |
| 2020 年 | 37.27 | — |

资料来源：《兴山县统计公报》《宜昌市统计年鉴》。

## 5. 财政收支

图 2-5 展示了兴山县 2015—2020 年的财政收支情况。从财政收入来看，兴山县实际财政收入均好于预期，即高于地方公共财政预算收入。作为财政收入的重要来源，兴山县税收收入经历了一个先下降再上升的过程，到 2020 年兴山县税收收入占

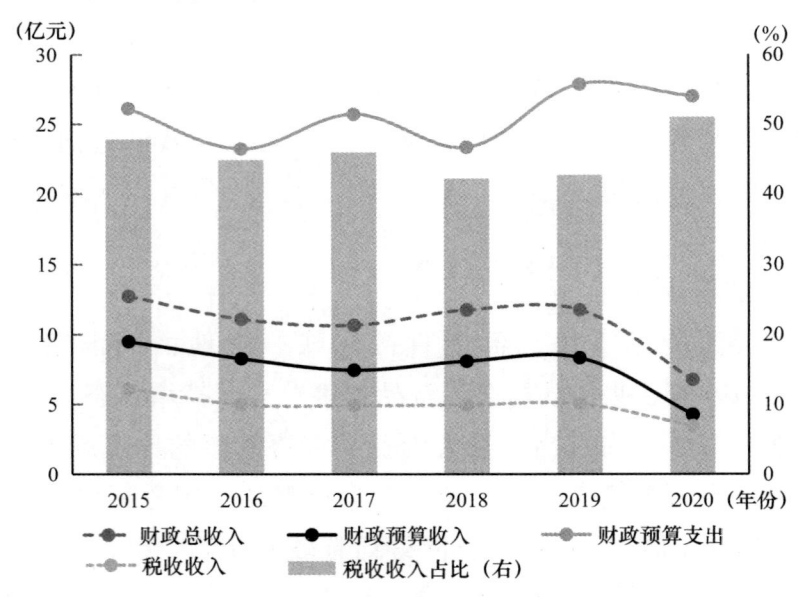

图 2-5　2015—2020 年兴山县财政收支状况

资料来源：《兴山县统计公报》。

财政收入比重已经超过50%，成为财政收入的主要来源。但2020年受疫情影响而出台的阶段性减税减费政策给兴山县税收和财政收入带来了较大冲击，2020年全县财政收入同比缩水42.42%。从财政收支结构来看，近年来兴山县财政预算一直处于赤字状态，且财政赤字表现出扩大趋势。面对财政收支不平衡的现实约束，兴山县需要考虑拓展投融资渠道，多渠道吸引资金助力提前实现碳中和目标。

从地区层面来看，2020年兴山县各乡镇财政收入也出现不同程度的下降，其中，古夫镇财政收入为2897万元，同期下降超过60%（见表2-7）。但是从现阶段经济增长情况来看，疫情带来的冲击是暂时性的，预计在疫情基本结束之后，兴山县财政收入会逐渐恢复到正常水平。

表2-7　　　　　2019—2020年兴山县各乡镇财政收入　　　（单位：万元）

|  | 财政收入 | |
| --- | --- | --- |
|  | 2019年 | 2020年 |
| 古夫镇 | 7896 | 2897 |
| 昭君镇 | 2105 | 1238 |
| 峡口镇 | 2614 | 1560 |
| 高桥乡 | 398 | 295 |
| 南阳镇 | 616 | 563 |
| 榛子乡 | 2405 | 1264 |
| 黄粮镇 | 805 | 724 |
| 水月寺镇 | 2776 | 1786 |

资料来源：《兴山县统计公报》。

## （三）社会发展情况

### 1. 人口规模与结构

图2-6展示了2015—2020年，兴山县人口规模变动趋势。总

体上看,兴山县总人口规模在 2015—2020 年缓慢下降,2020 年兴山县总人口为 16.24 万人,与 2015 年相比减少了 0.73 万人。在此期间,兴山县人口占宜昌市人口比重也由 4.13% 下降至 3.96%。

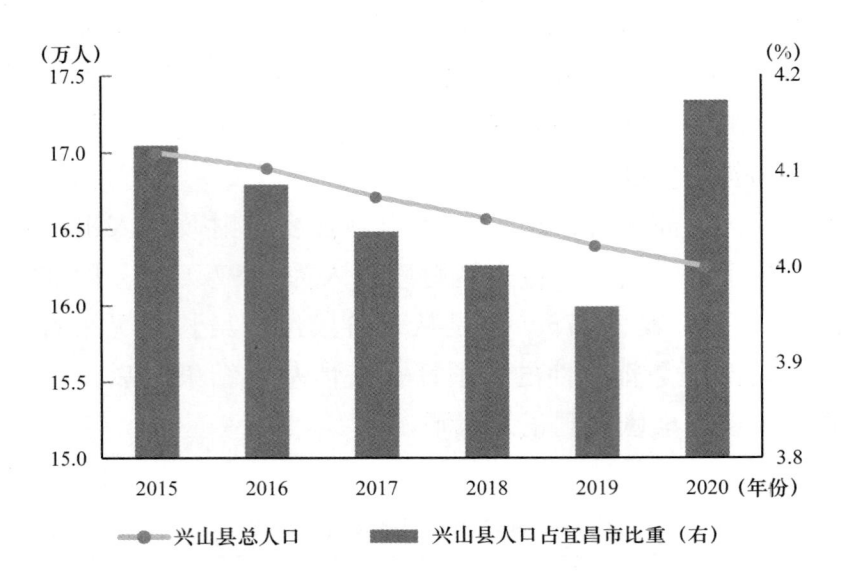

图 2-6　2015—2020 年兴山县人口变化趋势

资料来源:《兴山县统计公报》。

根据兴山县 2020 年人口普查结果绘制的兴山县人口年龄结构如图 2-7 所示。从人口年龄结构来看,兴山县 0—14 岁的人口为 1.68 万人,占总人口的 10.92%;15—64 岁的劳动人口为 10.72 万人,占总人口的 69.68%;65 岁及以上人口为 2.99 万人,占总人口的 19.40%。根据人口普查结果可以计算出,兴山县人口总抚养比为 43.52,老年抚养比为 27.84。

2014—2020 年,兴山县出生率及人口自然增长率的变动情况如表 2-8 所示,均呈现逐渐下降趋势,其中 2019 年和 2020 年全县的人口自然增长率已经降至负值。兴山县的人口结构表明,目前该县拥有的适龄劳动力资源较为丰富,但由于近年来出生率和人口自然增长率不断下降,也呈现出人口少子化和老龄化的隐忧。

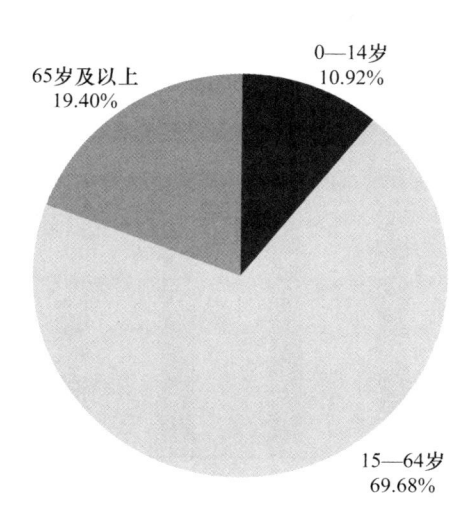

**图 2-7　2020 年兴山县人口年龄结构**

资料来源：2020 年兴山县人口普查数据。

## 2. 城镇化水平

在全县总人口数量下降的同时，兴山县的城镇化率呈现逐年递增趋势。2015—2020 年，兴山县城镇化率由 44.56% 上升至 49.77%，年增长率为 2.24%（见图 2-8）。但是从目前情况来看，兴山县城镇化水平仍然显著低于湖北省及宜昌市的城镇化水平。

表 2-8　　2014—2020 年兴山县出生率及人口自然增长率　　（单位：%）

|  | 出生率 | 人口自然增长率 |
| --- | --- | --- |
| 2014 年 | 7.56 | 1.36 |
| 2015 年 | 6.7 | 0.44 |
| 2016 年 | 8.55 | 2.29 |
| 2017 年 | 8.4 | 2.42 |
| 2018 年 | 7.1 | 0.09 |
| 2019 年 | 6.69 | -0.42 |
| 2020 年 | 5.58 | -1.83 |

资料来源：《兴山县统计公报》。

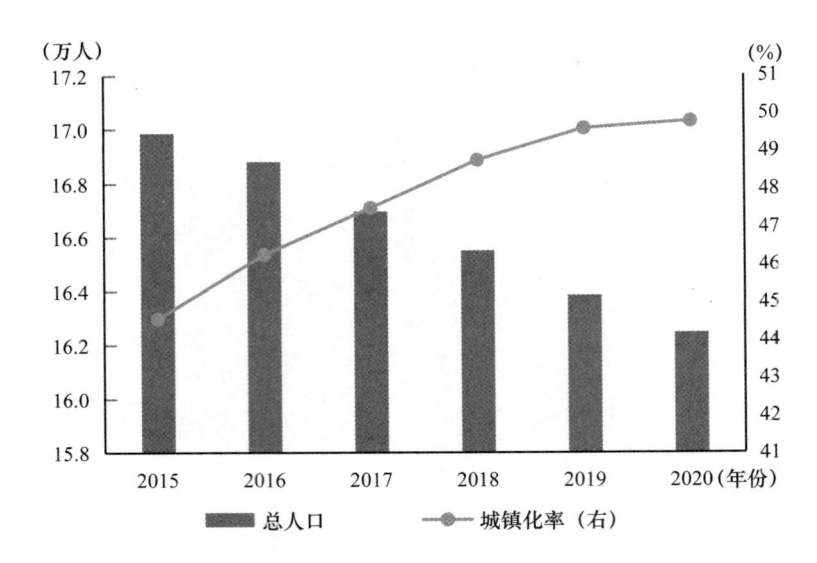

图 2-8　2015—2020 年兴山县总人口及城镇化率

资料来源：兴山县统计局，《宜昌市统计年鉴》《湖北省统计年鉴》。

### 3. 居民生活水平

**（1）基本生活情况**

"十三五"时期，兴山县人均可支配收入水平不断上升，居民生活水平得到切实提高。2015—2020 年，兴山县全体居民人均可支配收入年均增速达到 9%，收入水平于 2019 年突破 2 万元，达到 2.08 万元，相较于 2015 年的 1.47 万元增加 41%。在此期间，兴山县城镇和农村居民人均可支配收入也基本保持增长态势，年均增长率分别为 6.32% 和 7.74%。到"十三五"期末，兴山县城镇居民人均可支配收入已经突破 3 万元，并于 2019 年达到近五年来的峰值，实现 3.16 万元（见图 2-9）。

2020 年，兴山县城镇居民收入受疫情影响出现了明显的负增长，但总量水平仍保持在 3 万元以上。兴山县农村居民人均可支配收入增速较快，但总量上与城镇居民人均可支配收入相比仍然存在一定的差距。疫情并未对兴山县农村居民收入造成太大影响，农村居民收入在 2020 年仍然有所增长。2015—2020 年，兴山县人均可支配收入占人均 GDP 比重由 26.32% 升至

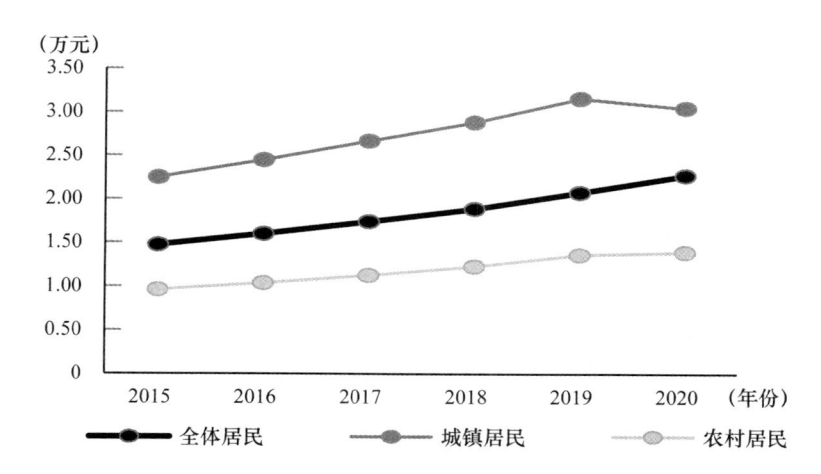

图 2-9　2015—2020 年兴山县城乡居民人均可支配收入

资料来源：《兴山县统计公报》。

29.87%，但依然较低。整体来看，"十三五"时期兴山县收入分配状况有所改善，但仍有较大的提升空间，需要进一步完善收入分配政策，增加城乡居民人均可支配收入，助力乡村振兴目标实现。

图 2-10 对比了 2016—2019 年，兴山县居民人均可支配收入增长率与宜昌市、湖北省及全国居民人均可支配收入增长率变化情况。整体来看，兴山县居民人均可支配收入增长趋势基本与全国及所属省、市居民人均可支配收入增长趋势保持一致。"十三五"时期，兴山县人均可支配收入年均增长率为 8.99%，基本与全国人均可支配收入增长率（9%）保持一致，并在2018 年开始逐渐超过全国平均水平。

2015—2019 年，兴山县居民人均可支配收入水平与宜昌市、湖北省及全国居民人均可支配收入水平的比较情况如图 2-11所示。由图 2-11 可知，兴山县居民人均可支配收入在总量上仍然低于全国及省市平均水平。宜昌市人均可支配收入在"十三五"时期始终保持高于湖北省平均水平，作为宜昌市下辖县，兴山县居民人均可支配收入仍然具有较大的发展空间。

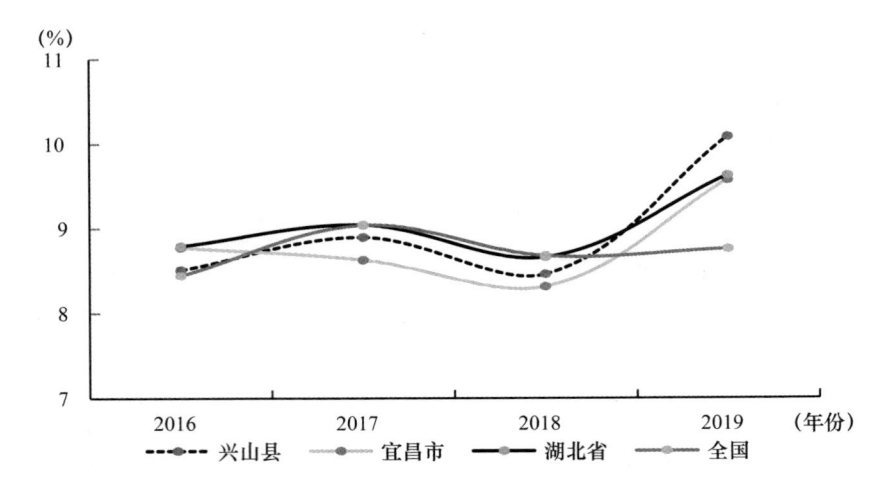

图 2-10　2016—2019 年兴山县居民人均可支配收入增长率对比

资料来源：《宜昌市统计年鉴》《兴山县统计公报》。

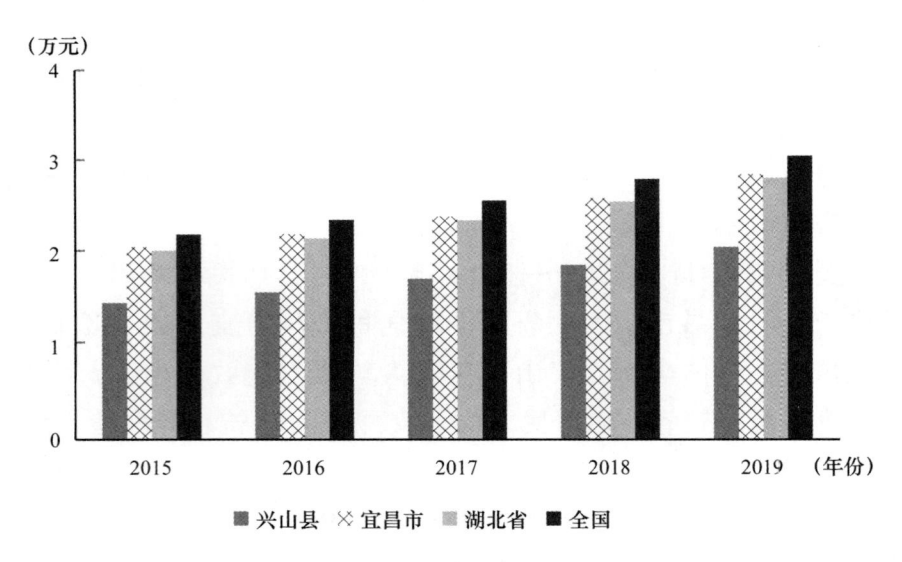

图 2-11　2015—2019 年兴山县居民人均可支配收入水平对比

资料来源：《宜昌市统计年鉴》《兴山县统计公报》。

虽然受到新冠疫情的影响，但 2020 年兴山县各乡镇人均可支配收入均超过 1 万元，同期实现正增长（见表 2-9）。其中，人均可支配收入增速最快的是古夫镇，2020 年增长率为 3.18%；增速最低的峡口镇也实现了 1.55% 的增长率。

表2-9　　　　2020年兴山县各乡镇人均可支配收入及增长率　　（单位：元,%）

| | 人均可支配收入 | 增长率 |
|---|---|---|
| 古夫镇 | 15325 | 3.18 |
| 昭君镇 | 13219 | 2.48 |
| 峡口镇 | 12830 | 1.55 |
| 高桥乡 | 10327 | 2.58 |
| 南阳镇 | 12898 | 4.25 |
| 榛子乡 | 13808 | 2.43 |
| 黄粮镇 | 13738 | 2.91 |
| 水月寺镇 | 14645 | 2.26 |

资料来源：《兴山县统计公报》。

**（2）住房面积**

随着经济社会的不断发展和居民生活水平的不断提高，兴山县城乡居民住房水平逐年提高（见图2-12）。兴山县城乡居民人均住房面积在"十二五"期末出现较大幅度提高之后，一直保持平缓上升趋势。截至2020年，兴山县城镇居民人均住房面积为50.88平方米，农村居民人均住房面积为58.17平方米，相较当地2014年城乡居民人均住房面积分别增加9.47%和16%。根据我国住房和城乡建设部发布的数据，2019年我国城乡居民人均住房面积分别为39.8平方米和48.9平方米，[1] 兴山县城乡人均住房面积已经高于全国平均水平。建筑部门作为实现碳中和目标的关键部门，其运行过程中的碳排放主要来自供暖、照明及烹饪等方面。随着住房面积的增加，房屋采暖和电力碳排放也会随之增加，未来还会持续增加。这就需要兴山县采取适合的建筑节能政策，通过住宅节能技术的应用，在满足人民美好生活需求的同时，提高建筑领域用能效率，实现碳减排甚至碳中和目标。

---

[1] 王蒙徽：《住房和城乡建设事业发展成就显著》，2021年9月8日，中华人民共和国住房和城乡建设部网站，http://www.mohurd.gov.cn/jsbfld/202010/t20201023_247686.html。

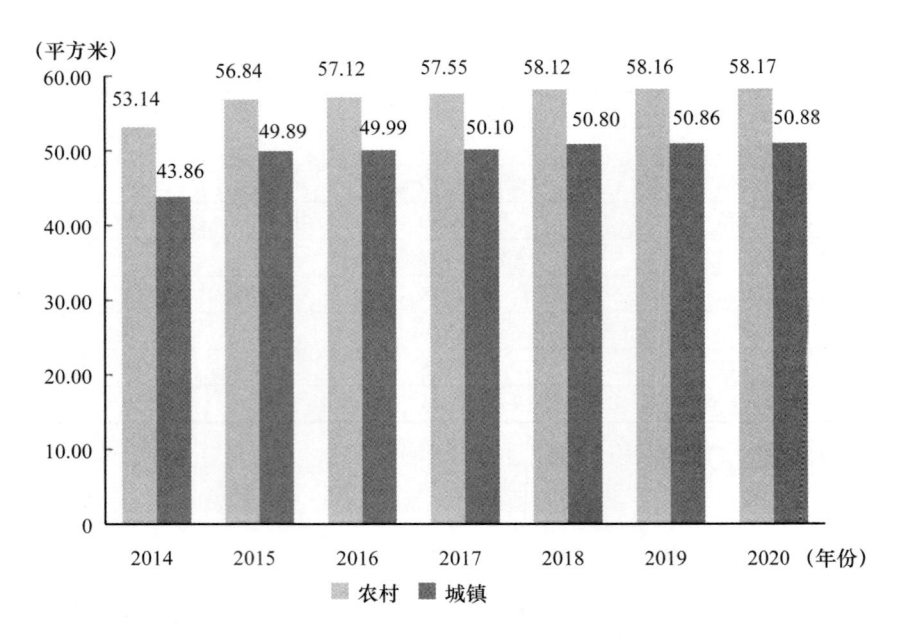

图 2–12　2014—2020 年兴山县历年人均住房面积

资料来源：兴山县统计局。

**（3）机动车保有量**

兴山县目前每千人平均拥有的机动车数量为 306 辆，其中家用汽车保有量为每千人 125 辆，摩托车保有量为每千人 150 辆。全国统计数据显示，截至 2020 年，全国机动车保有量为 3.72 亿辆，达到每千人 201 辆的水平，其中家用汽车每千人保有量为 104 辆，摩托车每千人保有量为 52 辆。兴山县居民主要用车保有量均已超过全国平均水平，但湖北省宜昌市的家用汽车保有量为 70.60 万辆，达到每千人 181 辆。由于兴山县县城人口密度小，县域经济发展水平、生活方式和出行距离等因素决定了兴山县内人均摩托车保有量较高。但是同宜昌市或其他大城市相比，兴山县的家用汽车户均拥有水平还有明显的差距，预计随着收入水平的持续提高，家用汽车的总规模还有增长空间。表 2–10 为 2020 年全国和兴山县用车保有量对比。

### 4. 社会保障水平

随着社会发展水平的提升，兴山县社会保障覆盖范围不断扩大，参与人数逐渐增多，参保比例逐渐提升。根据《兴山县统计公报》数据，截至 2020 年，全县养老保险和医疗保险参保比例达到 84.49% 和 89.87%，全县失业保险、工伤保险和生育保险参保比例也分别达到 8.73%、12.15% 和 11.61%（见图 2-13）。较高的养老保险参保比例有助于缓解家庭养老负担，也为兴山县未来产业转型筑牢社会保障基础。

表 2-10　　　　2020 年全国和兴山县用车保有量对比　　　　（单位：辆）

|  | 兴山县 | 全国 |
| --- | --- | --- |
| 机动车保有量 | 49800 | 372000000 |
| 每千人机动车保有量 | 306 | 201 |
| 每千人家用汽车保有量 | 125 | 104 |
| 每千人摩托车保有量 | 150 | 52 |

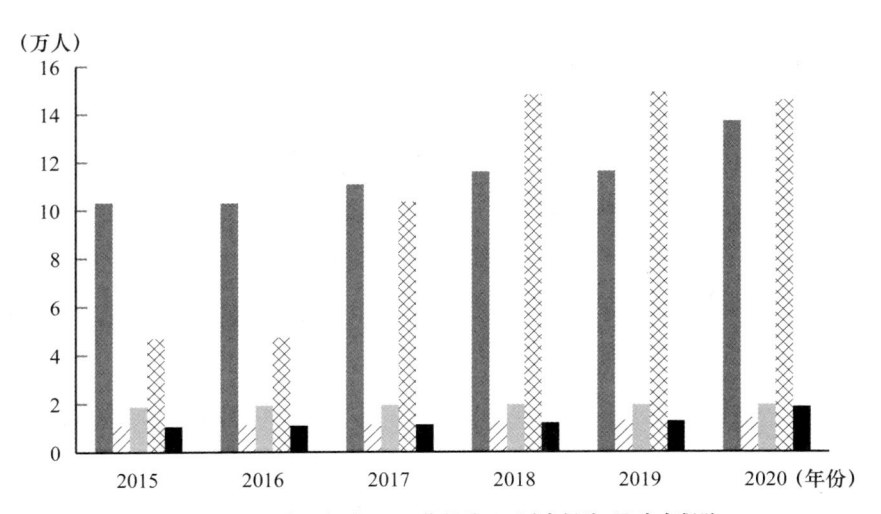

图 2-13　2015—2020 年兴山县社会保障水平

资料来源：《兴山县统计公报》。

## （四）兴山县2035年社会经济整体发展愿景展望

**1. 全国基本实现2035年美丽中国建设远景目标概览**

习近平总书记在中国共产党第十九次全国代表大会上发表重要讲话，指出从2020年到21世纪中叶分两个阶段来安排。

第一个阶段，2020—2035年，在全面建成小康社会的基础上，再奋斗十五年，基本实现社会主义现代化；第二个阶段，从2035年到21世纪中叶，在基本实现现代化的基础上，再奋斗十五年，把我国建成富强民主文明和谐美丽的社会主义现代化强国。[①] 党的十九大还进一步明确了我国"十四五"时期经济社会发展目标和2035年远景发展目标。展望2035年，我国将基本实现社会主义现代化，实现社会生态、政治生态、权利生态的改善，建立公序良治社会，使社会整体文明程度得到根本提升。[②]

2035年的远景目标为未来15年国家的发展擘画了蓝图，届时中国经济总量将位居世界前列，可望成为世界最大的经济体，经济实力、科技实力、综合国力都将大幅提升，在经济发展的质量、效率和动力上都取得实质性的进展，经济总量和城乡居民人均收入将迈上新的台阶，同时实现关键核心技术重大突破，进入创新型国家前列。[③] 在产业上，基本实现新型工业化、信息化、城镇化、农业现代化，建成现代化经济体系，由制造大国

---

[①] 习近平：《决胜全面建成小康社会　夺取新时代中国特色社会主义伟大胜利》，人民出版社2017年版。

[②] 竹立家：《走向2035年的中国：远景目标与关键变量》，《人民论坛·学术前沿》2021年第6期。

[③] 张旭、隋筱童：《中国特色社会主义现代化与新"四个全面"的历史进程及演进逻辑》，《山东社会科学》2021年第2期。

走向制造强国；在社会发展上，将形成与发达国家总人口规模相当的中产阶级群体，社会贫富差距进一步缩小，基本实现共同富裕；在国家形态上，将基本形成法治国家形态，基本实现以法治为基础的国家治理体系现代化目标，社会稳定性进一步增强；在生态环境保护上，广泛形成绿色生产生活方式，碳排放达峰后稳中有降，生态环境根本好转，基本实现美丽中国建设目标。

中国不仅向国际社会明确宣示，而且在国内层面作出战略和政策规划，2030 年前实现碳达峰、2060 年前实现碳中和。2060 年实现碳中和的目标为中国应对气候变化设置了明确的时间节点和刚性约束，但是全国多层级的经济社会发展情况决定了地方层面在实现碳中和过程中不能"齐步走"，要在坚持"全国一盘棋"的前提下，注重统筹兼顾，让低碳基础较好的地区在 2060 年之前率先探索和实现碳中和，为后发地区实现碳中和提供可借鉴的范本。2035 年既是我国社会经济发展方式发生根本性转变的重要时间节点，也是我国碳中和实现道路上的关键节点。对于具备良好低碳发展优势的地区来说，如果率先在 2035 年实现碳中和，则不仅为其他地区在 2060 年前实现碳中和预留空间，而且创造并分享可推广、可复制的经验。

### 2. 湖北省 2035 年发展目标图景

党的十九大发布《中华人民共和国国民经济和社会发展第十四个五年规划和 2035 年远景目标纲要》，对 2035 年远景目标进行了清晰的展望和顶层设计。对此，各地方政府积极响应，相继公布根据自身实际情况制定的十四五规划及 2035 年远景目标纲要，并在其中明确提出，要制定碳中和行动方案，扎实推进碳达峰、碳中和各项工作开展。

湖北省政府于 2021 年 4 月发布了《湖北省国民经济和社会发展第十四个五年规划和二〇三五年远景目标纲要》（以下简称

《纲要》)。《纲要》作为湖北省人民奋进新征程的行动纲领,聚焦提升"建成支点"的功能、提高"走在前列"的能级、开启"谱写新篇"的征程,明确了科技创新、产业发展、数字化转型、市场枢纽、区域发展、新型城镇化、乡村振兴、深化改革、基础设施、文化建设、绿色发展、提升人口素质、社会保障、省域治理、安全发展15个方面的主要任务。《纲要》还擘画了湖北省2035年经济社会发展远景目标,即到2035年湖北省要基本实现社会主义现代化,经济实力、科技实力、综合实力大幅跃升,人均生产总值达到中等发达经济体水平;基本实现新型工业化、信息化、城镇化和农业现代化,基本建成现代化经济体系,形成在转变经济发展方式上走在全国前列相适应的综合实力和战略功能;建设成为中部地区崛起的重要战略支点,形成有力的现代流通体系,加强市场枢纽功能;科技创新能力大幅提升,跻身全国创新型省份前列;都市圈经济、县域经济、块状经济实力大幅增强,进一步缩小城乡区域发展差距;显著提升城乡居民素质和社会文明程度,增强文化软实力,城乡公共服务基本实现均等化;显著提高中等收入群体比例,改善人民生活品质,向共同富裕迈进;省域治理体系和治理能力现代化基本实现,法治社会基本建成;广泛形成绿色生产生活方式,生态环境根本好转,基本建成美丽湖北。

"坚持生态优先绿色发展,建设美丽湖北"任务的确立,表明生态环境保护与生态文明建设将成为湖北省未来实现经济社会协调、可持续发展的重点领域和重要目标之一。国家层面确定的"双碳"目标也对湖北省加快经济结构、能源结构、产业结构转型升级,实现在转变经济发展方式上走在全国前列具有重要的指导意义。湖北省作为生态大省,应该为国家整体实现"双碳"目标做出更大贡献,通过启动制定实施碳达峰、碳中和行动方案,推动循环经济发展,优化调整产业、能源、交通运输和农业结构,推进重点行业和重要领域绿色化改造,为构建以产业生态化和生态产业化为主体的生态经济体系提供支撑。

湖北省位于中国南北气候过渡带，属于易受气候变化影响的敏感区和脆弱区。能源结构中化石能源占比较高，煤炭、石油、天然气等占比在80%以上，新能源开发潜力有待进一步挖掘。湖北省积极行动，推动提前实现碳中和对其未来发展具有重要的意义。作为长江经济带的重要枢纽，湖北省在全国碳中和进程中树立典型标杆，能够为中部地区崛起、长江生态文明示范带建设发挥良好的示范作用，也能够有效助推湖北省经济结构、能源结构和产业结构的转型升级，推动湖北省经济发展方式转变走在全国前列。此外，湖北省还应该积极探索制度创新，推动国家提高三峡、葛洲坝等电能在本地的消纳比例，积极提高水能资源的本土化利用比例。为此，湖北省已经启动了碳达峰、碳中和相关专项研究工作，力图为湖北省实现碳中和提供路径方案和技术支撑。

### 3. 兴山县2035年发展方向

兴山县一直以生态资源为重要依托，推动县内产业经济发展。近年来，兴山县推动经济发展方式转变，实施了"双百"（百亿兴发、百万游客）、"五特"（畜牧、烟叶、果茶、药材、蔬菜五大特色产业）工程，开创"飞地经济"模式，进一步以生态资源优势推动兴山县经济发展。

在中国2035年以及湖北省2035年远景目标指导下，兴山县委结合兴山实际，在县十四届十次全会上提出，要基于2025年实现"两地两县"战略目标，力争到2035年把兴山建设为"鄂西交通物流集散中心、华中区域文旅康养中心、全国飞地经济发展示范县、长江经济带绿色创新发展示范县"，推动兴山高质量发展。[①] 在

---

① 《中共兴山县委十四届十次全体会议决议》，2021年9月8日，兴山县政府网站，http://www.xingshan.gov.cn/content-18-44031-1.html。

2035年远景目标的指导下，兴山县抓住郑万高铁和宜兴高铁两条"350"高铁交汇设站兴山县城的重大历史机遇，加快推动建成"县城高铁陆港、峡口香溪水港、黄粮通航空港"三港联动立体交通体系。兴山县政府还以绿色发展为统领，谋划实施了把兴山打造为"昭君文化旅游目的地、大三峡大神农架生态旅游集散地"，建设"全省飞地经济发展示范县和山区生态经济强县"的"两地两县"战略，基本形成了县内生态文化旅游康养和县外"飞地经济"协同发展、山上康养度假和山下旅游观光融合共进的高质量发展布局。

20世纪70年代兴山县就确立了"水电起步"的发展思路，大力发展水利水电事业，将小水电发展成了兴山县经济发展的重要支柱产业。到20世纪80年代，兴山县被列为第一批全国农村初级电气化试点县，并在80年代末期成为全国知名的水电明星县。除此之外，兴山县零碳的水电资源丰沛，风能、太阳能可开发空间大；生态系统具有较强的森林碳汇基础；产业结构不断优化，电气化程度高，在政府的重视和支持下，具有提前实现碳中和的潜力。

但是兴山县在实现碳中和的道路上，也面临一些现实的挑战和压力。兴山县经济仍然处在快速发展之中，能源需求仍处于上升阶段，既要避免经济增长的高耗能投资惯性，又要避免一刀切的能源消费控制政策，在发展经济、满足居民能源消费需求的前提下实现碳中和。此外，提前实现碳中和需要技术进行强有力的支撑，新能源技术的成熟度决定了兴山县提前实现碳中和的进程速度，为了提前实现碳中和，兴山县需要加大对新能源发电储能及调峰技术的投入，通过技术和机制的创新来实现碳减排和碳中和目标。要实现碳中和目标，还需要在能源基础设施、生产技术和传统产业改造等方面进行长期投资，需要探索、创新绿色投融资机制。

2030年前实现碳达峰、2060年前实现碳中和为中国应对气候变化设定了清晰的时间表,明确了 2060 年是中国国家主体实现碳中和的最终时间节点。但中国广阔的国土面积、复杂多样的生态环境以及多层级的经济发展水平,也决定了中国难以在省、市和县区层面同步实现碳中和,因而有必要设立碳中和实验区,推动有条件的地区在实现碳中和的道路上先行一步。为此,兴山县在 2035 年远景目标的指导下,以新发展理念为指导,充分利用县域地理优势和资源禀赋,促进绿色发展转型升级,推动生态优势向产业优势转化。既能通过提前实现碳中和在国内打造亚国家主体碳中和示范项目,又能向国际社会展示中国推动国际议程的决心和贡献。图 2-14 展示了全国、湖北省及兴山县的发展愿景。

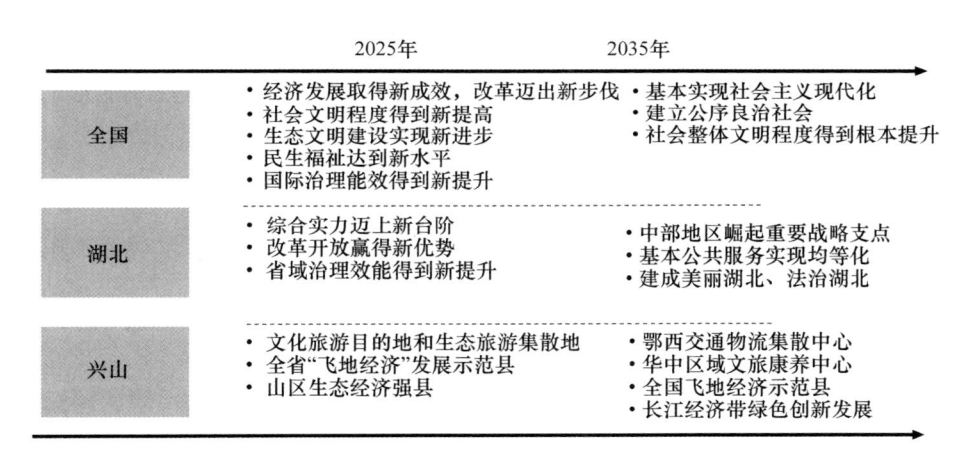

| | 2025年 | 2035年 |
|---|---|---|
| 全国 | · 经济发展取得新成效,改革迈出新步伐<br>· 社会文明程度得到新提高<br>· 生态文明建设实现新进步<br>· 民生福祉达到新水平<br>· 国际治理能效得到新提升 | · 基本实现社会主义现代化<br>· 建立公序良治社会<br>· 社会整体文明程度得到根本提升 |
| 湖北 | · 综合实力迈上新台阶<br>· 改革开放赢得新优势<br>· 省域治理效能得到新提升 | · 中部地区崛起重要战略支点<br>· 基本公共服务实现均等化<br>· 建成美丽湖北、法治湖北 |
| 兴山 | · 文化旅游目的地和生态旅游集散地<br>· 全省"飞地经济"发展示范县<br>· 山区生态经济强县 | · 鄂西交通物流集散中心<br>· 华中区域文旅康养中心<br>· 全国飞地经济示范县<br>· 长江经济带绿色创新发展 |

图 2-14 全国、湖北省及兴山县发展愿景展望

### 4. 兴山县 2035 年经济社会发展态势预测

兴山县努力实现碳中和的过程,意味着社会经济需要经历重大的转型和变革,不仅需要政府机构的大力支持,同时也需要县内全行业的协调共进。为了探究兴山县在 2035 年前实现碳中和的可行性,应对其未来人口、经济和社会等要素的发展趋势进行科学预判。

### (1) 人口发展趋势

历史数据显示，近年来兴山县总人口年均增长率为 -1%，人口总量稳中略有下降，生育政策的放开可能会适度减缓或逆转兴山县人口减少的趋势。此外，根据兴山县"十四五"及 2035 年远景目标规划，郑万高铁、宜兴高铁、沪蓉高速 G42 和十宜高速等多条交通要道都将交汇于兴山县，位于黄粮镇的兴山通航机场也正在抓紧筹建。交通枢纽的建设能够显著提高途经城市的外来人口流动量，促进跨区域间的人口迁移，推动兴山县产业转型和升级，通过"以业兴城"为兴山县吸引更多的人口。因此，交通基础设施改善和放松生育限制，有可能给兴山县的人口变化趋势带来新的动力。

根据兴山县人口规模历史变化趋势，结合相关人口政策及发展规划情景，可以预测不同情景下兴山县人口总量变化情况（见图 2-15）。基于历史增长率法（情景一），兴山县人口将持续现有的下降趋势，到 2035 年县人口总规模降至 14.07 万人；但随着国家全面放开生育限制政策，在当前农村户籍人口占绝

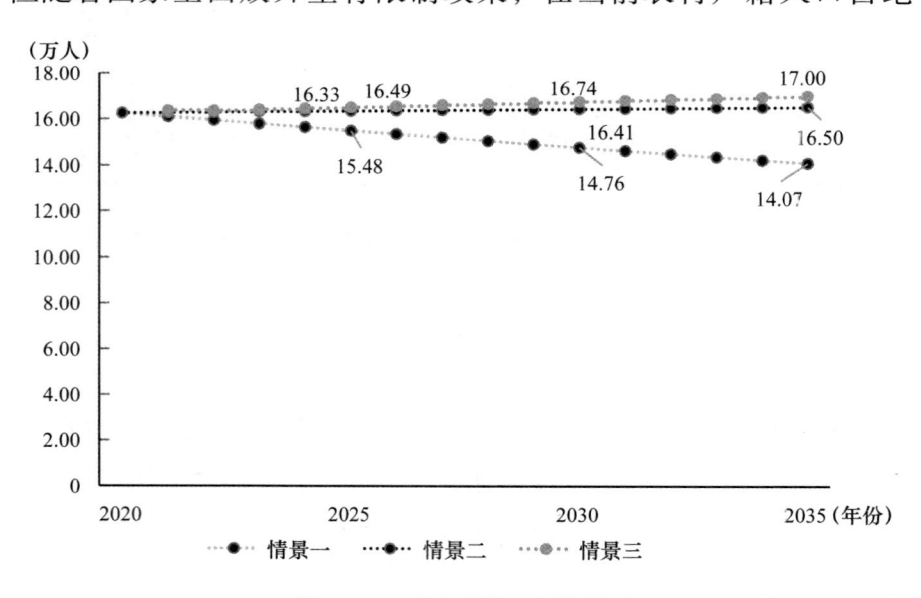

图 2-15 兴山县人口规模预测

大多数的兴山县，人口总量减少的趋势有可能得到控制和逆转，到2035年人口规模基本保持稳定（情景二）；郑万高铁、宜兴高铁等线路的陆续开通，将会为兴山县人口流动带来额外红利，因此在这里考虑了第三种情景，即在人口政策和交通基础设施改善的双重红利下，预测到2035年兴山县总人口数量将会达到17.00万人。

(2) **经济发展趋势**

从经济增长历史数据来看，兴山县2015—2020年GDP年均增速为5.46%，其中2020年新冠疫情对县域经济造成了较大冲击，2021年上半年起经济开始迅速复苏；而湖北省和宜昌市GDP分别实现同期增长28.5%和28.1%。兴山县规划中的生态康养度假区和旅游集散地发展规划的进一步落实和推进，都将会加速兴山县县域经济的发展，综合考虑全县内外部经济环境及经济政策等因素对兴山县经济社会发展造成的影响，对兴山县2035年经济发展水平做出预测（见图2-16）。

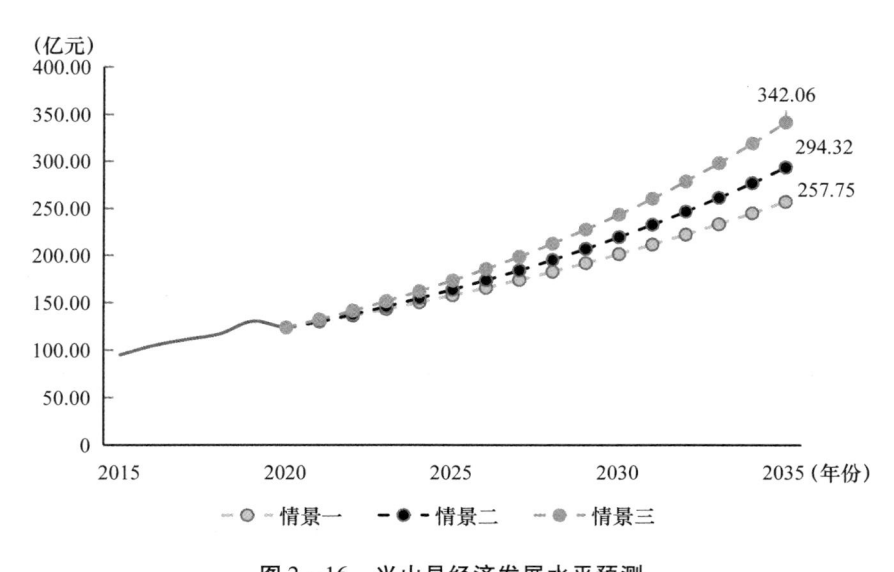

图2-16 兴山县经济发展水平预测

情景一基于历史增长数据，预测2035年兴山县GDP总值将会达到 257.75 亿元。但由于 2020 年因新冠疫情导致的经济下滑是突发事件,并不会长期持续,现有数据也显示国内经济在 2021 年迅速恢复。据此对情景一的预测结果进行修正,在情景二中假定兴山县经济在 2021 年恢复之后,保持原有增长率,则到 2035 年全县 GDP 总值可能实现 294.32 亿元。如果高铁站的开通及康养产业的布局能够通过对周边县的积聚效应,对兴山县经济产生更大的拉动作用,兴山县可能会在"十四五"时期受高铁红利影响,经济增长速度进一步加速,预测兴山县 2035 年 GDP 总量可能实现 342.06 亿元。

**(3) 产业结构发展趋势**

近年来,兴山县充分发挥农业比较优势,大力发展特色果蔬、茶叶、中草药等具有较高成长性的行业,打造现代化的农业高新技术产业集群。在大力培育经济作物,继续释放高效特色农业发展潜力的同时,兴山县进一步延伸农产品产业链,推进鲜果及茶叶深加工产业、拓展现代中药材产业链,推动一二三产业融合发展。高铁站建成开通后,将会极大地缩减兴山县与周围地区的距离,大幅度提高与周围地区的人流、物流、信息流传递,促进区域间的产业转移,使兴山县能够充分利用其区位与资源优势,承接来自其他地区的服务业转移。可以预计,兴山县未来第一产业规模会有所缩减,但下降空间不大;第二产业则会在碳中和发展理念的指导下继续收缩;第三产业比重会进一步提高。根据兴山县政府的未来规划,到 2025 年,兴山县将力争实现第三产业占比超过 60%。①

根据兴山县现有产业结构情况及未来规划,对兴山县未来到 2035 年产业结构变化趋势进行预测(见图 2-17)。预计到 2025 年,兴山县三次产业构成为 9.55∶31.36∶59.10,2030 年

---

① 《碳达峰、碳中和专题研讨会》,2021 年 9 月 10 日,https://new.qq.com/rain/a/20210906A0B0VC00。

三次产业构成为8.64∶27.53∶63.83，到2035年三次产业构成为8.06∶22.99∶68.95。

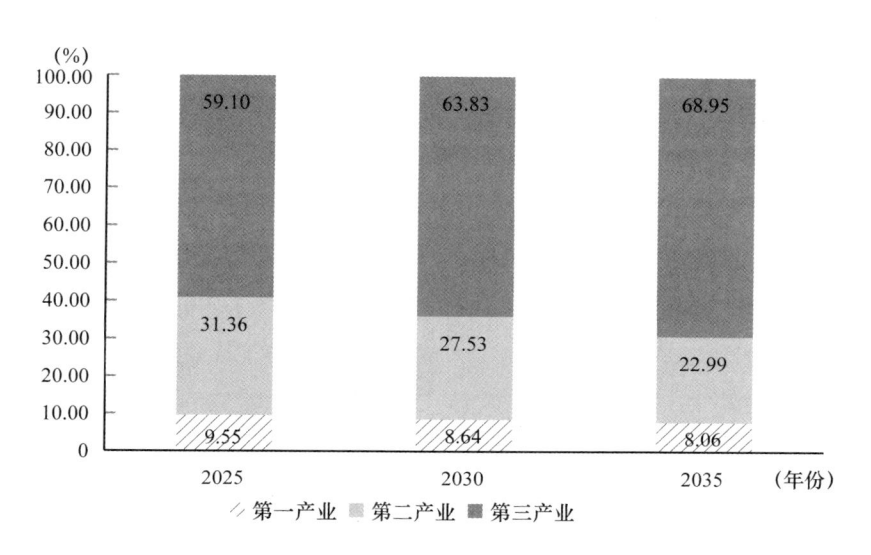

图2-17 兴山县产业结构发展趋势预测

**（4）居民生活水平发展趋势**

①居民收入水平

历史数据显示，"十三五"时期兴山县城镇人均可支配收入占人均GDP比重稳定在40%，农村人均可支配收入占人均GDP比重仅增加约1个百分点，由17.17%升至18.28%，收入分配仍然存在较大改善空间。随着人均GDP的增长，人均可支配收入还会有更大的提升空间。假设居民人均可支配收入占人均GDP的比重呈线性增长趋势（见图2-18），最优情景下2035年兴山县人均GDP可达到20.12万元，城乡人均可支配收入将分别达到10.06万元和8.05万元。

②住房面积

从人均住房面积历史变动趋势来看，自2015年有较大幅度增加后，兴山县城乡人均住房面积一直保持缓慢上升的趋势，"十三五"时期，兴山县城乡居民人均住房面积仅增长1平方

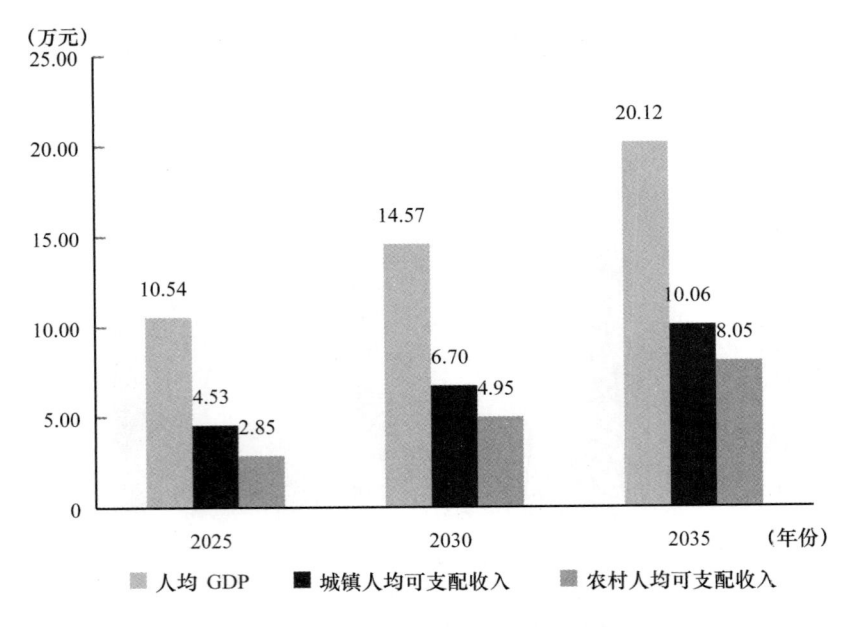

图 2-18  兴山县居民消费水平预测

米，年均增长率分别为 0.39% 和 0.46%。截至 2020 年，兴山县城乡人均住房面积已经超过全国平均水平，未来兴山县人均住房面积将不再具有快速增长的条件。

人均住房面积变动还受经济发展水平、劳动年龄人口比例、居民收入等因素的影响。[①] 从目前兴山县人口建构来看，适龄劳动人口比例仍然较高，未来随着经济发展、居民生活水平的提高，人均建筑面积和居住单位面积的增加以及城镇化发展将会继续推动兴山县建筑业的发展。如图 2-19 所示，预计未来兴山县人均住房面积将会在现有水平上略有提升，到 2035 年城乡人均住房面积将会分别达到 53 平方米和 66 平方米。建筑总量和建筑面积的增长会使建筑领域实现碳中和的难度有所提升，因此兴山县需要考虑通过相关政策，引导绿色生产生活方式，

---

①  徐辉、荣晨：《"十四五"时期中国住房需求变化及对策建议》，《宏观经济研究》2021 年第 8 期。

助力建筑领域碳中和的实现。

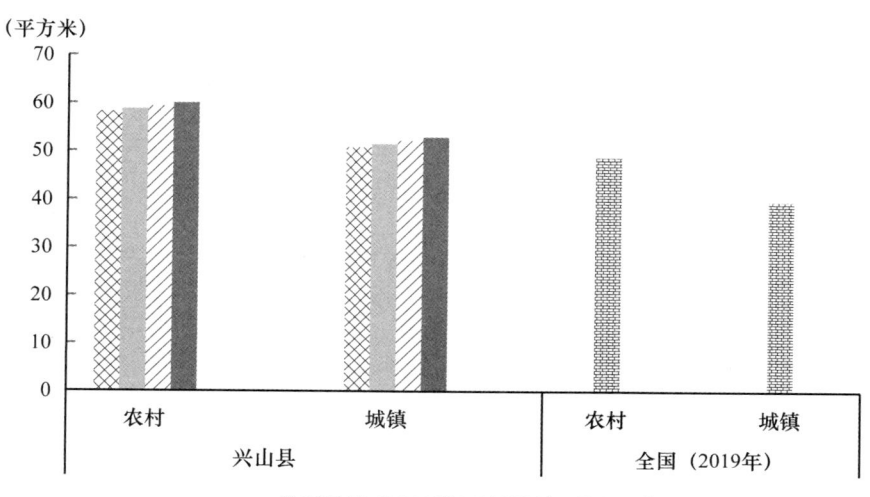

图 2-19　兴山县城乡人均住房面积预测

注：全国城乡人均住房面积为 2019 年数据。

③机动车保有量

兴山县目前每千人机动车保有量已经超过全国平均水平，但户均家用汽车拥有水平仍低于宜昌市平均水平。未来随着社会经济发展水平的提高，兴山县的居民收入水平也会逐步提高，从而推动消费的不断升级。此外，兴山县的城镇化水平相对较低，还有提升的空间；2022 年高铁通车刺激当地旅游业的快速发展，将会提升兴山县域内人员的流动性。因此，预计兴山县机动车中家用汽车需求仍然具有一定的上升空间。但兴山县千人摩托车保有量水平比较高，家用汽车的普及会在一定程度上替代部分摩托车需求。

在公共交通领域，目前兴山县公共交通工具数量较少，与中央文明办在《全国县级文明城市测评体系》要求县级市万人拥有公交车要超过 6 台的水平相比，仍然具有一定差距。未来旅游业和康养基地的建设也对兴山县公共交通系统提出新的要求，因此预计当地也将增加公共交通投资，为当地居民及游客提供低碳高效的交通运输方式。

结合调研情况和对未来兴山县交通出行需求的分析，预计未来兴山县的机动车将呈现数量与结构同时变化的趋势。到2035年，兴山县机动车总量将达到5.83万辆，其中每千人家用汽车保有量达到200辆，公共汽车数量超过100台。家用汽车和公交车数量的增加，会对家用摩托车产生一定的替代效应，摩托车保有量下降至2万辆，每千人保有量下降至121辆，仍明显高于全国平均水平。到2035年，预计兴山县机动车的变化趋势将如图2-20所示。

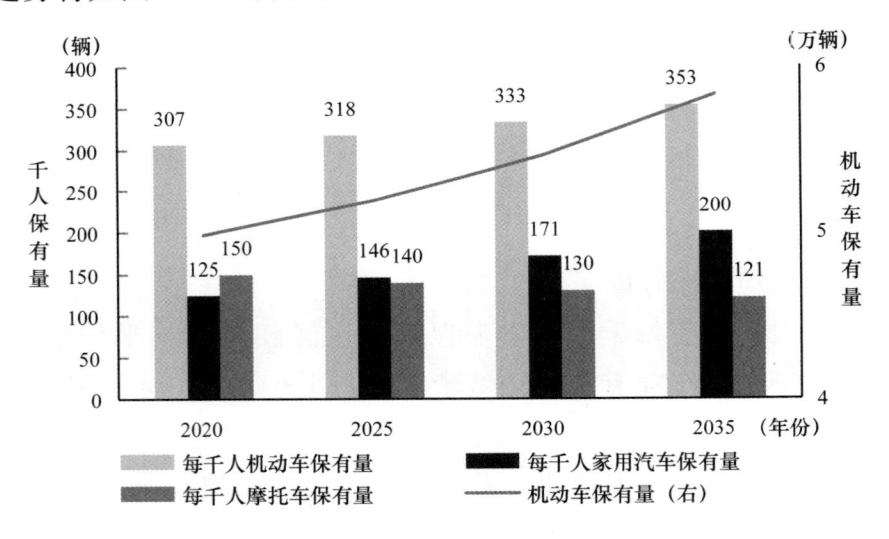

图2-20 兴山县机动车结构趋势预测

# 三 兴山县能源生产供应结构及发展潜力

## （一）兴山县能源生产和供应情况

**1. 能源供给总体情况**

兴山县本地缺乏化石能源禀赋，但拥有丰富的清洁能源资源禀赋。考虑到兴山县的能源结构特点，本报告中考虑的能源生产量既包括各种一次能源的生产及水电、核能和其他动力能发电量，也包括低热值燃料生产供应量、生物质能、太阳能等的利用和由一次能源加工转换而成的二次能源生产量。兴山县本地能源生产供应品种主要为水电、太阳能、薪柴和沼气，全部是零碳能源。2020年电力生产供应量为8.88亿千瓦时，剩余品种能源的生产供应量为6.88万吨标准煤。在兴山县本地的能源生产中，电力占比最高，约为61.32%（其中水力发电占58.18%，太阳能发电约占3.14%）；除发电外其他品种能源生产总量中，太阳能利用约占23.84%，薪柴利用约占71.08%，沼气利用等其他能源生产约占5.08%。兴山县本地没有煤炭、燃气及成品油产能，主要的消费需求依靠外部调入，2020年，这三种能源的调入量分别为9.70万吨标准煤、1.44万吨标准煤及4.73万吨标准煤。电力消费中，统计口径中的本地电力生产均为水电，但太阳能利用也能提供部分电力供应，2020年的本地电力供应为8.88亿千瓦时，约占78.83%，这也意味着还有

21.17%的电力需要从县外调入。

表3-1　　　　　　　2020年兴山县能源供给结构

| | 本地能源生产量 | | | 调入能源量 | | |
|---|---|---|---|---|---|---|
| | 亿千瓦时 | 万吨标准煤 | 本地生产能源品种占比 | 亿千瓦时 | 万吨标准煤 | 调入能源品种占比 |
| 电力 | 8.88 | | 78.83% | 2.38 | | 21.17% |
| 水电 | 8.42 | | 100% | | | |
| 太阳能发电 | 0.46 | | 100% | 0 | | 0 |
| 其他发电 | | | | 2.38 | | 100% |
| 太阳能（非发电） | | 1.64 | 100% | | 0 | 0 |
| 薪柴 | | 4.89 | 100% | | 0 | 0 |
| 成品油 | | 0 | 0 | | 4.73 | 100% |
| 煤炭 | | 0 | 0 | | 9.70 | 100% |
| 燃气 | | 0 | 0 | | 1.44 | 100% |
| 其他能源 | | 0.35 | 100% | | 0 | 0 |
| 合计 | 8.88 | 6.88 | | 2.38 | 15.87 | |

从各品种能源生产的时间变化趋势来看，水电和太阳能利用水平都在"十三五"时期保持良好的增长态势，其中水力发电量在2020年有显著的提高，这也推动了兴山县的能源自给率在"十三五"时期整体有所提升。太阳能整体的利用水平也在稳步提高，"十三五"时期，兴山县的太阳能利用量年均增幅达到12.99%。薪柴的生产量呈快速下降趋势，而以沼气为主的其他能源生产水平则相对比较稳定（见图3-1）。总体而言，兴山县2020年本地水力发电量明显提升，因此推动了兴山县的本地能源自给率也有了显著的提升，从"十三五"初期的39.65%，提高到2020年的48.62%。

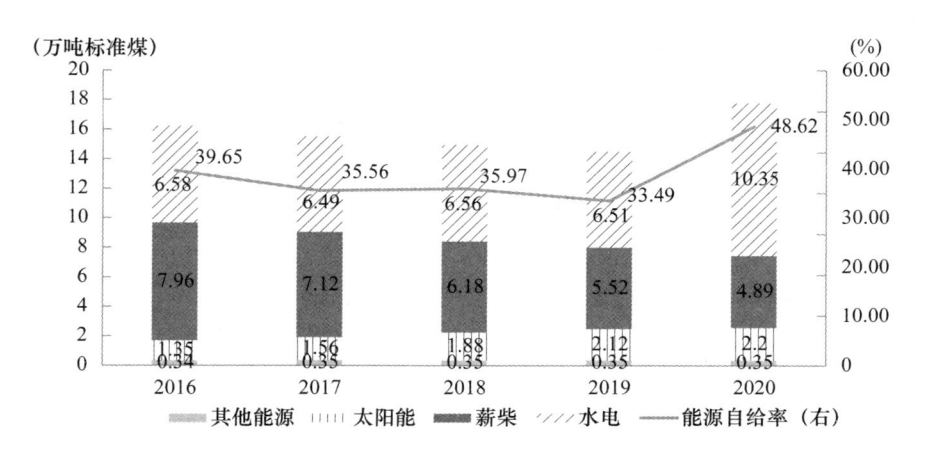

图 3-1 兴山县"十三五"时期本地能源生产情况

### 2. 分品种能源供给情况

**（1）本地生产能源**

电力。兴山县没有火电站，所有规模化的本地电力生产均为零碳水电。全县 2021 年运行水电站共 89 座，其中在建水电站 2 座（董家河水电站和中岔河水电站），在运行水电站 85 座，关停水电站 2 座（耿家河水电站和卧佛山水电站），2020 年总装机容量达到 23.868 万千瓦。2018 年发电量为 5.34 亿千瓦时，2019 年发电量为 5.3 亿千瓦时，2020 年发电量为 8.42 亿千瓦时。[①]

兴发集团作为兴山县水电领军企业，在兴山共有 31 座小水电，约占兴山小水电总数的 1/3，2019 年 9 月至 2020 年 9 月底，隶属于兴发集团的水电站提供的上网电量达 6.17 亿千瓦时，按本地上网电价 0.307 元/千瓦时计算收入，约能创造 1.89 亿元的发电收入。但是兴发集团提供的全部发电量均用于集团在本地的化工生产，和其他地区的化工生产集团相比，兴山县得天独厚的小水电优势保证了兴发集团主营业务的绿色生产。根据兴

---

① 兴山县提供材料《兴山小水电发展及转型升级情况简介》（2021年5月版）。

发集团测算，从 2019 年 9 月到 2020 年 9 月所使用的绿色电力相当于节约了 24.69 万吨标准煤。

太阳能。"十三五"时期，兴山县大力推进太阳能利用，通过创新光伏扶贫机制，在国家能源局和国家扶贫办的支持下，2017 年建成集中式农光互补光伏扶贫电站，惠及全县 69 个贫困村超过 2000 多名贫困人口。截至 2020 年，兴山县全县共有 18840 个太阳能热水器；还通过投资 3.38 亿元，先后建成了杨道河光伏扶贫电站、峡口镇多村联建光伏扶贫电站，总装机容量达 4.272 万千瓦，[①] 年均发电量为 0.47 亿千瓦时，占发电装机总容量的 15.2%。"十三五"时期，太阳能供应量增长贡献绝大部分来自新建的两座光伏电站。除此之外，县内还有少量太阳能路灯。太阳能利用年供总能量约为 2.2 万吨标准煤。

薪柴。兴山县森林覆盖率达到 80% 以上，受生态保护限制，只有少部分能够作为薪柴供使用。根据消费量估计出 2020 年全县薪材供给量约为 8.56 万吨，折合 4.89 万吨标准煤。绝大部分薪柴是农村居民自给自足，未进入市场，供给根据需求自发调节，农村居民的薪材储存量约占年消费量的 30%。"十三五"时期，由于"电代薪""气代薪"等工作稳步推进，农村常住人口减少，全县薪材需求量快速下降，供应量也相应呈快速下降趋势。

其他能源。兴山县本地生产的其他能源主要是以沼气等为主的生物质能利用。2020 年，农村沼气产量约为 446 万立方米，生物质炉（灶）近 20000 台，年供能量约为 0.35 万吨标准煤。此外，兴山县还有一家生物质颗粒生产与加工生产基地，年产量约为 2500 吨，每年约可提供 0.161 万吨标准煤的生物质燃料，生产出的生物质燃料基本全部由本地消纳。

---

① 兴山县发展和改革局：《兴山县能源发展"十四五"规划（修订版）》，2020 年 12 月。

**（2）外调能源供应**

煤炭。兴山县并非传统煤炭基地，煤炭禀赋不富足，但过去仍存在小规模的煤炭生产。"十三五"时期，兴山县大力推进供给侧结构性改革，开展煤炭行业化解过剩产能工作，关停了龙池、耿家河等煤矿，因此煤炭供应全部依赖外部输入。近几年，全县煤炭库存量一般在1万吨以上，能够保证1个月以上的用煤需求。

成品油。兴山县的成品油供给也全部依靠外调资源，2020年供应量约为9.70万吨标准煤。全县共有19座加油站，其中兴山县中石化公司加油站14座，兴山县中石油公司加油站2座，高速中石化加油站2座，个体加油站1座，各乡镇均有分布。

燃气。兴山县的液化气和天然气也都全部依赖外部输入，当前储备与日供应能力约为100吨标准煤，能满足全县3天的用气需求。

电力。由于兴山县电力供给小于电力需求，一部分电力供应仍依赖外部输入。"十三五"时期，用电需求保持快速增长趋势，而水电发展基本依靠改造扩容，发电与上网电量呈水平波动态势。由于兴山县的水力发电和太阳能发电利用规模一直稳定提高，兴山县电力对外依赖度也在不断下降，将太阳能利用全部计入电力生产之后，兴山县2020年的电力对外依赖度仅为18.93%，总量仅为2.4亿千瓦时，约折合2.93万吨标准煤。

其他能源。此外，兴山县生产、生活所使用的乙醇、生物柴油与甲醇等能源基本依赖外部输入，但数量很少，可以忽略不计。

## （二）兴山县零碳能源供应潜力分析

**1. 兴山县水力发电潜力分析**

水电是重要的清洁可再生能源。水力发电（Hydroelectric power）是利用水势差将水流的势能转换成水轮机之动能，再借水轮机为原动力,推动发电机产生电能。在中国常规能源中,按技术可开发量使用100年计算,各种能源品种的剩余可采总储量的构成为原煤占61.6%、水力占35.4%、原油占1.4%、天然气占1.6%。水力资源仅次于煤炭,居于十分重要的战略地位。合理开发、科学管理水力发电,不光可以提供零碳能源,还能发挥调节水流量、治理旱涝灾害的重要作用。

兴山县得天独厚的水能资源使得小水电成为本地能源供应的主要来源,水电也是兴山县经济发展的重要支柱产业。依据水电优势,兴山县成为第一批全国农村初级电气化试点县,也是全国知名的水电明星县。

(1) 水力发电技术

根据水电站利用水源的性质和方式不同,可分为常规水电站、抽水蓄能电站和潮汐电站,潮汐电站利用海潮涨落所形成的潮汐能发电。按照水电站对天然水流的利用方式和调节能力,可以分为径流式水电站和蓄水式水电站两类。[1]

按水电站装机容量的大小,可分为大型、中型和小型水电站。各国一般把装机容量5000千瓦以下的水电站定为小水电站,5千—10万千瓦为中型水电站,10万—100万千瓦为大型水电站,超过100万千瓦的为巨型水电站。中国规定将水电站分为五等,其中:装机容量大于75万千瓦为一等水电站,25万—75万千瓦为二等水电站,2.5万—25万千瓦为三等水电站,0.05万—2.5万千瓦为四等水电站,小于0.05万千瓦为五等水电站,[2]但统计上常将1.2万千瓦以下作为小水电站。兴山县目前在运行的水电站,装机容量最大的是古洞口一级水电站,约为4.5万千瓦,但全县装机容量超过1万千瓦的水电站仅有4

---

[1] 刘鹏、刘昌明:《我国能源发展与水电开发问题研究》,《科学对社会的影响》2007年第2期。

[2] 倪桂香:《中小型水电建设项目施工成本控制研究》,硕士学位论文,西南财经大学,2012年。

个，除了古洞口一级水电站之外，还包括南阳河水电站（1.26万千瓦）、古洞口二级水电站（1.1万千瓦）和猴子包水电站（1.07万千瓦）。绝大多数水力发电设施都是装机容量在1万千瓦以下的小水电站。

**（2）兴山县水力发电利用基础**

兴山县的水能资源非常丰沛，县域内有大小溪河156条，香溪河和凉台河两大水系横贯全县，独特的水能资源是全县四大优势资源之一。县境内地表径流年平均产水量为20.96亿立方米，河流自然坡度大，垂直高差2317.4米，全县水能理论蕴藏量达31.82万千瓦，可开发量为24.24万千瓦。

兴山县水电利用主要依靠两条水系：一是良斗河水系，这是长江北岸的一支支流，发源于兴山县境内的关门山，流经兴山县和秭归县，在秭归县归州上游注入长江。河道全长60.4千米，流域面积为426平方米，主河道平均坡降23.6‰，理论水能蕴藏量为1.51万千瓦；二是香溪河水系，这是兴山县最大的一条水系，发源于神农架林区，流经县内78千米，至游家河进入秭归，在香溪口注入长江，总流域面积为2971平方千米。香溪河水系年产水总量为19.56亿立方米，占全县的93.27%，平均坡降14.2‰。

**（3）兴山县水力发电利用规划**

目前兴山县在建的水电站有两座，分别是董家河水电站（3×800千瓦）与中岔河水电站（1×630千瓦水+1×320千瓦），总装机容量为3350千瓦（见表3-2），[1]预计建成后兴山县水电总装机容量将达到24.203万千瓦。[2] 与此同时，兴山县将转变水电发展模式，实施减量、扩容、增效发展战略，逐步

---

[1]《湖北省兴山县水能开发规划修编报告》，兴山县水利局，2017年11月。

[2] 2021年兴山县总装机容量为23.868万千瓦，资料来源：《兴山小水电发展及转型升级情况简介》（2021年5月版）。

表 3-2　兴山县在建水电站基本情况

| 序号 | 水系 | 一级支流 | 二级支流 | 三级支流 | 四级支流 | 电站名称 | 集水面积 平方千米 | 正常水位 米 | 设计水头 米 | 设计流量 立方米/秒 | 单机容量 千瓦 | 机组台数 台 | 装机容量 千瓦 | 年发电量 万千瓦时 | 年利用小时 小时 |
|---|---|---|---|---|---|---|---|---|---|---|---|---|---|---|---|
| 1 | 长江 | 香溪河 | 高岚河 | 董家河 |  | 董家河水电站 | 54.5 | 769.2 | 176.2 | 2 | 1600+800 | 2 | 2400 | 821 | 3396 |
| 2 |  |  | 古夫河 | 马家河 | 竹园河 | 中岔河水电站 | 10.6 |  |  | 1.1 | 630+320 | 2 | 950 | 353.4 | 3755.9 |

资料来源:《湖北省兴山县水能开发规划修编报告》,兴山县水利局,2017 年 11 月。

关停影响旅游区景观或对生态环境破坏比较严重且效率低下的小水电站；积极申报绿色小水电建设项目，实施水电站改造扩容、河流生态改造、监测设施改造、集约自动化改造等。2019年5月，兴山县被水利部国际小水电中心确定为"绿色小水电示范基地"，2020年，县内将军柱、朝天吼、杨道河、石家坝、九冲河、猴子包、阳泉、龙门河、学堂坪9座水电站成功创建全国绿色示范水电站，占湖北省全省绿色水电示范站总数的1/4。

根据兴山县制订的能源发展规划，在建的水电站建成后将增加年发电量0.117亿千瓦时。根据规划，兴山县还计划在香溪河与良斗河流域兴建茶园水库、两河口水库、南对河水库及喷水洞水库，这4个水库的发电站共计增加装机容量12兆瓦，年发电量为0.393亿千瓦时。

除了独立的水电站之外，兴山县规划的坟淌坪风光水一体化项目中将建设蓄水坝1座，水面面积约为10万平方米，蓄水量约为50万立方米，水电站装机容量为1兆瓦，按照年均3500小时利用水平测算，每年约可发电0.035亿千瓦时。因此，未来兴山水电规划开发总计增加发电量0.545亿千瓦时。

**（4）兴山县继续发展水力发电潜力分析**

兴山县的小水电开发优势对提高本地农村电气化水平、促进地区绿色发展以及实现经济效益和环境效益的协同共赢等多方面做出了突出贡献，促进了农村经济社会的发展。但过去部分早年建设的小水电规划设计不够科学、运行管理不够完善，造成局部河段减水脱流。此外，部分小水电站设施也在老化，这些小水电工程对当地的生态系统或多或少造成了一些不利影响。为了降低小水电开发的不利影响，实现经济社会长远、可持续发展，需要发展更加环保的绿色小水电。绿色小水电指的是能够实现人与自然和谐相处、人水和谐的小水电，即小水电工程在推动经济社会发展的同时，也要将对生态系统的不利影响控制在一定的范围内,实现经济社会与环境的可持续发展。①

兴山县政府针对水力发电的发展思路是转变水电发展模式,实施减量、扩容、增效发展战略,一方面逐步关停影响旅游区景观或对生态环境破坏比较严重且效率低下的小水电站;另一方面积极申报绿色小水电建设项目,实施水电站改造扩容、河流生态改造、监测设施改造、集约自动化改造等。

根据目前对兴山县水文情况的研究,兴山县水能理论蕴藏量约为31.8万千瓦,技术可开发量为24.24万千瓦,到2020年装机容量达到23.868万千瓦,已经达到技术可开发量的98.5%左右。继续在建的水电站和水库装机容量建成后,全县的装机容量将基本达到技术可开发水平的上限。兴山县现有的水电站年发电量约为8.5亿千瓦时,加上在建的2座水电站和规划的4个水库发电站,预计到"十四五"期末,每年约可提供9亿千瓦时的发电量。未来兴山小水电的继续挖潜主要有两个方向:一是通过技术进步,提升小水电技术可开发量上限,增加装机容量,目前兴山县的技术可开发量为水能蕴藏量的76.2%左右,如果技术可开发量上限能够提升10%,将达到26万千瓦左右;二是通过扩容增效,提升现有和新建水电站的利用时间与利用效率,如果利用时间整体提升5%,每年约可增发0.43亿度电;三是通过联合调度,跨区域从其他地区水库调水,也具有5%—10%的提升潜力。因此,从技术可开发空间和利用时间两方面积极挖潜,预计兴山县水力发电水平上限大约可以在规划建设落实后的基础上提升20%左右,每年约达到10.822亿千瓦时水平,兴山县水力发电发展潜力如图3-2所示。

---

① 王露等:《绿色小水电综合评价研究》,《中国水利水电科学研究院学报》2016年第4期。

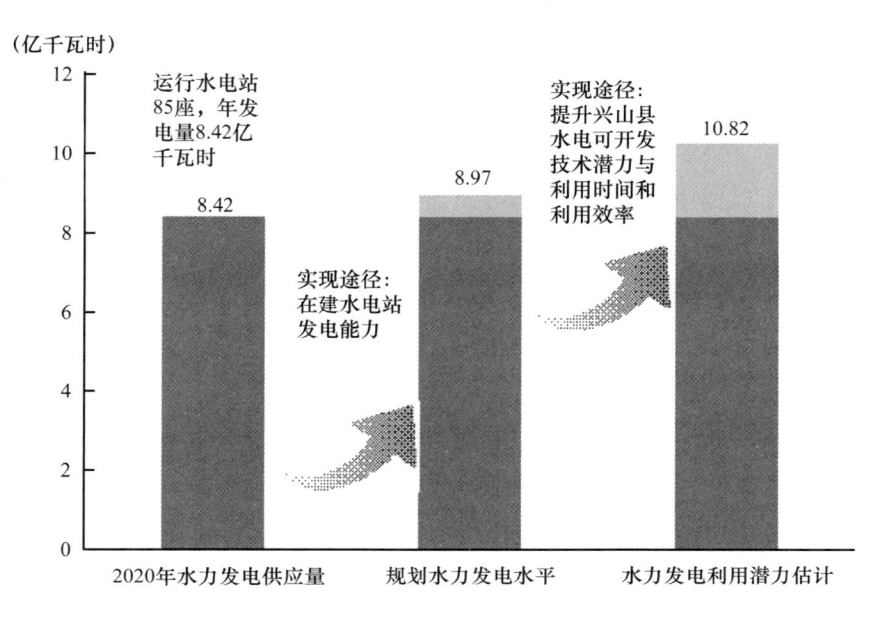

图 3-2 兴山县水力发电发展潜力分析

## 2. 兴山县太阳能利用潜力分析

太阳能是人类可利用的资源储量最丰富的零碳能源。在全球能源转型的大背景下，太阳能已经成为零碳能源发展的重要部分。太阳能的利用主要有光热转换和光电转换两种方式，这两种对太阳能资源的开发和利用受地域限制较小，可直接进行采集和利用且不存在过度开发的情况，因而具有很高的应用价值。太阳能发电技术通过收集转换太阳辐射产生电能，能够在一定程度上解决我国目前存在的电力缺口问题，同时缓解电力对不可再生能源的消耗，在减少温室气体排放方面发挥重要作用。在太阳能资源较好的地区建设太阳能利用项目，对太阳能资源进行合理开发，不仅有利于增加可再生能源的比例，还能够优化系统电源结构，降低温室气体排放量。

目前兴山县正在加快推动太阳能利用，尤其是推动太阳能光伏发电的进一步发展。光伏发电的发展不仅能够增加当地可再生能源的比例，减少大气污染物的排放，有效改善当地环境状况，还具有一定的经济效益。一方面光伏发电的发展能够带动兴山县第三产业规模及就业发展；另一方面也拉动了当地农村资源的有效利用，造福当地居民，实现农村居民收入增加。

**（1）太阳能利用方式与技术**

全球日益紧张的化石能源供应和日益凸显的环境问题使太阳能开发和利用技术逐步得到更多的关注和重视。太阳能主要有光热利用、太阳能发电、光化利用和光生物利用四类利用技术。

太阳能光热利用技术可应用于多个行业或领域，主要分为低温（<100℃）利用和中高温（≥100℃）利用。在低温应用领域，太阳能热利用技术已经趋于成熟，主要应用于居民的日常生活供暖、供热，如民用太阳能热水器、室外太阳灶等。在中高温领域，太阳能热利用技术主要应用于工农业方面，以及单一或多种新能源联合发电领域。[①]

太阳能光化利用是指利用太阳辐射，通过光分解水制氢的光化学利用方式。氢气是一种燃烧值很高且环境污染性很小的燃料，因此基于光分解水制取氢气也是太阳能研究的热门课题之一。

光生物利用是指通过太阳光能引起化学反应，进而转换为生物质化学能的过程，主要形式为速生植物（如薪炭林）、油料作物和巨型海藻。数据显示，全球每年由光合作用合成的生物质的量约为2200吨。[②]

太阳能发电技术主要包括光热电转换和光电转换两种方式。前者是指将太阳能转化为热能发电的太阳能热发电技术，后者则是将太阳能直接转化为电能的光伏发电技术。太阳能热发电

---

[①] 孙峰等：《太阳能热利用技术分析与前景展望》，《太阳能》2021年第7期。

[②] 王光伟等：《太阳能光化学利用方式及应用评述》，《半导体光电》2015年第1期。

技术通过大规模阵列抛物或碟形镜面收集太阳热能，再利用换热装置提供蒸汽，以传统汽轮发电机的技术进行发电。① 太阳能热发电技术主要分为槽式太阳能热发电技术、塔式太阳能热发电技术、碟式太阳能热发电技术和线性菲涅尔式发电技术4种类型，在发电上具有平稳性、灵活性和储能性3个重要特征。太阳能光伏发电是指通过太阳能电池收集太阳能辐射，再经过一系列的转换，最终将太阳光能转化成电能并进行储存和利用的一种发电技术，其主要系统由太阳能电池板、控制器和变逆器等电子元件组成。太阳能光伏发电的应用场景十分广泛，设备建设受地形限制较小，在屋顶和平原地区都可以进行建设，且建设周期较短，资源消耗较少。

近年来，我国太阳能的开发与利用呈上升趋势，光伏发电规模在国内取得了较大发展。我国西北、西部高原地区太阳能资源十分充足，部分地区日均辐射量可达每平方米4千瓦时，西北地区可超过每平方米7千瓦时，截至2020年，中国太阳能光伏装机容量为254吉瓦，实现光伏发电2600亿千瓦时，位居世界第一。目前我国的光伏发电系统主要采用的是集中式地面光伏，具有规模大、方便建设的特点，但也因此对土地面积具有较高要求。为此，我国政府结合人口及房屋构造实际情况，提出了分布式光伏的概念，即在建筑物屋顶铺设光伏发电设备进行发电。相比集中式地面光伏，分布式光伏发电具有投资成本低、硬件设施要求低、并网难度低的特点。② 根据我国农村发展情况，在实际建设中还提出了"农光互补""林光互补""渔光互补"等发电系统建设概念，既解决了光伏发电的土地面积需求，又对既有建筑资源进行再利用，同时还有助于提高农村

---

① 王志武：《基于房屋建筑工程节能施工技术的分析》，《低碳世界》2016年第23期。
② 李梁：《分布式光伏发电系统的并网技术应用》，《电力设备管理》2021年第7期。

居民收入，为实现乡村振兴提供电力支持。

**（2）兴山县太阳能利用基础**

兴山县位于宜昌市西北部，长江西陵峡以北，地处秦巴大山区，经纬度在东经110°25′—111°06′、北纬31°04′—31°34′，属亚热带大陆性季风气候。图3-3为该地区各月太阳总辐射量变化情况，该地区年均太阳总辐射量为4053.10兆焦/平方米，其中7月辐射量最高，12月辐射量最低，分别为501.07兆焦/平方米和173.57兆焦/平方米。根据《太阳能资源等级 总辐射》（GB/T 31155—2014）中太阳能资源丰富程度评估指标，该地区太阳能资源属"资源丰富"（C级），三类资源区，项目地太阳能资源稳定程度为"一般"（C级）。总体而言，兴山县拥有相对稳定的太阳能资源，并且具备适宜建设太阳能光伏发电系统的基本自然条件。

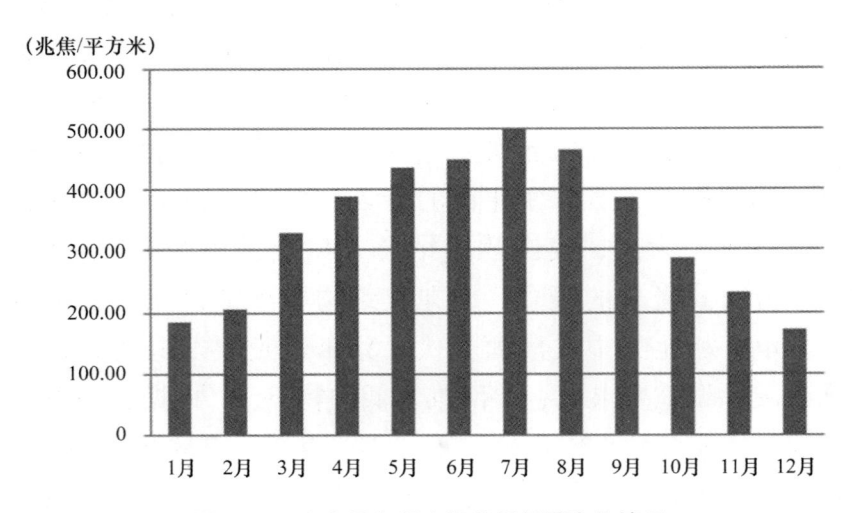

图3-3 兴山县各月太阳总辐射量变化情况

资料来源：《兴山县坟淌坪风光水一体化项目建设方案》。

**（3）发展分布式光伏发电的增收效益**

在中国广袤的农村地区推广分布式光伏应用，通过在农村房屋顶和农业大棚上铺设太阳能电池板，依据当地光伏发电上网标杆电价、自发自用余电上网电价及国家的相关补贴，可以在较短时间内收回投资成本，并在随后获得稳定的经济来源，①使每个分布式光伏发电装备都成为微型的太阳能电站。

光伏电站主要有光伏地面电站、光伏大棚电站和屋顶电站三种模式。光伏大棚除利用顶部发电外，棚下可开展林下经济，提高复种指数，改变种植模式，如蔬菜种植；也可进行家禽家畜养殖等，全面推进产业升级。同时，利用旅游资源优势，开展生态采摘、农家乐等旅游项目，提高设施附加收入。②

在收入较低但太阳能资源丰富的农村地区开发推广分布式太阳能光伏发电应用，所需的投资规模不大，但能够为农村低收入居民提供稳定的经济来源。小型分布式发电站的建设还能为农村集体经济注入新的发展动力，为区域内基础设施改善提供资金，助力当地低收入群里生活质量改善，可以实现农户增收和新能源利用、节能减排相结合，能有效降低发电产业对化石能源的消耗，降低环境污染，同时有助于国内光伏发电产业的本土消纳，提高国内光伏市场的经济效益。

光伏发电能作为实现增收和乡村振兴的重要手段，在提高农民收入以及提升农村生活质量等方面发挥重要的作用。

兴山县已经在光伏扶贫方面做了积极的探索，已经并网发电的杨道河光伏扶贫电站（见图3-4）、峡口镇多村联建光伏扶贫电站建设工程总装机容量超过了40兆瓦。其中，杨道河光伏扶贫电站是国家能源局和国务院扶贫办下达的第一批光伏扶贫项目，也是目前三峡库区最大的光伏发电站，使当地众多贫困村和贫困人口受益。针对山区农户居住分散、光照资源分布不均、农村电网运行质量不高等实际问题，兴山县通过大胆实

---

① 汪晗宇：《光伏发电扶贫减贫项目工程难点和对策研究》，《电力设备管理》2021年第7期。

② 李静：《山西省光伏扶贫的相关问题研究》，《农家参谋》2017年第18期。

施光伏扶贫体制机制建设，将分散的光伏扶贫资金一起放进国有性质的县城乡投公司，作为项目业主，采取"农户+专业合作社+城乡投公司"的模式，在该县光照条件最优的魏家山建设集中式农光互补光伏扶贫电站，发电收益分红权归村集体和建档立卡无劳动能力的低收入农户所有。并网发电后，光伏发电站在第一年将发电按0.99元/千瓦时售给国家电网，扣除银行偿贷本息和营运费用，每年可以拿出400万元作为精准扶贫专项资金，注入村集体经济。分红用于各村精准扶贫及公益性岗位，为低收入农户拓宽了增收渠道。

图3-4　兴山县杨道河乡村光伏电站项目

此外，兴山县还在积极探索"农光互补"新模式。杨道河村专业合作社计划在太阳能光伏电池板下种植食用菌、灰树花、天麻等喜阴作物，让当地低收入农户从土地流转、参与合作社经营中增加收益。

（4）**兴山县太阳能光伏发电利用规划**

目前，兴山县正在新建装机50兆瓦的滩坪光伏发电站，建成后全县光伏总装机量可达100兆瓦，年光伏发电量将超过1亿千瓦时。① 此外，兴山县还规划了包含光伏装机40兆瓦的坟淌坪风光水一体化项目，项目将于2023年开工建设光伏电站，到2025年全部建成并网发电。该项目将采用分块发电、集中并网方案，光伏组件串由24块光伏组件串联组成。电站总占地面积约为5.15公顷。开关站为四个光伏项目合建，位于兴山县峡口镇琚坪村2组，用地3360平方米。该项目年均利用小时数为922.75小时，② 根据项目规划发电量和系统效率测算，该光伏发电项目年均发电量为2952.8万千瓦时。

根据兴山县本地太阳能光伏利用条件，50兆瓦的滩坪光伏发电站和40兆瓦风光水一体化项目中的光伏发电站建成后，年新增发电量达7546.4万千瓦时。

**（5）兴山县继续发展太阳能利用潜力测算**

①光伏屋顶利用

我国丰富的屋顶资源为开发建设屋顶分布式光伏提供了重要基础，随着重视程度的不断提高和政策支持的逐步倾斜，近年来国内屋顶光伏装机规模进一步扩大。自2009年开始，财政部、国家发改委等部门推出"太阳能屋顶计划""金太阳工程"等一系列政策措施，对国内屋顶太阳能和光电一体化建筑项目进行示范推广。2021年6月，国家能源局下发的《关于报送整县（市、区）屋顶分布式光伏开发试点方案的通知》，对屋顶分布式光伏开发试点的申报试点条件、保障措施、政策支持等提出了具体要求。③ 截至2021年9月，全国共报送试点县（市、

---

① 资料来源于《兴山县"碳达峰碳中和"工作情况汇报》（2021年7月）。

② 根据兴山县城市建设投资有限公司提供的《兴山县坟淌坪风光水一体化项目建设方案》（2021年5月）中相关信息测算。

③ 本刊编辑部：《科学发展屋顶光伏助力"双碳"战略目标》，《农村电气化》2021年第9期。

区）676个。

从实际利用情况来看，兴山县太阳能热水器总量已经接近2万个，根据《兴山县能源发展"十四五"规划》，到2025年全县太阳能热水器会下降至1.7万个左右，因此兴山县太阳能热水器进一步推广应用潜力较小。但在兴山县目前太阳能光伏发电规划中，尚未纳入分布式屋顶光伏发电系统。根据兴山县人均居住面积及人口数可得，目前兴山县城镇住房面积为413.28万平方米，农村住房面积为472.49万平方米。假设农村居住建筑为多层建筑，城镇建筑中多层、中高层和高层的比例为0.37∶0.46∶0.17，可得兴山县农村居住建筑投影面积为203.17万平方米，城镇居住建筑投影面积为130.10万平方米。[①] 据此按照每10平方米屋顶面积1千瓦光伏装机容量的经验情况，对不同情景下兴山县分布式屋顶光伏发电量进行预测。

情景一：对既有建筑采取保守估计，假设既有居住建筑屋顶可利用面积为1%，则兴山县屋顶可利用面积为1.50万平方米，可新增既有建筑光伏装机应用量为0.15万千瓦，可利用光伏发电量为0.01亿千瓦时。

情景二：假设既有居住建筑屋顶可利用面积为25%，则兴山县屋顶可利用面积为83.32万平方米，可新增既有建筑光伏装机应用量为8.33万千瓦，可利用光伏发电量为0.77亿千瓦时。

情景三：假设既有居住建筑屋顶可利用面积为50%，则兴山县屋顶可利用面积为166.63万平方米，可新增既有建筑光伏装机应用量为16.66万千瓦，可利用光伏发电量为1.53亿千瓦时。

---

[①] 苏翠霞等：《我国建筑屋顶光伏应用潜力分析》，《浙江建筑》2021年第3期。

表3-3　　　　　　兴山县分布式屋顶光伏可利用发电情况

|  | 屋顶可利用面积（万平方米） | 屋顶可利用面积比例（%） | 光伏装机容量（万千瓦） | 光伏发电量（亿千瓦时） |
| --- | --- | --- | --- | --- |
| 情景一 | 1.50 | 1 | 0.15 | 0.01 |
| 情景二 | 83.32 | 25 | 8.33 | 0.77 |
| 情景三 | 166.63 | 50 | 16.66 | 1.53 |

②农光互补

除了分布式屋顶光伏外，兴山县还可以通过积极探索农光互补新模式实现环保和经济的双重收益。光伏农业，即农光互补是指在农业设施或一般性农业用地上，建设不改变土地性质的光电与农业复合系统，以起到推动农业和光伏产业综合发展的作用。光伏农业能够实现一地多用，有效进行资源整合及利用，无须占用土地专门用于修建光伏发电设施，主要的利用模式包含光伏种植、光伏养殖、光伏水利和光伏生态4种。其中光伏种植是将光伏与种植业相结合，具体又可细分为菌菇光伏、蔬菜光伏、药材光伏和林光等。菌菇光伏、蔬菜光伏、药材光伏和林光均为"上光下棚"模式，即在大棚顶部安装太阳能电板，在地面种植菌菇、蔬菜、药材等喜阴作物。

兴山县地处山区，土质疏松无污染，地表水和降雨充沛，属亚热带季风性湿润气候，光照充足，热量丰富，诸多条件适宜种植脐橙，因此兴山县的柑橘种植也有着数千年的悠久历史，成为当地主要农产品之一。2020年，兴山县柑橘种植面积达到10.08万亩。光照可以促进柑橘的生长，但是柑橘适合散射光，不适合直射光，直射光可能会灼伤柑橘的叶子。柑橘耐阴，所以与其他果树植物不同的是，柑橘可以不用过多考虑遮盖间隔问题，适宜与光伏结合起来发展农光互补项目。通过逐渐探索光伏发电与柑橘生产的结合，兴山县有可能增加光伏发电装机容量。按照每万亩种植面积可以安装100—300兆瓦光伏装机容量计算，①兴山县柑橘种植面积的完全利用，约可实现 0.01 亿千瓦到 0.03 亿千瓦的光伏装机，每年约可增加 9.26 亿千瓦时到 27.77 亿千瓦时的发电。

中药材也是兴山县的传统种植物，当地明显的立体气候特征为种植天麻、黄姜、柴胡、杜仲等药材提供了良好的种植基础，药材资源十分丰富。近年来为推动农村产业振兴，兴山县政府相继出台一系列中药材产业扶持政策，加快中药材产业发展。截至 2020 年，兴山县共有中药材种植面积 4.8 万亩。中草药耐阴，与光伏相结合，即能够有效利用土地资源，还能减少杂草危害，避免土地荒芜，为农民增加收入。兴山县中药材种植面积完全利用，约可实现 50 万千瓦到 144 万千瓦的光伏装机，每年约可增加 4.41 亿千瓦时到 13.22 亿千瓦时的发电。

综合兴山县已有的太阳能利用情况和未来发展计划，加上估算的太阳能利用发展潜力，可以匡算出未来兴山县太阳能利用提供零碳电力的规模在 16.42 亿千瓦时到 43.74 亿千瓦时之间。

表 3-4　　　　　　　　规划外太阳能利用潜力

|  | 屋顶利用面积/种植面积 | 光伏新增装机潜力（万千瓦） | 光伏新增发电量（亿千瓦时） |
| --- | --- | --- | --- |
| 屋顶光伏计划 | 166.63 万平方米 | 16.66 | 1.53 |
| 光伏+柑橘 | 10.08 万亩 | 100.8—302.4 | 9.26—27.77 |
| 光伏+中药材 | 4.8 万亩 | 50—144 | 4.41—13.22 |
| 新增潜力总计 | — | 167.46—463.06 | 15.20—42.52 |

专栏：农村地区光伏应用实践

在"双碳"目标背景下，减碳降污，优化能源结构，发展绿色低碳能源成为全社会共识，太阳能利用以其清洁和可获得性得到国家的高度重视。在政策、资金支持的逐步倾斜下，

---

① 笔者根据实际农光互补案例占地面积及装机规模估算。

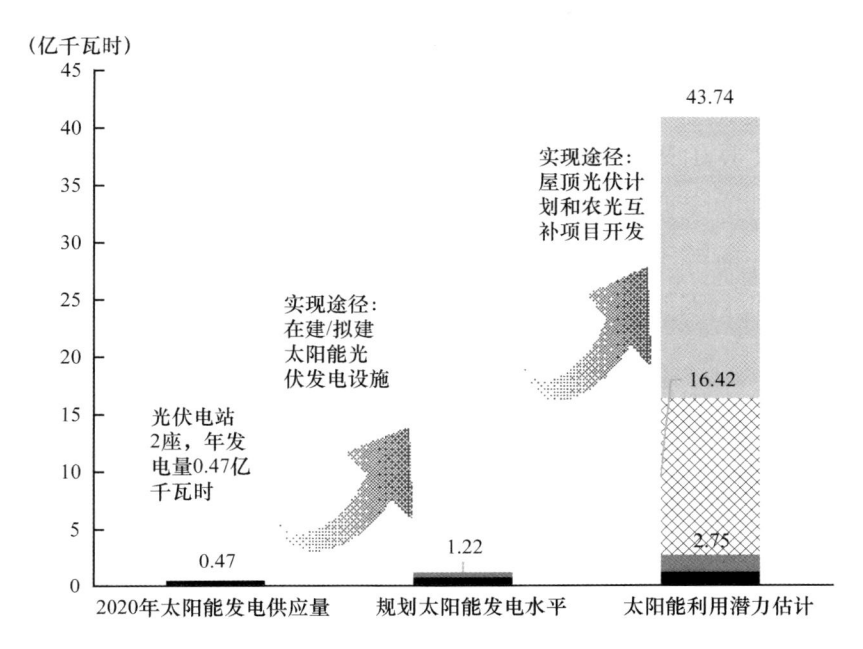

图 3-5 兴山县太阳能利用潜力分析

国内分布式光伏装机规模逐步扩大,农村地区光伏发电系统的利用成为国内光伏产业发展的重要组成部分,并在乡村振兴中扮演重要角色。综合来看,目前国内农村地区光伏发电站主要分为户用光伏发电、光伏地面电站和农光互补三类。

①户用光伏

户用光伏发电是指利用农村居民空闲的屋顶或院落空地修建光伏发电系统,发电系统的产权和发电收益均归居民所有。安徽省金寨县结合实际情况,在2014年为村里2008户贫困户每户安装了3千瓦的光伏发电系统,并针对受山区地理环境和阳光照射时长等条件影响而不具备安装条件的居民和村庄统一集中修建联户型光伏电站。修建所需资金由政府和光伏企业解决一部分,另一部分由农户通过无息贷款解决,并利用未来的发电收益进行分期还款。联户型光伏电站不仅是对原有单一户用光伏电站形式的有效补充,也解决了户用光伏受光照等因素影响而导致的收入不均问题。

②光伏地面电站

光伏地面电站是指利用当地荒山荒地修建大型的地面光伏电站。山西省芮城县拥有大面积未开发的荒山荒坡，其中南坡拥有丰富的日照资源，是理想的光伏发电利用场所。芮城县利用这一禀赋优势建设集中式光伏地面电站，一期总投资36亿元，建设规模为50万千瓦，占地1.1万亩，已于2017年9月全面建成发电。二期项目于2019年7月11日获国家能源局批复，总装机容量为47万千瓦，总投资23亿元，占地约1.7万亩。芮城还在山脚平整地区建设农光互补项目，进一步增加居民收入。

③农光互补

农光互补是将农业开发与光伏发电相结合，实践"板上发电，板下种植"的"光伏+农业"模式，既具有发电能力，也能为农作物生长提供适宜的环境。近年来，农光互补项目因其能够满足农作物生长、提高土地利用率、降低光伏产业成本和为农民增收等特点得到重视和发展，目前国内多个地区都已经开展了农光互补项目。

柑橘和中药以其耐阴的特点成为光伏农业发展的重点农作物。无锡古庄生态农业科技园投资建设了60万平方米的农光互补复合项目，将农业光伏与柑橘种植相结合，建成太阳能发电农业种植基地。黑龙江佳木斯市汤原县充分发挥光伏板下闲置土地的作用，在中草药种植基地建设光伏板，建设光伏小区。全村共有洋甘菊60亩、刺五加12亩，汤原县在这些中药材之上搭建光伏板，开启"光伏板下种药材"的新产业。陕西省铜川市宜君县、山东省临沂市沂南县、河南省三门峡市高庙乡等多个地区都通过在中药材种植基地搭建光伏板，充分利用土地资源，实现农业收益和发电效益的双赢。

安徽省灵璧县利用荒山荒地、废旧水塘等建设了"光伏农场"。"光伏农场"综合运用光伏组件单板安装、倾斜度等技术，使光照率达到70%以上，打破了传统农光互补仅适用于喜阴作物的局限性，成功实现了农光互补在水稻、小麦、玉米等粮食作物上的应用，同时采用超高、超限的光伏支架技术，光伏支架桩距5.5×10米，组件高度达4米以上，实现小型机械化耕种，使"智能光伏嫁接大农业"成为现实。

### 3. 兴山县风能利用潜力分析

风力发电也是一种重要的可再生能源利用方式，主要依靠风力发电机利用风能发电。风力发电为绿色能源，在产生电力的同时，不会有常规燃煤火力发电厂所产生的环境污染。以燃煤为主的电源结构排放二氧化硫、氮氧化物、烟尘及温室气体二氧化碳，对环境造成很大的污染。① 经过长期发展，风力发电技术已经成为国际上公认技术最成熟、开发成本最低、最为清洁的发电技术之一。具有发展条件的国家和地区，多把风力作为改善能源结构、减少碳排放的重要选择，风电也从小规模补充能源逐渐转为大规模应用的主要能源之一。不管从技术、经济还是规模上来看，风能在其他新能源应用的竞争中都有一定的优势。随着风电机组国产化进程加快，风电机组的价格将进一步降低，风电的竞争力也将大大加强。② 作为可再生能源，风能的开发可以节约大量的燃料和水资源，改善地区能源结构。

风电利用可以促进本地经济的发展：一方面风电场的建设和运行可以给本地提供一定的就业机会；另一方面风电场建设与附近旅游景点的建设有机结合，有可能成为当地新的旅游景点，对拉动当地旅游业的发展起到积极的作用。目前兴山县存在一定的电力缺口，分散式风电作为清洁绿色电源的补充，可以在一定程度上缓解用电短缺，为兴山县的经济发展注能，产

---

① 傅一迪：《风电场声环境影响探析——以望江屯风电场二期工程为例》，《环境科学与管理》2013年第6期。

② 陈丽萍等：《风电场接入系统设计研究》，《发电与空调》2012年第4期。

生良好的社会经济效益。

**（1）风力发电技术**

风能技术可以分为大型风电技术和中小型风电技术，根据发电机组规模的差异，两种风力发电技术存在明显的差异。大型风电机组以大型风力发电机组为基础，在进行建设和使用时对所处环境的状况要求较高，并且需要接受来自各方面的挑战和严酷的环境影响。环境比较复杂，需要较高的技术要求。大型风电技术主要源自丹麦、荷兰等一些欧洲国家，由于当地风能资源丰富，风电产业受到政府扶持，相应的技术和设备发展也比较先进。风电机组单机容量大型化既有利于提高风能转换效率，又有利于降低风电机组全寿命周期的制造与运营成本。但是大容量机组受到运行环境、机组特性、电网条件、安装运输等多方面因素的制约，因而仍需科学有序的开发。[①] 尽管我国大型风电技术还在发展完善过程中，但很多技术已经可以比肩国际一流水准，现有的技术研究比较迅速，很多技术问题得到了解决，在技术体系的完善和健全上，都在朝着积极的方向发展。[②]

中小型风电技术发展相对比较成熟，采用分布式独立发电，具有十分显著的效果。由于中小型风电技术在20世纪70年代就开始在风能资源禀赋较好的内蒙古、新疆等地得到发展，随着技术的更新完善，已经居于国际领先水平。

我国风电项目主要分布在"三北"、东部沿海各省及云南等地，风电场分布较为密集。但只要条件适合，很多地区都能开展中小型风电技术和风光互补技术的应用。相对我国北方地区的集中式风电开发，南方一些地区的风力发电应用多采用不以

---

[①] 田德、马晓慧：《国内外大型风电机组关键技术发展趋势（一）》，《风能》2016年第1期。
[②] 贾晨霞：《我国大型风电技术现状与展望》，《现代工业经济和信息化》2017年第3期。

大规模远距离输送电力为目的，所产生的电力就近接入配电网，就近利用的分布式风电开发形式。相比中东部地区的火电、热电和燃气发电，分布式风电的碳排放为零；占地面积小，利用负荷中心的闲散空地，能够最大化利用土地资源，保护青山绿水。分布式的风能利用可以促进就地消纳电量充分利用，节省远距离输电的损耗和过高的建设成本，显著降低当地用电成本。

（2）**兴山县风力发电利用基础**

受地形影响，兴山县平均风速：东部高海拔山区风速较高，平原地区风速较低。兴山县1993—2017年的中尺度数据累计年平均和月平均风速如图3-6和表3-5所示。

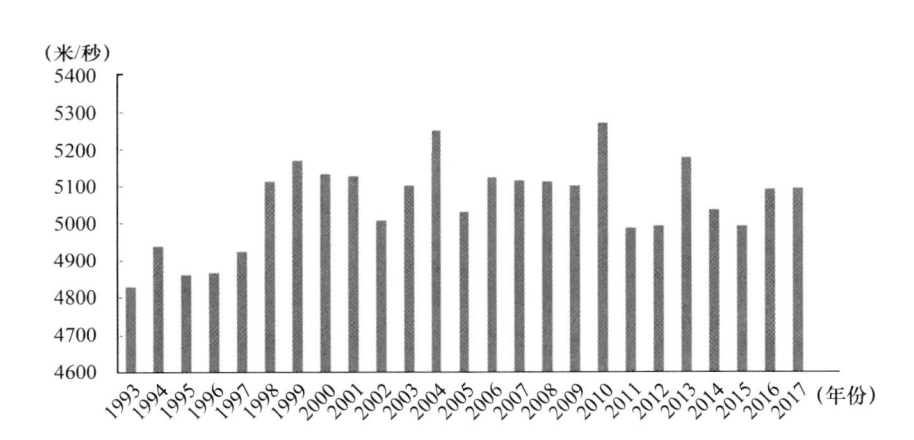

图3-6　兴山县1993—2017年中尺度数据累计年平均风速分布情况

资料来源：《兴山县坟淌坪风光水一体化项目建设方案》。

表3-5　兴山县1993—2017年中尺度数据累计月平均风速　（单位：米/秒）

|  | 1月 | 2月 | 3月 | 4月 | 5月 | 6月 | 7月 | 8月 | 9月 | 10月 | 11月 | 12月 | 年 |
| --- | --- | --- | --- | --- | --- | --- | --- | --- | --- | --- | --- | --- | --- |
| 平均风速 | 5.1 | 5.3 | 5.6 | 5.6 | 5.3 | 4.7 | 4.7 | 4.6 | 4.7 | 4.8 | 5.0 | 5.2 | 5.1 |

资料来源：《兴山县坟淌坪风光水一体化项目建设方案》。

根据兴山县区域风能资源分布风谱图，该县风能资源禀赋较好区域集中于兴山县东部和北部的山脊顶部，年平均风速为

5—6米/秒。为了充分利用兴山县的风能资源，增加兴山县能源供给能力，实现能源的可持续发展，兴山县政府开始积极在兴山县境内寻找条件较好的分散式风电项目。从2019年年底开始，兴山县进行了长达一年的"测风"行动。在兴山县榛子乡和水月寺镇，技术人员捕获了年平均风速超过4.9米/秒的风源，拥有了风电开发的先决条件。

从图3-7可以看出，兴山县东北部拟开发区域主风向为北东北，风向较为集中，适合进行风电开发；从风速月变化情况来看，大风月发生在四月和五月，正好是兴山县的枯水期，风力发电场可以和地方水电站错峰运行。

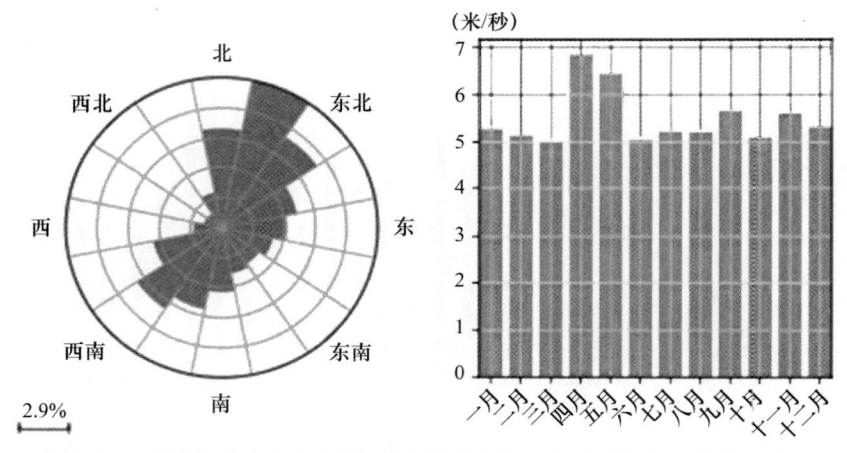

图3-7 兴山县东北部区域风向玫瑰图（左）和平均风速月变化（右）
资料来源：《兴山县坎淌坪风光水一体化项目建设方案》。

**（3）兴山县风力发电利用规划**

根据对兴山县风能资源的分析和初选风电项目场址的实地踏勘，结合兴山县当地电网情况，兴山县政府在兴山县境内的山脊上规划了4个40兆瓦分散式风电项目，规划装机容量为160兆瓦。

①兴山后坪40兆瓦分散式风电项目

兴山后坪40兆瓦分散式风电项目规划场址位于湖北省宜昌市兴山县水月寺镇后坪村附近的后坪林场山脊顶部，场址距离兴山县约30千米，项目规划装机容量40兆瓦。场地海拔为1600—2000米。经初步规划，兴山后坪40兆瓦分散式风电项目可布置2.5兆瓦风机16台。

②兴山马家山40兆瓦分散式风电项目

兴山马家山40兆瓦分散式风电项目规划场址位于湖北省宜昌市兴山县榛子乡马家山村附近的山脊顶部，场址距离兴山县约20千米，项目规划装机容量40兆瓦。场地海拔为1600—1900米。经初步规划，兴山马家山40兆瓦分散式风电项目可布置2.5兆瓦风机16台。

③兴山雷家庄40兆瓦分散式风电项目

兴山雷家庄40兆瓦分散式风电项目规划场址位于湖北省宜昌市兴山县榛子乡雷家庄村附近的山脊顶部，场址距离兴山县约25千米，项目规划装机容量40兆瓦。场地海拔为1600—1900米。经初步规划，兴山板庙40兆瓦分散式风电项目可布置2.5兆瓦风机16台。

④兴山板庙40兆瓦分散式风电项目

兴山板庙40兆瓦分散式风电项目规划场址位于湖北省宜昌市兴山县榛子乡板庙村附近的山脊顶部，场址距离兴山县约28千米。项目规划装机容量40兆瓦。场地海拔为1500—1700米。经初步规划，兴山板庙40兆瓦分散式风电项目可布置2.5兆瓦风机16台。

⑤兴山县坟淌坪风光水一体化项目

兴山县坟淌坪风光水一体化项目拟建于兴山县水月寺镇坟淌坪，规划建设风电装机40兆瓦；光伏装机40兆瓦；建设蓄水坝1座，水面面积约10万平方米，蓄水量约为50万立方米，水电站装机1兆瓦。

根据规划，兴山县的中长期风电发展拟建设4个独立的分散式风电项目和1个风光水一体化项目，每个项目装机容量均为40兆瓦。根据兴山县本地风电利用条件，单个40兆瓦的风电项目,按照年满发小时 2000 小时计,建成后年上网电量约为 0.8 亿千瓦时。如果 5 个风电项目均投产,每年将共计能够发电 4 亿千瓦时左右。由于目前兴山县尚无实际运行的风电项目,因此未测算风力发电应用的技术极限潜力,只考虑了规划内的发展潜力,具体可参见图 3-8。

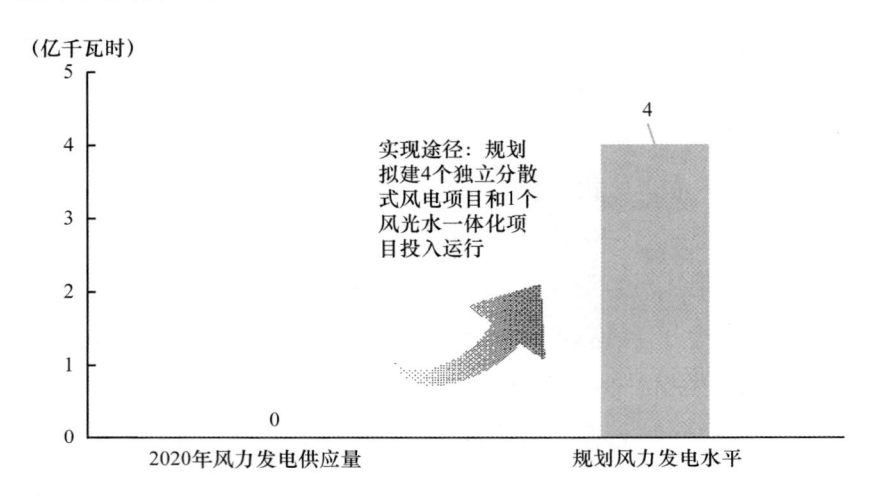

图 3-8 兴山县风力发电发展潜力分析

### 4. 兴山县生物质能利用潜力分析

生物质能是太阳能以化学能形式贮存在生物质中的能量形式,即以生物质为载体的能量。[①] 生物质能源利用,是指对经过光合作用的林木剩余物(枝丫、树皮、树叶、杂草、板材等)、农业剩余物(秸秆、稻壳、果皮等)和畜牧业废弃物(畜禽排泄物等)资源进行科学处置、有序利用,转化为电能、热能、沼气、天然气、甲醇等多种能源类型。生物质能源综合利用是有效杜绝农村焚烧污染空气、抛弃污染水源和田地,减少植物腐烂产生的温室气体排放,改善人居环境和自然生态环境,保障林农业生产安全,防范林木火灾事故,提高粮食产量的有效

---

① 王朝才、刘金科:《促进生物质能发展的财税政策思考》,《经济研究参考》2010 年第 37 期。

举措。

兴山县森林覆盖率较高，县域经济中的农业生产也是农村居民的主要收入来源，发展生物质能的资源比较丰富。在兴山县农村地区，薪柴利用仍是能源消费的主要品种之一，农林生物质能与垃圾生物质能开发利用仍有较大潜力。

**（1）生物质能利用技术**

自然界中可以利用的生物质能资源非常丰富，根据不同的分类标准可以划分为不同的生物质资源，根据生物质的资源来源可以分为森林资源、农作物秸秆、禽畜粪便和生活垃圾四大类。[①]

森林资源主要通过薪柴形式将森林和林业生产过程中产生的生物质能源提供给人类；此外，工业木材残渣也能提供一定的生物质能资源。森林中的树木可以通过光合作用固定太阳能，通过修剪树木生长过程中的树杈，可以将多余的树杈进行回收再利用，为日常生活提供能源。

农作物秸秆利用是将农作物的茎、叶、根等通过加工后实现再利用，这样将比过去直接燃烧秸秆更有燃烧效率。在农业资源较为发达的地区，对农作物秸秆的利用也是获得生物质能源的一个重要来源。

禽畜粪便是指各种家禽畜牧品种产生的排泄物，这些排泄物实际上是其他形态生物质资源（如粮食、农作物秸秆和牧草等）的转化形式。通过集中科学的处理方式，可以有效利用禽畜粪便产生的沼气等生物质能源，既能作为生活用能的补充品种，也可以防止资源的大量流失和处置不当产生的水污染。

生活垃圾是指城镇居民在生活过程中产生的废弃物，这些垃圾的成分较为复杂，种类也比较繁多。近年来，随着生活水

---

[①] 肖洋、刘海峰、李娜：《生物质能的开发与利用》，《湖北农机化》2020年第9期。

平的提高，产生的生活垃圾规模也愈加庞大。如果直接将垃圾进行集中填埋或者燃烧，会产生环境污染，而通过分类处理实现对生物质能源的再利用，既保护了环境，又能丰富能源利用的种类。

生物质能的利用通常都需要对原始的生物质资源进行多次转化，通过固化、液化、气化和发电等多种方式，将生物质能转化为其他更易于利用的形式（见图3-9）。

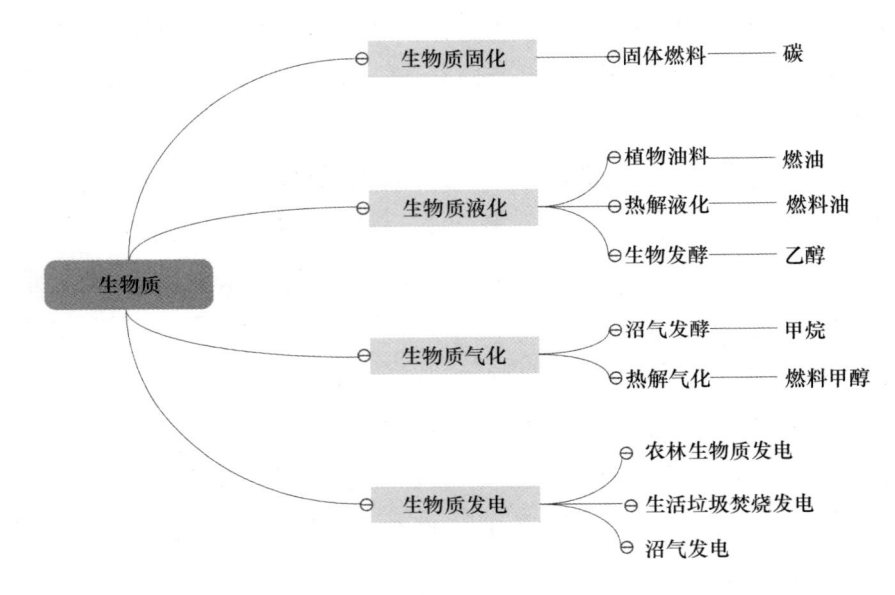

图3-9 生物质能源转化利用图示

目前，主要的生物质利用方式主要包括以下几种。

①生物质成型燃料供热

"生物质成型燃料"是以农林剩余物为主原料，将秸秆、稻壳、木屑等农林废弃物经过一系列处理，压缩成可以直接燃烧的固体颗粒燃料。生物质固化成型法与其他方法生产相比较，具有生产工艺、设备简单，易于操作和易于实现产业化生产和大规模使用等特点。如果将农作物秸秆固化成型有效开发利用，替代原煤，对于有效缓解能源紧张、治理有机废弃物污染、保护生态环境、促进人与自然和谐发展都具有重要意义。[1]

②液体生物燃料

液体生物燃料是以动植物为来源的燃料，生物质液体燃料主要包括燃料乙醇、生物柴油、生物质裂解油和生物质合成燃料等。燃料乙醇主要是指通过经济作物发酵生产多元醇类燃料。生物柴油是以可永续生产供应的植物油脂（诸如黄豆油、菜籽油）或动物油脂为原料制取的脂肪酸甲酯，通称为生质柴油。这种生物柴油能够将太阳能通过植物的光合作用进行转换，供交通用能使用，同时它又是可再生和具有生物可分解性的植物油脂加工油品。

③生物质气化

生物质气化是利用空气中的氧气或含氧物作气化剂，通过高温条件下的化学反应，将生物质燃料中的可燃部分转化为可燃气（主要是氢气、一氧化碳和甲烷）。现有的气化技术可将低品位的固体生物质完全转化为高品位的可燃气体，在各个生产领域运用十分广泛，如目前的集中供气、供热和发电等。[2] 生物质气化技术在处理大量的农作物废弃物、减轻环境污染、提高人民生活水平等方面都发挥着积极的作用。

生物质合成天然气是一种清洁可再生的非常规天然气，以城乡有机废弃物为原料，经过发酵、提纯获得。秸秆丢弃、露天燃烧、畜粪随意排放是制约环境友好型生态建设的关键因素，生物质天然气能集中处理各类有机废弃物，节能减排、减少资源浪费，一举两得。生物质燃气在欧盟国家发展最为先进，在我国刚刚起步，发展规模较小。对于兴山县来说，拥有丰富的生物质资源，秸秆和垃圾废物等资源较为丰富，也可以挖掘生

---

[1] 《转变经济发展方式 增强可持续发展能力》，《甘肃日报》2012年12月28日第11版。

[2] 田原宇、乔英云：《生物质气化技术面临的挑战及技术选择》，《中外能源》2013年第8期。

物质气化的潜力优势。

④生物质发电

生物质发电是利用生物质所具有的生物质能进行的发电，是可再生能源发电的一种。其中垃圾焚烧发电是指通过特殊的焚烧锅炉燃烧城市固体垃圾，再通过蒸汽轮机发电机组发电的一种发电形式。生物质环保发电尤其是垃圾发电项目，与传统的火电以及其他可再生能源发电项目的根本区别在于，其项目建设的主要目的不在于生产电能，而是对生活垃圾等冗余生物质进行减量化、无害化、资源化处理，以避免对环境造成影响和伤害，发电只是一项附带功能和"副产品"。

尽管生物质能利用潜力大，但生物质能利用的成本在与传统化石能源和其他新能源竞争时不占优势。21世纪以来，生物质发电成本一直较高，必须要从原料收集、电站运维等多个角度降低成本。根据国际可再生能源机构的研究，生物质发电的设备降本空间不大，占主导的燃料成本下降需要依托稳定的低成本生物质原材料供应。

⑤生物质能调峰

可再生能源中风能和光伏容易受天气影响，发电必须配合调峰，而生物质能由于利用的特殊性，在各个阶段都可以进行干预。因此，可以考虑生物质能在发电过程中发挥调峰作用，有效解决生物质发电稳定性问题，确保能全天候发电，灵活性强。这样，不仅自身能提供绿色电力，还能在以可再生能源为主的新型电力结构中发挥重要的调峰作用，弥补风电、光伏发电、水电的波动性和间歇性短板，是构建安全稳定、多能互补的清洁能源体系的重要支撑。

⑥生物质能碳捕集与封存技术（BECCS）

BECCS技术是将生物质能与碳捕集封存技术相结合，通过对燃烧产生的$CO_2$进行捕集和封存，实现负碳排放，是支撑电力行业实现碳中和目标的关键技术之一。如果兴山县未来有基础应用此类技术，将能利用生物质利用产生的负排放进一步抵消其他领域的刚性碳排放，更有助于实现碳中和目标。

**（2）兴山县生物质利用基础**

兴山县目前的生物质利用主要以非商业化的沼气利用和薪柴使用为主。过去兴山县农村地区主要通过燃烧传统的薪柴等低效生物质能源为生活提供基础能源保障，2020年全县薪材供给量约为8.56万吨，折合4.9万吨标准煤。此外，全县共有户用沼气池1.78万户、大中型沼气工程3处、小型沼气工程48处。2020年兴山县农村沼气产量约为446万立方米，生物质炉（灶）近2万台，每年约能供应约0.35万吨标准煤的沼气和其他生物质能源。

兴山县目前已经具备一定的生物质颗粒燃料生产基础。兴山县榛子乡有一家生物质颗粒燃料生产工厂，该厂于2018年筹资167万元，建成一条生产2500吨的生物质颗粒燃料生产线，位处榛子乡和平村七组，占地面积为963平方米。合作社公开招聘8人，设置了5个岗位，其中设厂长1人，操作工4人、技术员1人、安全员1人、保管员1人。实行合作社理事会领导下的厂长负责制。生产线主要包括破碎系统、粉碎系统、烘干系统、制粒系统、除尘系统、冷却系统，共6个系统。生产原料以烟杆、农作物秸秆、农林加工废弃物为主，实现了本地取材，降低了生产成本。

2019年该生物质厂计划生产颗粒燃料1300吨，实现产值130万元以上，产品经华中科技大学煤燃烧国家重点实验室检测，低位热值达17100千焦/千克，能充分适应烟叶烘烤的需要，并注册了"兴焱"牌生物质颗粒燃料商标。以木质燃料和农作物混合为原料，确保燃料热值较高，原材料大概每吨600元，约占总成本的80%，卖出的价格是1180元/吨，每吨的热值为4500大卡，总的产量在2500吨左右就可以保证使用，采用自然晾干加烘干的方式，工人的工资是按天计算，以临时工用工为主，以合作社的方式来开展。煤的价格是每吨900元，热值相对较高。生物质燃料政府补贴300元，烟草行业补助100元，烟草的热值比农作物高，全部采用农作物秸秆，热值大概为2000大卡，用薪柴做燃料可以达到5000大卡。经过核算，现有的生物质颗粒厂年产量为2500吨，每吨热值为4500大卡，根据电能和热能的转换公式，1千瓦时约等于860大卡，再按照生物质燃料发电或者供热发电的效率为30%—50%来计算，[①]折合最大发电量为0.65万千瓦时。

(3) 兴山县生物质能利用规划

尽管兴山县生物质能利用总体规模不大，但作为常规能源的重要补充品种，其利用方式呈多样化特点。在面向未来的能源规划中，兴山县政府也初步勾勒出在县内继续探索生物质能源利用的前景，主要体现在以下几个方面。

薪柴利用：兴山县域内全县天然林1687.67平方千米、生态公益林1157.32平方千米都受到严格保护，各类受保护区域占国土面积的比例高达73.32%。同时，以气代薪、以电代薪工程的深入推进会不断减少薪柴需求，从而进一步压低薪柴供给量，薪柴采伐与供给会显著下降，预计2025年降至4.4万吨左右。2020年兴山县薪柴量为4.89万吨，根据50%的林业生物质可利用率的极限，林业生物质直燃发电大概是1.53兆瓦时/千吨生物质，[②] 若其可利用量全部被用作发电原料，折合发电量为0.75亿千瓦时。

沼气利用：兴山还计划在规模化养殖场、酒厂中建设大中型沼气池，以牲畜粪便污水、人粪、废弃秸秆、酒厂有机废水

---

[①] 张文斌、王挺、陈宝明：《生物质绝非高污染燃料》，《中国能源报》2021年第4期。

[②] X. Zhang, J. Wang, M. Strager, "Industrial Development and Economic Impacts of Forest Biomass for Bioenergy: A Data-Driven Holistic Analysis Framework", *Resources Conservation and Recycling*, Vol. 182, No. 2, 2022, p. 5.

与有机固废、部分生活垃圾等为原料,实现沼气规模供应。力争"十四五"时期建设户用沼气池500口、养殖区小型沼气工程25处、大中型沼气工程5处、农村沼气服务网点63处,沼气年均产能新增110万立方米以上,到"十四五"期末新增规模达到556万立方米以上,研究显示每立方米沼气可以发电2千瓦时,[①] 折合发电量为1112万千瓦时。

垃圾发电:根据规划,兴山县已经于2021年启动日处理生活垃圾300吨、装机7.5兆瓦的垃圾焚烧发电的建设工作,建成后年发电量可达3000万千瓦时。

**(4) 兴山县生物质能利用潜力**

兴山县现有耕地29.27万亩、林地294.75万亩,森林覆盖率达到80%以上,生物资源丰富,粮食面积共有21万亩,产量达到5.24万吨;其中,养殖业中共有生猪出栏22.54万头、存栏1.3万头,活家禽出笼42.59万只、存笼25.96万只,这些农林基础条件蕴藏着丰富、多元、绿色的生物质能量,通过合理利用,可以有效满足生活、生产用能需求。

①理论潜力

根据兴山县现有的基础条件,分别从耕地面积、森林资源的产量以及生活和养殖业处理的废弃物这三个方面来分析生物质能可开发利用的理论潜力。

耕地生物质能利用潜力:兴山县现有耕地29.27万亩,根据文献调研,中国耕地单位面积秸秆产量约为0.4吨/亩,[②] 而华中地区的耕地秸秆产量一般还会高于全国平均水平,这里以全国耕地秸秆产量平均水平大致估算兴山县每年的秸秆产量,总计可达到11.7万吨,相当于约5.8万吨标准煤。

---

① 胡涛、赵源坤:《欧盟沼气利用的经验及对中国的启示》,《世界环境》2021年第4期。

② 张晓庆等:《中国农作物秸秆产量及综合利用现状分析》,《中国农业大学学报》2021年第9期。

林地生物质能利用潜力：兴山县国土面积为 2328 平方千米，其中 2020 年年底兴山县的林地总面积为 20.27 万公顷。项目组参考现有的文献资料，① 利用下式对兴山县林地林木生物质能源可利用量进行测算：

林木生物质能可利用量 = 林地面积总量 × 折重系数 × 剩余物折算系数

其中，折重系数取 10 吨/公顷，剩余物折算系数取 0.33。根据兴山县的林地规模计算可获得林木生物质资源量为 66.88 万吨；再按能源可利用率约 58% 计算，可得出可利用林木生物质资源量约为 38.79 万吨。如按 3 年为一个平茬轮伐期计算，每年可利用的林木生物质资源量为 12.93 万吨，折合成标准煤约为 6.46 万吨。

生活和养殖业处理的废弃物潜力：兴山县共有人口 16.25 万人。通过现场和文献调研，② 可以测算出兴山县居民每年产生的可转化沼气废弃物约为 6.75 万吨。兴山县现有生猪存栏 1.3 万头、活家禽存笼 25.96 万只，经过粗略计算可得到，这些畜禽每年产生的废弃物约为 3.32 万吨，加起来共约有 10.07 万吨废弃物，可以作为制造生物沼气的原料，折合成标准煤约为 7.04 万吨。

因此，根据兴山县发展生物质能的实际情况，可以匡算出全县发展生物质能源的全部理论潜力，折合成标准煤约为 19.4 万吨左右。

②技术潜力

秸秆发电：兴山县过去的生物质能利用多以初级的薪柴使

---

① 刘晓宇：《山西省林业生物质能源利用前景分析》，《山西林业》2019 年第 3 期；何介南等：《湖南省林木生物质能资源现状及利用潜力研究》，《湖南林业科技》2021 年第 1 期。

② 崔卫芳等：《三江源区生物质资源沼气化利用潜力评价》，《干旱地区农业研究》2013 年第 5 期。

用为主，但是近年来，兴山县政府大力激励农村居民增加电与清洁生物质能源取暖，减少使用薪柴取暖，这样推动当地薪柴消费水平逐年下降。减少薪柴使用后，兴山县的农作物收获经济产量后的残体秸秆将成为发展生物质能的重要原料。传统的薪柴利用，能源转化效率低，通过集中化的秸秆制成固态、液态及气态生物质能源形态以及利用秸秆来发电，都将有效提升秸秆作为生物质能的利用效率。

秸秆发电是以农作物秸秆为主要燃料的一种发电方式，分为秸秆气化发电和燃烧发电这两种形式。兴山县可以通过投资建造两台35吨/小时的循环流化床生物质锅炉和两台中温中压冷凝式汽轮发电机组，每年约可以将10万吨秸秆和其他农林剩余物转化为1万吨标准煤。但由于秸秆发电面临发电成本同煤电及其他可再生能源发电相比不占优势、能量转化效率低、原料供应不稳定等问题，其并非生物质能利用的最优选择。

生物质颗粒燃料项目：生物质颗粒燃料由于形态为固态，可以压缩原始生物质能源的体积，能够节省储存能源的空间，也能够方便运输。通过生物质颗粒燃料生产加工，能够提高燃烧效益，具有非常明显的经济优势和环保效益。兴山县已经有一定的生物质颗粒生产基础，该县的生产基地基本能够做到每吨秸秆及其他农林剩余物转为0.5吨左右标准煤的生物质颗粒燃料。因此，兴山县耕地和林地的秸秆、林材废料等如果全部转化生产，将可以提供12.3万吨左右标准煤的生物质颗粒燃料，折合发电量32.18万千瓦时。由于目前兴山县已有0.167万吨的生物质颗粒生产基础，可开发潜力约在12.139万吨左右，折合发电量31.53万千瓦时。

沼气利用：兴山县的农牧业基础条件为该地区发展农村沼气奠定了一定的基础。在农村地区发展沼气，可以因地制宜地解决农村能源问题，改善农村生产生活条件。沼气的能源效率明显高于直接利用秸秆和薪柴，农村沼气将人畜粪便等废弃物转化为照明、炊事使用的燃料，也可以保护林草植被。根据测算，按照兴山县现有居民和牲畜粪便等废弃物产生量，沼气工程建设规模可达到 5530 万立方米，[①] 折合发电量约为 11060 万千瓦时。如果考虑目前已经开发的规模和"十四五"时期计划开发规模之后，未来可利用潜力约在 4974 万立方米，折合发电量约为 9948 万千瓦时。除了直接利用沼气之外，沼气还可以被用于发电，通过将厌氧发酵处理产生的沼气用在发动机上来产生电力和热能。但由于沼气发电的经济性和市场前景与其他发电方式相比不具有优势，应根据本地实际情况决定是否发展这种利用模式。

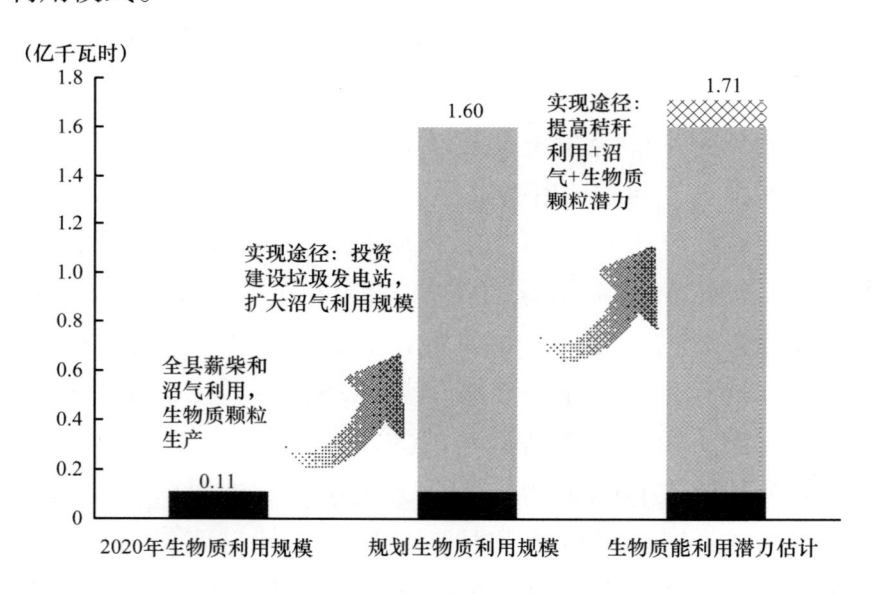

图 3-10　兴山县生物质能发电利用潜力分析

垃圾发电：根据兴山县现有人口规模，通过估算生产、生活垃圾等处理量，预计现有的垃圾发电站建设计划无法处理全县的垃圾增量。如果未来继续扩展垃圾发电站规模，继续建设

---

① 李丹阳等：《山西省畜禽粪污年产生量估算及环境效应》，《农业资源与环境学报》2019 年第 4 期。

一座新的装机容量为7.5兆瓦的发电站,未来日处理生活、生产垃圾的规模能达到600吨,建成后年发电总量可达6000万千瓦时。

表3-6　　　　　　　　兴山县生物质能利用潜力分析

|  | 2020年利用规模（亿千瓦时） | 规划发展情况（亿千瓦时） | 利用总潜力估计（亿千瓦时） |
| --- | --- | --- | --- |
| 薪柴 | 0.75 |  | 0 |
| 沼气 | 0.1112 | 0.9948 | 1.106 |
| 垃圾发电 |  | 0.6 | 0.6 |
| 生物质能利用 | 0.000065 | 0.003153 | 0.0032 |
| 总计 | 0.1113 | 1.5980 | 1.7093 |

### 5. 小结

根据兴山县编制的能源利用规划,未来零碳能源供应将主要依靠水力发电的扩容增效、扩大太阳能利用范围、新建风力发电设施、多元化生物质能利用方式以及探索多能互补利用方式。但是目前规划中的零碳能源发展规模仍然无法支持实现本地能源自给自足,要提前实现本地碳中和亟须在零碳能源开发利用方面采取更加积极的方式。通过对兴山县的自然禀赋条件的实地调研以及比较国内目前各种零碳能源利用方式,对兴山县未来的零碳能源生产提出了更高的要求,通过增加水力发电利用时间以及探索水风光多能互补的利用方式扩大对清洁小水电的利用程度;在兴山县农村地区探索开展屋顶光伏利用和农光互补,扩大光伏发电规模;将限制薪柴使用后的秸秆等生物质原料用于生物质颗粒燃料制造;加大本地能源供给,利用不同零碳能源之间的互补性实现调峰,保障本地能源供给安全。根据测算,兴山县未来可以继续开发利用的零碳能源体量在20.7948亿千瓦时到48.1148亿千瓦时之间(见表3-7),加上目前已有的接近11.24亿千瓦时的零碳能源供应基础,足以保障本地生产、生活中的基本用能需求。

表 3-7　　兴山县零碳能源利用潜力测算结果　　（单位：亿千瓦时）

| 零碳能源利用方式 | | "十四五"规划发展潜力 发电量 | "十四五"规划外发展潜力 发电量 | 总计 |
|---|---|---|---|---|
| 水力发电 | 水力发电站 | 0.51 | 1.786 | 2.296 |
| | 坟淌坪风光水一体化项目 | 0.035 | | 0.035 |
| 太阳能利用 | 太阳能光伏电站 | 0.4546 | | 0.4546 |
| | 屋顶光伏利用 | | 1.53 | 1.53 |
| | 农光互补 | | 13.67—40.99 | 13.67—40.99 |
| | 坟淌坪风光水一体化项目 | 0.3 | | 0.3 |
| 风能利用 | 风力发电 | 3.2 | | 3.2 |
| | 坟淌坪风光水一体化项目 | 0.8 | | 0.8 |
| 生物质能利用 | 薪柴 | 0 | 0 | 0 |
| | 垃圾焚烧发电 | 0.3 | 0.3 | 0.6 |
| | 沼气利用 | 0.1112 | 0.9948 | 1.106 |
| | 生物质颗粒燃料利用 | 0 | 0.0032 | 0.0032 |
| 现有零碳能源供应水平 | | 11.24 | | |
| 新增供应潜力总计 | | 2.5108 | 18.284—45.604 | 20.7948—48.1148 |
| 零碳能源整体潜力 | | 32.0348—59.3548 | | |

## （三）兴山县储能发展潜力分析

绿色低碳已成为世界能源发展的方向，随着零碳能源利用范围的扩大，"能源安全"的重点逐渐从传统的石油安全转向电力安全。石油安全不需要特别考虑储存的问题，而电力不易储存，因此，电力市场的不稳定性需要面临更加复杂的挑战，并且随着不稳定的新能源电力加入，如何保障电网的供电安全性变成关乎能源安全的重要问题。

发展新能源发电给常规发电系统的变负荷能力提出新要求，需要具体快速调节的能力，而风、光发电功率的不确定性使得电力系统的"剩余负荷"曲线形状更难预测。在现实情况下，新能源发电面临的约束比传统化石能源发电更多。例如，一些国家虽然拥有大规模的风力发电装机容量，但是由于早晚电力需求存在差异性，夜间的电力需求依靠热电联产就可以满足，于是大量风力发电就无法上网，不利于能源的有效利用。[1]

可再生新能源发电加入传统的电力系统后，需要采用集成储能模块来解决电力系统变负荷和新能源电力接入产生问题（见图3-11）。

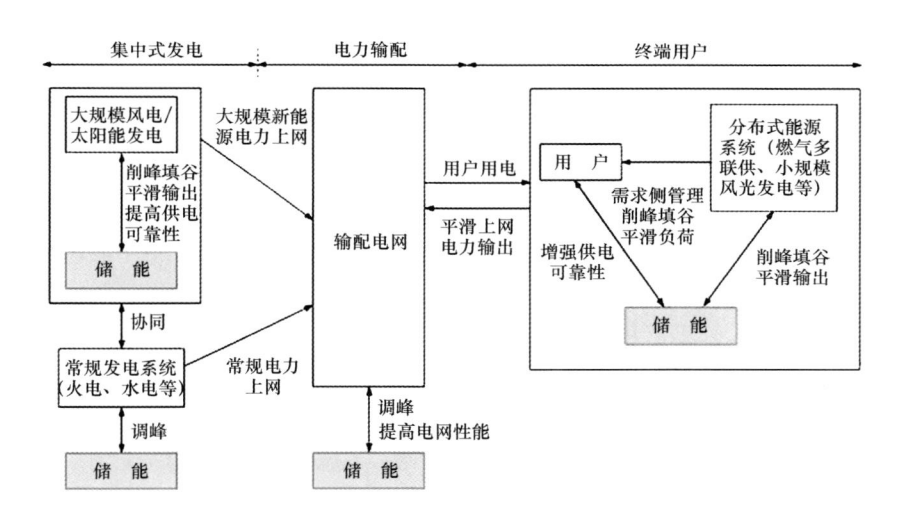

**图3-11 加入新能源发电的电力系统**

资料来源：常乐等：《储能在能源安全中的作用》，《中外能源》2012年第2期。

### 1. 储能技术分类

储能的作用范围比较广泛，可以在电力系统各个环节发挥作

---

[1] Paul Denholm et al., "The Role of Energy Storage with Renewable Electricity Generation," January 2010, http://www.nrel.gov/docs/fy10osti/47187.pdf.

用。从总体上来说，储能可以确保新能源电力实现上网，并维持电力供需之间的平衡。现有储能技术发展中，发展比较快的技术涉及电能、化学能、热能、机械能、太阳能、风能、水能等不同形式能量之间的相互转换和储存。[①] 其简要汇总如表3-8所示。

表3-8　　　　　　　　　　储能类型汇总

| 储能类别 | | 应用场景 |
| --- | --- | --- |
| 物理储能 | 抽水蓄能 | 电网安全保障、调峰填谷、配套新能源及核电 |
| | 压缩空气 | 发电侧：接入包括风力发电及光伏发电等间歇性可再生能源 |
| | | 电网侧：调峰调频、黑启动、缓解输配电 |
| | 飞轮储能 | 电网调频、不间断电源（UPS）、航天飞机和低轨道运行卫星 |
| | 超导储能 | 改善电能质量和提高风电、光电等间歇式新能源的并网特性；电磁武器和电磁弹射系统的高功率脉冲电源 |
| 化学储能 | 锂离子电池 | 新能源电动汽车、储能电站装机 |
| | 超级电容器 | 交通领域：城市轨道交通线路沿线再生制动能量回收混合动力汽车的动力源 |
| | | 工业领域：叉车、起重机、电梯、港口起重机械、各种后备电源 |
| | | 稳定电网功率波动 |

## 2. 不同储能技术的特点

### （1）抽水蓄能

抽水蓄能是在电力系统中技术最成熟、应用最广泛的一种储能技术，具有调峰、填谷、调频、调相、紧急事故备用等多种功能，运行灵活、反应快速，是电力系统中的特殊电源。抽水蓄能电站在电网中可以帮助保障能源供给安全，实现调峰，填谷，为新能源及核电提供配套。抽水蓄能电站一般由具有一定落差的上水库、下水库以及输水及发电系统组

---

① 常乐等：《储能在能源安全中的作用》，《中外能源》2012年第2期。

成。在电力负荷处于低谷时,可以把地理位置较低的下水库中的水抽至上水库内,将水力势能储存起来;而在用电负荷高峰期,再把上水库中储存起来的水放至下水库用于发电用途,从而将水力势能转为电能。① 按上水库有无天然径流汇入,可将抽水蓄能电站分为纯抽水、混合抽水和调水式抽水蓄能电站,建站地点力求水头高、发电库容大、渗漏小、压力输水管道短、距离负荷中心近。② 然而,发展抽水蓄能比较容易受地理条件的限制影响,上下水库的构建需要满足一定的条件,不是所有大规模发展新能源的地区都有条件通过抽水蓄能来发挥储能作用。

(2) 飞轮储能

飞轮储能技术是一种新型的储能技术,其具有储能密度高、充放电速度快、能量转换效率高、无环境污染和易于检修维护等优点,因此在军工、航天、电力、交通等领域均有不同程度的应用。飞轮储能系统的工作原理是通过飞轮的高速旋转来进行能量的收集,在较短时间内,将飞轮转动的电能转化为动能并进行储存。如果需要储存电能,通过飞轮转动就可以实现。有用电需求时,则利用高速旋转的飞轮驱动发电机进行发电,然后再通过转换器提供满足外部活动所需要的电能③。

(3) 锂离子电池

锂离子电池主要是由正、负极材料,电解液、隔膜以及封

---

① 国家电网公司"电网新技术前景研究"项目咨询组等:《大规模储能技术在电力系统中的应用前景分析》,《电力系统自动化》2013年第1期。

② 甄晓亚、尹忠东、孙舟:《先进储能技术在智能电网中的应用和展望》,《电气时代》2011年第1期。

③ 薛飞宇、梁双印:《飞轮储能核心技术发展现状与展望》,《节能》2020年第11期。

装材料组成,[①] 是一种电化学储能器件。锂离子电池可以将电能直接储存,储存下来的电能既可以用作削峰调谷,降低电网的波动性,也可以作为应急能源在需要时使用。锂离子电池的生产制造,需要金属、无机非金属、有机物、聚合物等多种材料,涉及材料化学、固体化学、化学工程等领域。[②] 目前,锂离子储能主要用于储能电站或新能源电动汽车充电站。

(4) 超级电容器

超级电容器的储能原理是基于电化学双电层理论,其工作原理主要是通过提供强大的脉冲功率,在电容器充电时处于理想极化状态的电极表面,这样电荷就会吸引电解质溶液中的异性离子,并附着于电极的表面层,从而形成了双电荷层,构成双电层电容。超级电容器历经多年发展,已形成系列产品,系统最大储量达 30 兆焦。超级电容器的造价较高,在电力系统中多用于对大功率直流电机的启动支撑,以及作为动态电压恢复器等,应用时间一般较短,在应用场景中,为大功率的负载提供用能平滑功能,也可以在电压陡降和受到瞬态干扰期间保证供电水平和供电质量。超级电容器主要应用于交通领域、机械节能与稳定电网功率波动等。

### 3. 兴山县储能应用技术潜力分析

目前兴山县的储能技术尚未形成规模化项目,但随着零碳新能源利用规模的扩大,亟须发展适宜的储能技术来保障本地能源供应安全。因此,本书进一步探讨兴山县储能应用的潜力,从兴山县历年能源消费总量来看,年均约 40 万吨标准煤,按照 20% 的比例去配置储能,大约需要 8 万吨标准煤。根据兴山县

---

[①] 孟祥飞等:《电化学储能在电网中的应用分析及展望》,《储能科学与技术》2019 年第 S1 期。

[②] 李泓:《锂离子电池基础科学问题(XV)——总结和展望》,《储能科学与技术》2015 年第 3 期。

的实际发展情况，进一步分析各种能源的储存潜力。

**（1）抽水蓄能项目**

抽水蓄能电站具备优越的成本优势，技术成熟，安全性高，具有调峰、填谷、调频、调相、储能等多种功能，是建设现代智能电网新型电力系统的重要支撑。按照兴山县现有的规划，①未来将建设装机容量为120万千瓦的抽水蓄能电站，该规划项目尚未纳入国家规划。建成之后，抽水蓄能电站可以提供的年发电量为12亿千瓦时，根据抽水蓄能的工作特点，当新能源发电多发、电网消纳不了时，抽水蓄能机组开启蓄水模式，用多发的电能将水从下水库抽到上水库，转化为势能储存；当电网需要时，抽水蓄能机组开启发电模式，水流顺势而下，带动轮机转动，再将势能转为电能。因此，兴山县抽水蓄能电站年发电量为12亿千瓦时，可以全部转为储能配置。

**（2）电化学蓄能项目**

电化学蓄能项目主要包括钠离子电池、铅蓄电池和磷酸铁锂等类型，查阅相关资料，目前最先进的电动汽车储电量约为70度。根据兴山县未来发展情况来看，实现纯电动车的完全替代，最大量约为5.8万辆，如果按每辆电动车年充电次数50次来计算，充满电的储能量将达到2.03亿千瓦时。这也可以为兴山县储能发展提供一定的蓄能空间。

**（3）"光热+光伏"发电项目**

太阳能热发电（也称为"光热发电"）是一种利用反射镜聚焦太阳直射辐射，并通过汽轮机等设备将收集的热能转化为电能的技术路线，属于新能源利用形式；此种发电方式还具备长时间连续运行、输出功率可调等优势。截至2021年年底，国内

---

① 《夯实新能源产业基础 促进发展动能迭代升级 兴山县举行抽水蓄能项目合作及签约仪式》，2022年6月8日，兴山县人民政府网站，http://www.xingshan.gov.cn/content-18-49945-1.html。

已建成的光热发电项目的装机容量为 52 万千瓦；其中，示范项目的装机容量大约为 45 万千瓦。而《可再生能源发展"十三五"规划》明确提出光热发电项目的发展目标为 500 万千瓦，因此目前进展仅为目标的 1/10 左右，① 发展速度较慢。光热发电产业规模发展不及预期的主要原因是这类项目的投资成本一般较高，而投资者对项目效益的信心也不足，从短期来看，成本较高是制约其发展的主要症结所在。

从兴山县太阳能利用和发展的情况来看，其主要用于太阳能发电和热水器的利用，未来规划发展也主要涉及光伏发电项目，对光热发电的配置比较少。光热发电能够具有储能配置的功能，能够解决光伏发电不稳定的问题，因此，在未来的规划中可以考虑将光热发电和光伏发电项目相结合。根据兴山县光伏发电潜力测算，未来总的最大发电量约为 42.97 亿千瓦时，根据现有的"光热+光伏"发电项目的规划要求，② 如新疆光（热）储示范基地项目，基地设计总装机容量为 150 万千瓦，其中光伏为 135 万千瓦、光热为 15 万千瓦；鲁能海西州多能互补项目包括了 5 万千瓦的光热发电和 20 万千瓦的光伏发电，未来兴山县可以考虑本地发展的实际情况，分别配置装机 85% 的光伏发电、15% 的光热发电，组成"光热+光伏"发电项目，光热发电可以提供 6.45 亿千瓦时的储电量，也能够提供一定量的储能空间。

---

① 《国家能源局关于可再生能源发展"十三五"规划实施的指导意见》，2017 年 7 月 19 日，国家能源局网站，http://zfxxgk.nea.gov.cn/auto87/201707/t20170728_2835.htm。

② 《中国能建：全球最大光（热）储示范基地项目正式落地新疆》，2022 年 7 月 8 日，界面新闻，https://baijiahao.baidu.com/s?id=1737784667059022305&wfr=spider&for=pc；陆国成：《"光热+光伏"发电项目的国际经验借鉴》，《太阳能》2022 年第 7 期。

### （4）生物质储能项目

目前生物液体燃料的生产成本仍然较高，是制约发展的重要原因，而生物质颗粒方便储存和运输，可以作为兴山县储能配置的选择之一。按照兴山县生物质能潜力估计，未来将可以提供12.3万吨左右标准煤的生物质颗粒燃料，折合发电量32.15万千瓦时，可以作为灵活储能的方式来使用。

总结来看，未来开展抽水蓄能、电化学蓄能项目、"光热+光伏"发电项目以及生物质储能项目可以提供总计约20.48亿千瓦时的电量。

综上，兴山县基于现有自然资源禀赋和经济发展条件，可发展的储能规模完全能够满足兴山县能源消费量总量20%的配置要求，有条件为实现碳中和建立一个可靠的储能基本保障。

# 四 兴山县能源消费需求结构与未来态势

## （一）兴山县能源消费总量及结构现状

### 1. 能源消费总量发展情况

根据可获得的统计年鉴以及相关统计资料，可以对兴山县"十三五"时期的能源消费总量的变化趋势进行分析。2016—2020年，兴山县能源消费总量为203.32万吨标准煤（见图4-1）。在考察期内，兴山县年平均能源消费量为40.66万吨标准煤，

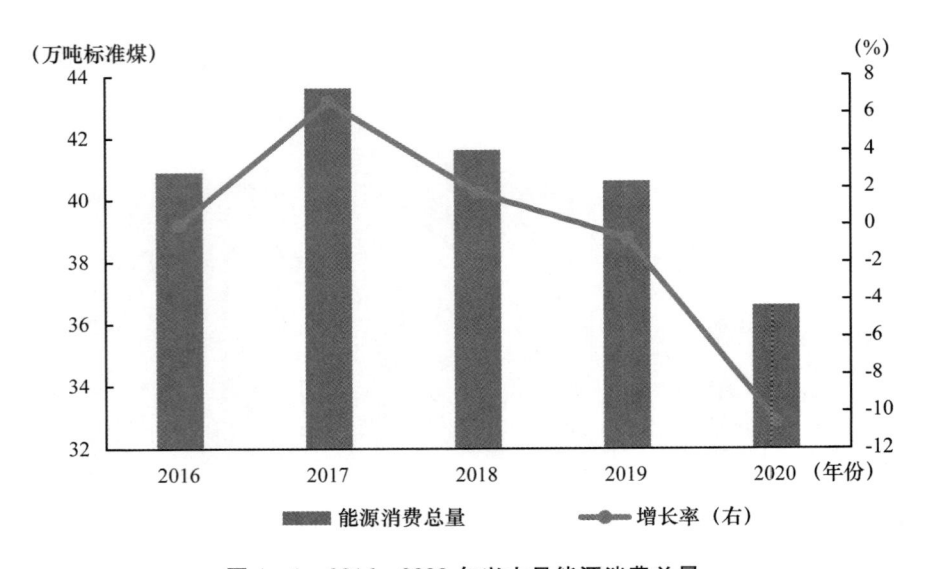

图4-1 2016—2020年兴山县能源消费总量

资料来源：《兴山县"十四五"能源发展规划》。

每年的消费总量分别为40.90万吨、43.61万吨、41.61万吨、40.60万吨和36.58万吨。总体而言,近年来兴山县能源消费总量呈波动下降态势,累计下降率达到10.55%,在经济保持稳步增长的背景下,经济发展与能源消费脱钩趋势明显。

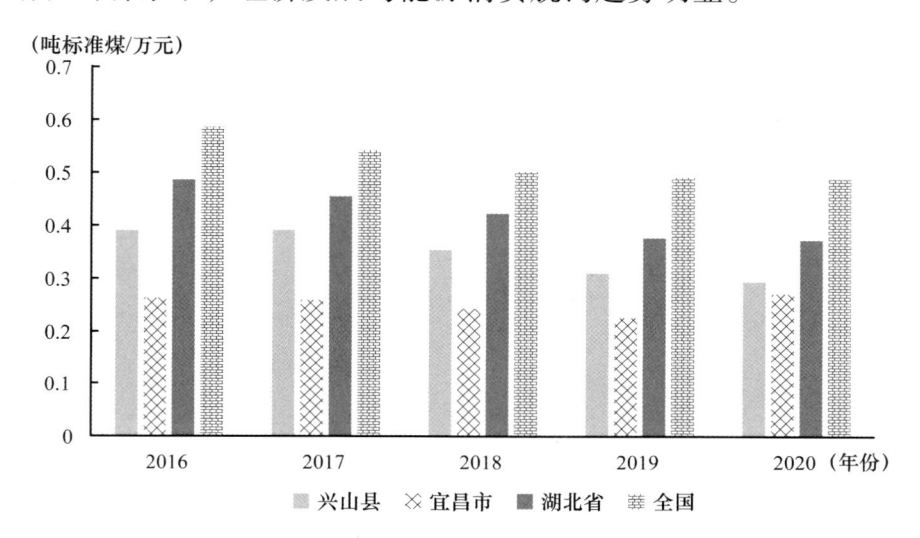

图4-2 兴山县2016—2020年单位GDP能源消费情况

资料来源:《兴山县"十四五"能源发展规划》。

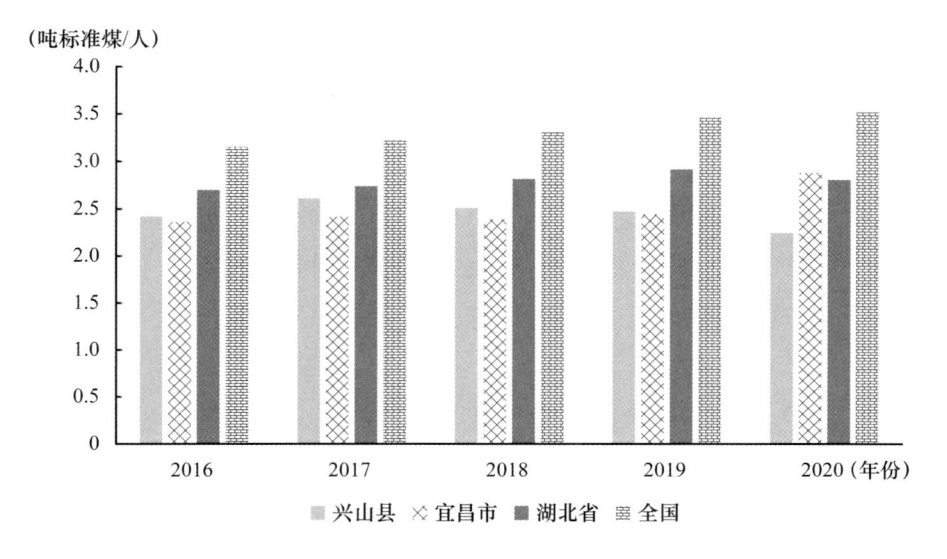

图4-3 兴山县2016—2020年人均能源消费水平

资料来源:《兴山县"十四五"能源发展规划》。

以 2015 年为基年，计算 2016—2020 年各年不变的单位 GDP 能源消费强度，分别为 0.39 吨标准煤/万元、0.39 吨标准煤/万元、0.35 吨标准煤/万元、0.31 吨标准煤/万元和 0.29 吨标准煤/万元；人均能源消费分别为 2.43 吨标准煤/人、2.61 吨标准煤/人、2.51 吨标准煤/人、2.47 吨标准煤/人和 2.25 吨标准煤/人。从"十三五"时期兴山县单位 GDP 能源消费强度和人均能源消费水平的变化来看，兴山县单位 GDP 能源消费强度水平维持在 0.29—0.39 吨标准煤/万元，整体呈现波动下降趋势，明显低于全国、全省、全市平均水平；人均能源消费水平稳定在 2.55 吨标准煤/人左右，变化趋势不明显。

**2. 分品种能源消费结构现状**

受制于兴山县的能源禀赋条件和生产实际需求，该县的能源消费品种主要为电力、煤炭、薪柴、成品油、太阳能、燃气、生物质，2020 年前四种能源的消费量在能源总消费中的占比达到 89.09%，各品种能源具体消费结构如表 4-1 所示。兴山县的能源消费结构中主要的一次能源包括煤炭、燃气、太阳能、薪柴和生物质能源，二次能源主要包括电力和成品油。"十三五"时期，兴山县一次能源在消费中所占比重有所下降，由 2016 年的 58.70% 下降到 2020 年的 50.79%。

兴山县的能源需求主要集中在生产领域，工业部门是兴山县的用能大户，煤炭消费基本用于工业原料；但兴山县得天独厚的水电资源禀赋，也促使该地区具有较高的电气化水平，并网电力消费在能源消费中的占比不断提高，2020 年约为 36.29%。[①] 随着兴山县节能减排工作的深入，县能源消费结构也随时间推移有所变化，总体来说，煤炭、成品油和燃气等化石能源消费占比在下降，清洁能源的占比有所提高（见图 4-4）。

---

① 没有计入未并网的太阳能光伏发电量。

如前文所述,兴山县清洁的零碳能源发展尚有较大的发展潜力,在消费端提高清洁能源消费占比将成为兴山县提前实现碳中和的关键所在。

表 4-1　2016—2020 年兴山县分品种能源消费量　（单位：万吨标准煤）

|  | 电力 | 太阳能 | 薪柴 | 成品油 | 煤炭 | 燃气 | 生物质 | 合计 |
|---|---|---|---|---|---|---|---|---|
| 2016 年 | 12.1401 | 1.3485 | 7.9561 | 4.7533 | 12.9026 | 1.4657 | 0.3399 | 40.9062 |
| 2017 年 | 12.3984 | 1.5551 | 7.1185 | 4.8959 | 15.7911 | 1.5061 | 0.3453 | 43.6104 |
| 2018 年 | 11.8326 | 1.8796 | 6.1831 | 5.0427 | 14.7795 | 1.5460 | 0.3491 | 41.6126 |
| 2019 年 | 12.9802 | 2.1241 | 5.5222 | 5.2949 | 12.8073 | 1.5296 | 0.3505 | 40.6088 |
| 2020 年 | 13.2772 | 2.1988 | 4.8905 | 4.7257 | 9.7044 | 1.4383 | 0.3520 | 36.5869 |

注：(1) 成品油指汽油与柴油,燃气包括天然气与石油液化气；(2) 太阳能消费量包括光伏发电；(3) 薪材消费数据来自农村居民能源消费调查。

资料来源：《兴山县"十四五"能源发展规划》。

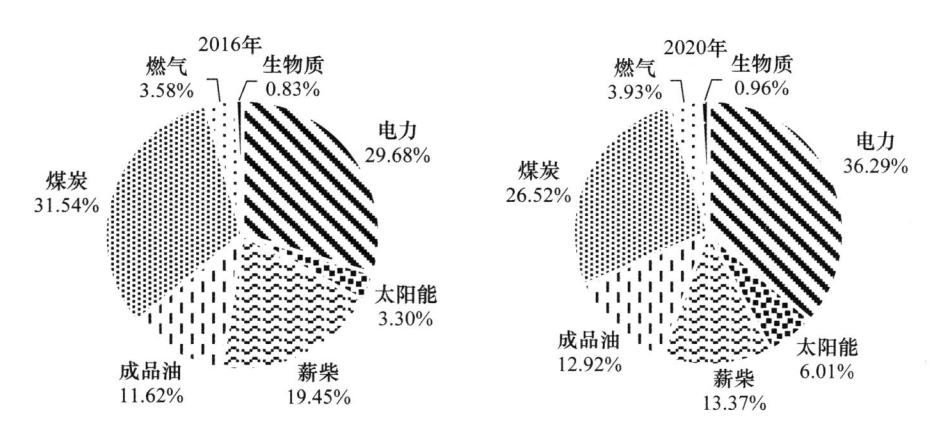

图 4-4　2016 年和 2020 年兴山县分品种能源消费占比分布

资料来源：《兴山县"十四五"能源发展规划》。

"十三五"时期,兴山县各分品种能源消费的基本情况如下。

煤炭。兴山县 2016 年煤炭能源消费占能源消费总量的 31.54%,2020 年占 26.52%,下降了 15.91%。兴山县的煤炭主要用于几家大型化工企业生产工业原料，这些企业在其生产和加工过程中逐步通过技改提高能源利用效率以及部分生产线的转移，推动全县的煤炭消费总量不断下降。

电力。"十三五"时期，兴山县并网电力消费呈现上升的趋势，在能源消费总量中的占比由2016年的29.68%提升到2020年的36.29%。由于兴山县具有较好的水电基础，本地电力供应基本以清洁的水电为主，外调电力中的清洁能源占比也较高，因此电力消费水平的提高有利于兴山县进一步降低能源消费结构中产生的碳排放。

太阳能。兴山县太阳能能源占比由2016年的3.30%增加到2020年的6.01%，提高幅度达到82.12%。一方面，这表明兴山县近年来加快了太阳能利用的步伐；另一方面，兴山县太阳能利用在总能源消费中的占比不高，未来仍具有较大的发展潜力。

生物质能源。整体而言，兴山县目前的生物质能源利用规模比较有限，2020年的消费占比约为0.96%，主要以沼气和用作烟草烧烤燃料用途的生物质颗粒为主，但县内沼气池建设接近饱和。兴山县森林覆盖率高，以树木、青草、农作物等形式存在的有机废物储量丰富，针对这些生物质能原材料的利用也具有相当的发展潜力和空间。

成品油。兴山县成品油消费主要包括柴油和汽油的消耗，其能源消费占比由2016年的11.62%增加到2020年的12.92%，主要用作各类交通工具的燃料。

燃气。兴山县燃气使用比例比较小，燃气能源消费占比由2016年的3.58%提升到2020年的3.93%，主要用于炊事等生活用能用途。

薪柴。薪柴是兴山县生活能源需求的主要品种，约占生活能源消费的55%，但近年来薪柴的使用比例呈现下降趋势，消费占比由2016年的19.45%下降到2020年的13.37%。如果未来能够集约化规模发展生物质能,家庭用途的薪柴消费还将进一步减少,甚至完全被其他生物质能利用形式替代。

## (二) 分部门终端消费结构现状

### 1. 工业部门能源消费现状

工业企业的能源消费量包括工业生产过程和非工业生产过程中产生的能源消费,一直占据兴山县能源总消费的一半以上。从能源消费品种来看,兴山县工业部门主要消费的能源品种为电力、煤炭,辅以少量柴油,主要用于为工业生产提供动力、热力及原料。目前,兴山县无法提供全口径的工业部门能源消费数据,只掌握规模以上企业的煤炭消费和工业分部门的电力消费数据,"十三五"时期工业企业具体的能源消费统计情况如表4-2所示。

表4-2　　　　　2016—2020年工业企业能源消费情况　　（单位：万吨标准煤,%）

|  | 煤炭 | 电力 | 柴油 | 总用能 | 占兴山县总能耗比重 |
| --- | --- | --- | --- | --- | --- |
| 2016年 | 41.3863 | 10.5714 | 0.0173 | 51.9749 | — |
| 2017年 | 15.4074 | 10.6505 | 0.0178 | 26.0757 | 59.79 |
| 2018年 | 14.4328 | 9.5560 | 0.0183 | 24.0071 | 57.69 |
| 2019年 | 12.2679 | 10.2038 | 0.0192 | 22.4909 | 55.38 |
| 2020年 | 9.2009 | 11.2722 | 0.0172 | 20.4902 | 56.46 |

注：由于统计要求和口径的调整,从2017年开始兴山县规模以上企业的煤炭消费数据不再包括企业在县域之外生产基地发生的能源消费情况。

资料来源：《兴山县"十四五"能源发展规划》。

兴山县工业部门的能源消费主要用于化工和水泥生产行业。其中,目前世界最大的六偏磷酸钠和中国最大的三聚磷酸钠生产企业兴发集团在兴山县的黄磷生产基地是县内能源消费的主要来源。黄磷的生产过程中,通过将磷矿石、硅石和白煤按一定比例和粒度放入电炉里,在高温下发生分解、还原反应,磷蒸汽与炉尘一起被冷却、漂洗后得到产品,高温炉渣和产生的碳排放通过深度净化后将从锅炉中被回收排出(见图4-5)。① 黄磷的生产需要白煤作为原料,白煤是一种无烟煤,是煤化程度最大的煤,尽管发热量较低,但是碳含量最高。兴山县的煤炭消费基本均用于作为黄磷生产过程中的生产原料。随着兴发集团生产基地向外拓展将部分产能外移,辅以生产工艺的改进,兴山县本地的煤炭消费规模逐年下降,从2017年的15.40万吨标准煤下降到2020年的9.20万吨标准煤,消费量减少了40.26%左右。

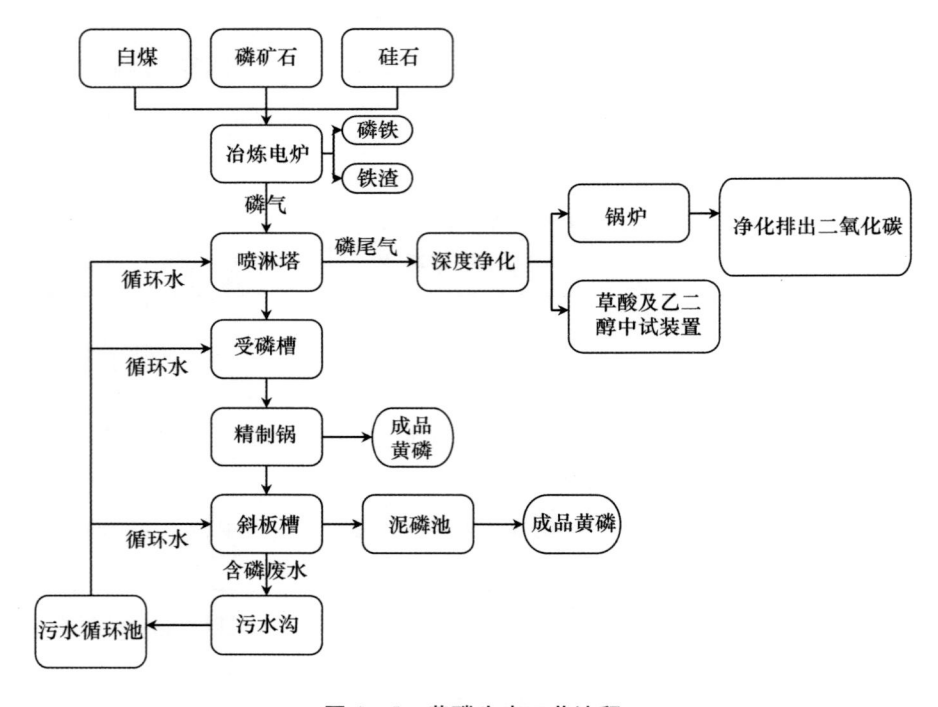

图4-5 黄磷生产工艺流程

---

① 王孝武等:《黄磷废水处理工艺比较》,《环境污染治理技术与设备》2003年第10期。

兴山县的工业部门主要依靠电力提供生产动力，制造业在整个工业部门用电量中占据很大比重，2020年制造业的用电量占工业部门用电总量的87.97%。制造业作为兴山县经济发展的支柱行业，拥有兴发集团这样的大型精细磷化工企业，在黄磷生产和加工过程中需要消费大量的电力。仅兴发集团近三年的年均用电量就达到7.6亿千瓦时，在兴山县总用电量中的占比达到78%。

在兴山县40个工业细分子部门中，2020年用电量最多的部门是化学原料和化学制品制造业，用电量达7.23亿千瓦时（见图4-6），其次是电力、热力生产和供应业、非金属矿物制品业、非金属矿采选业、其他采矿活动与其他制造业等行业。但其他制造业的用电量统计有所调整，从2017年的5.95亿千瓦时降至2020年的405万千瓦时。兴山县的工业行业用电数据表明该县工业行业电气化进程不断深化，这也为该县尽快实现碳达峰、碳中和奠定了坚实的基础。

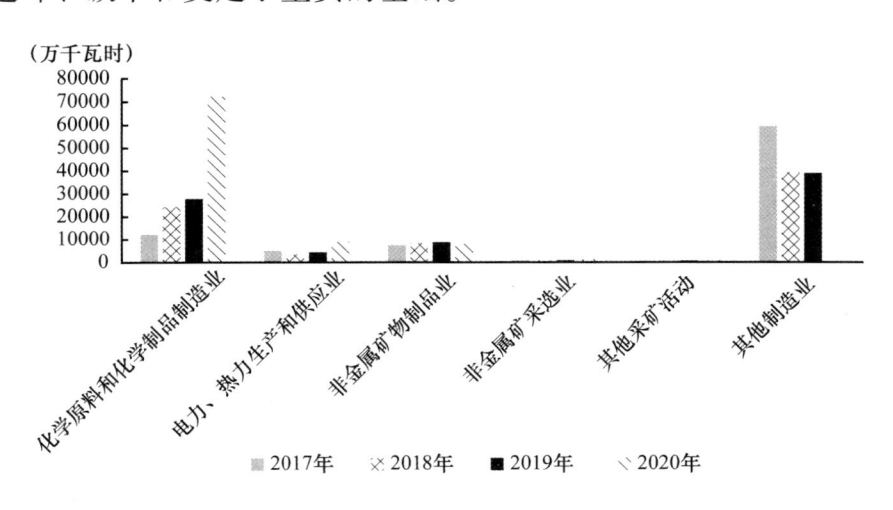

图4-6 兴山县工业部门用电量最大的分行业

资料来源：《兴山县统计月报》，兴山县电力局、发改局。

除了煤炭与电力之外，兴山县工业行业还有非常有限的柴油消费，主要用于工业生产过程中的运输过程，2020年该县工业部门的柴油消费折合172吨标准煤,约占工业能源消费的0.08%。

### 2. 建筑部门能源消费现状

2020年,兴山县城乡既有建筑面积达到357.06万平方米。其中,城镇既有建筑面积为338.52万平方米,城镇既有建筑民用居住建筑面积为54.13万平方米。建筑能耗也是当地能源消费的重要组成部分。在兴山的既有建筑中,节能建筑占比非常低。提高建筑用能效率和调整建筑用能结构,将能有效促进当地的节能与碳减排工作。

以建筑的使用性质来分,房屋建筑分为生产性建筑和非生产性建筑。生产性建筑是供工、农业生产使用的建筑物,可分为工业建筑和农业建筑;非生产性建筑(即民用建筑)是供人们从事非生产性活动使用的建筑物,可分为居住建筑和公共建筑。居住建筑主要指住宅、公寓、宿舍、别墅等;公共建筑是供人们进行各类社会、经济、政治、文化等活动的建筑物,主要包括办公、商业、旅游、科教文卫、通信等建筑。①

建筑领域的用能涉及建筑的不同阶段,包括建筑建造、运行和拆除等。从能源消耗的角度来讲,建筑领域能耗包括建筑建造能耗和建筑运行能耗两大部分。建筑建造阶段的能源消耗是指由于建筑建造所导致的从原材料开采到建材生产、运输以及现场施工所产生的能源消耗。② 运行阶段的建筑能耗约占全生命期建筑能耗的80%—90%,而建造和拆除阶段所需的能耗仅占全生命期所需总能耗的10%—20%。建筑运行能耗具体指建筑物内各种用能系统和设备的运行能耗,主要包括采暖、空调、照明、家用电器、办公设备、热水供应、炊事、电梯、通风等

---

① 曾荻:《我国民用建筑运行能耗预测方法及其应用研究》,博士学位论文,北京交通大学,2012年。

② 朱宁、瞿志敏、李守军:《直流供电系统及新型储能系统的思考》,《现代建筑电气》2020年第9期。

能耗,[1] 以燃煤、燃气、电力、热力为主要能源。广义建筑能耗是指从建筑材料制造、建筑施工,一直到建筑使用的全过程能耗。[2] 狭义的建筑能耗主要考虑建筑运行时发生的能耗。

由于兴山县缺乏详细的建筑终端用能统计数据,因此根据可获得的数据匡算出"十三五"时期的建筑部门能源消费情况如表4-3所示。这里匡算的建筑部门能源消费是广义的建筑能耗,既包括建筑施工也包括建筑运行能耗。建筑施工能耗根据第二产业建筑业的耗电量推算,2020年约折合标准煤0.56万吨标准煤的规模。《兴山县"十四五"能源发展规划》提供的统计资料显示,每年薪柴消费约占居民生活消费的55%,据此可推算出每年的居民生活能源消费水平,其中有一部分由居民生活用电组成,其他还包括居民生活中消耗的薪柴和燃气等能源品

表4-3　　　　兴山县建筑部门能源消费情况　　　（单位:万吨标准煤,%）

| | 民用建筑能源消费 | 居民用电 | 公用建筑能源消费 | 建筑业能源消费 | 总用能 | 占兴山县总能耗比重 |
|---|---|---|---|---|---|---|
| 2016年 | 12.3352 | 0.9249 | 0.4179 | 0.1352 | 14.1851 | 34.68 |
| 2017年 | 10.7132 | 0.9716 | 0.6278 | 0.1355 | 12.4481 | 28.54 |
| 2018年 | 10.1003 | 1.0825 | 0.6881 | 0.4870 | 12.3579 | 29.70 |
| 2019年 | 9.8572 | 1.1694 | 0.7656 | 0.8162 | 12.6084 | 31.05 |
| 2020年 | 8.5417 | 1.2589 | 0.7776 | 0.5584 | 11.1366 | 30.44 |

资料来源:根据兴山县发改局提供的相关数据拆分测算。

---

[1] 赵红芬:《浅议采用合同能源管理实施建筑节能》,《产业与科技论坛》2008年第4期。
[2] 崔卫波:《浅谈建筑节能设计和节能改造要点》,《科技信息》2011年第25期。

种,将其整体视为兴山县民用建筑能源消费量。兴山县第三产业的能源消费结构以电力消费为主,将其作为兴山县公用建筑的能源消费量。通过这种处理可以大致估算出每年的建筑部门整体能源消费水平,2020年约为11.14万吨标准煤,在兴山县总能耗中所占比重约为30.44%。

**3. 交通部门能源消费现状**

"十三五"时期,兴山县通过实施和发展一系列规划,以构建水、陆、空立体交通运输体系的思路,加强与省、市交通规划的有效衔接,统筹谋划交通发展总体布局,积极推进交通骨干路网、航运码头、水路配套等建设,着力构建互联互通、高效快捷的综合交通网络。到2020年年底,全县累计完成交通基础设施固定资产投入46.93亿元。

2019年,兴山县总共完成货运量1336万吨,其中公路货运量443万吨、水路货运量893万吨;全年完成客运量285万人,其中公路285万人。全年完成旅客周转量14508万人千米,比2018年的15796万人千米下降8.15%。完成货物周转量274057万吨千米,比2018年的271192万吨千米增长1.06%。

交通运输能源消费统计的是铁路、公路、水运、航空和管道运输的能源消费,主要是汽油、柴油和电力。本书未匡算跨域的交通能源消费水平,仅考察的是兴山县域内发生的交通能源消费,以兴山县提供的县内加油站数据来大致进行估算。数据显示,2016—2020年兴山县交通部门能源消费总量为27.63万吨,年均能源消费量为4.92万吨,县域内发生的交通能源消费约占兴山县总体能源消费量的12%,且交通部门能源消费总量年际基本保持稳定,比例略有小幅提高。随着兴山县高铁站的开通,县内交通基础设施将进一步得到完善,加之新能源交通工具的推广普及,未来居民交通出行的方式将更加多元化,交通部门能源消费结构也可能出现新的变化。

表4-4　　　　　　　　兴山县交通能源消费情况　　　（单位：万吨标准煤,%）

|  | 汽油 | 柴油 | 总用能 | 占兴山县总能耗比重 |
| --- | --- | --- | --- | --- |
| 2016年 | 1.6105 | 3.1255 | 4.7360 | 11.58 |
| 2017年 | 1.8418 | 3.0363 | 4.8781 | 11.19 |
| 2018年 | 1.9584 | 3.0660 | 5.0244 | 12.07 |
| 2019年 | 2.0546 | 3.2211 | 5.2757 | 12.99 |
| 2020年 | 2.0223 | 2.6863 | 4.7085 | 12.87 |

资料来源：兴山县发改局。

### 4. 农业部门能源消费现状

兴山县的农业生产仍是当地农村地区居民的主要收入来源，依托县内柑橘为主的低山特色农业带，以药材、蔬菜为主的高山特色农业带，以烤烟、茶叶、核桃为主的半高山特色农业带，开展农业种植业，在一定程度上也需要各类能源供应作为基础保障。总体而言，兴山县的农业部门能源消费规模较小，主要能源消费品种以电力和农作物秸秆利用为主，电力主要为种植业所需的机械设备提供动力。数据显示，2020年兴山县农业消费总用能约0.2468万吨，在兴山县总能耗中占比约为0.67%。

表4-5　　　　　　2016—2020年农业能源消费情况　　　（单位：万吨标准煤,%）

|  | 电力 | 农作物秸秆 | 总用能 | 占兴山县总能耗比重 |
| --- | --- | --- | --- | --- |
| 2016年 | 0.0221 | 0.2056 | 0.2277 | 0.56 |
| 2017年 | 0.0071 | 0.2014 | 0.2085 | 0.48 |
| 2018年 | 0.0092 | 0.2140 | 0.2232 | 0.54 |
| 2019年 | 0.0088 | 0.2250 | 0.2338 | 0.58 |
| 2020年 | 0.0112 | 0.2356 | 0.2468 | 0.67 |

资料来源：兴山县发改局。

## （三）兴山县能源消费规划方向分析

要实现碳中和目标，除了优化能源供给结构之外，还需要引导能源消费结构向低碳、绿色方向转型。根据兴山县的实际情况，该县提出未来将深入推进小水电代燃料工程、天然气消费推广工程、新能源消费促进工程、冬季清洁取暖工程、新能源汽车推广工程，强化能源需求端管理，引导居民和企业增加清洁能源，尤其是清洁可再生能源的消费比重，持续优化能源消费结构，不断减少能源消费的污染物排放与碳排放。但部分发展方向与能源结构彻底脱碳仍存在矛盾，需要重新根据碳中和的要求审视能源消费结构的调整方向。

### 1. 持续推进电力代燃料

兴山县开展了一系列小水电代燃料工程，针对农村居民提供冬季用电补贴政策，激励农村增加冬季用电取暖规模与比重，引导生活能源消费方式转型。在工业生产中，也已经基本完成支柱产业生产的电气化改造，工业锅炉基本实现电力驱动。通过将工业生产、居民取暖厨炊用途的化石燃料使用转化为电力，能够直接减少燃煤排放。目前，以电代煤的主要技术包括蓄热电锅炉、热泵技术、发热电缆以及电炊具等。但现阶段，考虑到兴山县城镇化率、收入水平不高的现实情况，不宜大规模推动电能替代，应先鼓励县内旅游行业的酒店和部分公共建筑在条件适宜的情况下，有步骤地选择合适的电能替代技术加以应用，适当鼓励单位办公楼与部分住宅小区采用地源热泵技术，实行小范围集中取暖。同时，通过宣传和经济支持政策逐渐引导家庭单位的应用电炊具，提高家用厨房的电气化程度。

### 2. 加快启动以电代油技术与项目

以电代油是指大力发展电动汽车，主动服务轨道交通、农业电排灌，推广港口岸电替代等，减少石油依赖和燃油排放。我国当前以电代油主要集中在道路运输、陶瓷烧制、玻璃熔制、灌溉等领域，主要替代技术包括电动汽车、岸电、电窑炉、电水泵等。实施电能替代油的主要竞争领域是电动汽车。电动汽车是以车载电源为动力，用电机驱动车轮行驶的车辆。[①] 电动汽车起步快、零排放、噪声小，等候交通信号和交通拥堵时不耗能，适用于家用汽车与公共交通用车。目前，兴山县的成品油消费主要集中于交通运输领域，占能源消费的12%左右，启动以电代油技术与项目，将有效降低石油消费产生的温室气体排放。兴山县的公共交通体系目前尚无应用清洁能源汽车，应加快推动公共交通领域的电动汽车替代工作。同时，针对家用汽车，也应该制定明确的鼓励电动汽车利用、禁售或禁用燃油汽车的时间表和配套措施，加快充电站建设工作。首先在城镇公交车行业、景区换乘中心等全面推广使用新能源汽车，然后在党政机关和公共机构、企事业单位等推广使用新能源公务用车，最后推广至家庭用车。通过减免税费、财政补贴、优惠用电、建设充电设施、建设售后服务体系等措施激励公务车、公共汽车、出租车、私家车、景区换乘中心旅游大巴与观光车等逐步更换成混合动力车或纯电动车。

在农业生产领域，有少量的柴油农机设备使用需求，应尽快完成电水泵对柴油泵的替代，依靠小水电优势，使用电水泵实现灌溉农田以及电动设备对柴油农机设备的全面取代。

**3. 调整鼓励天然气使用思路推动以电代气或生物质能气化利用**

根据兴山县的能源发展规划，将天然气视为相对比较清洁

---

① 褚叶祺、翁晓冬：《电动汽车微公交商业模式研究——以杭州市为例》，《浙江工业大学学报》（社会科学版）2014年第3期。

的化石能源，并制定鼓励天然气使用的政策。尽管天然气含碳量相对较低，可以在提供能源应用与实现净零排放目标方面发挥平衡作用，为实现可持续发展和国家现代化发挥推动作用。但在碳中和的背景下，天然气作为化石能源，最终仍将被更加清洁的可再生能源替代。考虑到兴山县的经济、人口体量较小，不宜将天然气作为能源过渡品种去布置相应的基础设施，避免产生沉没成本。

兴山县计划在"十四五"时期大力推进天然气消费促进工程，促进天然气消费量及其占比快速增长。加快推进天然气管网建设，快速提升城镇居民天然气覆盖率；推动兴山县域煤改气工程，重点推进化工、水泥等制造业煤改气；加快天然气商用推广，推进县域磷矿、石料、渣土、高铁施工等重载车辆向天然气车辆转型；推进高铁站等重点建筑天然气分布式能源站建设，实现冷、热、电联供。这些在低碳转型时期确定的能源转型思路已经无法适应碳中和目标的更高要求，应避免沿袭该思路去进行基础设施改造，尽量在成本相当的背景下，实现电或零碳能源代化石能源一步到位。或者考虑开展生物质能液化技术与供气配套设施对接，更好利用现有的天然气使用基础设施。

### 4. 推动生物质能利用范围扩大

兴山县具有良好的生物质能利用基础，在政府引导限制使用薪柴、禁止使用煤炭等污染性能源的背景下，可以积极探索生物质能应用替代，通过明确标准、政策支持、示范带动、宣传促进等措施，鼓励沼气、乙醇、生物柴油、生物质颗粒燃料等生物质能的利用推广，支持特色小镇、生态文明建设示范村（社区）推广使用条件适宜的生物质能，替代过去的化石能源消费，扩大县内生物质能颗粒生产规模，发挥本地生物质能生产原材料丰富的优势，将生物质能作为多能互补系统中重要的灵活性调节工具，作为水风光等新能源的重要补充。

## （四）兴山县能源需求预测

要探究兴山县提前实现碳中和的可行性，需要对未来全县的能源需求变化趋势进行预测。能源系统是一个相对比较复杂的系统，涉及经济发展与技术进步等因素。随着全球气候变化引起广泛关注，关于能源的政策不断调整，能源消费结构和消费水平也随之发生较大变化，能源系统也将变得更加复杂。针对能源需求的常见预测方法主要包括趋势外推法和情景分析法两大类，又可以根据分析工具细分为投入产出分析法、时间序列分析法、能源弹性系数法、灰色预测法、神经网络分析法、部门成本效益优化模型等。趋势外推法基于能源需求的历史变化趋势来推测未来的变化走向；情景分析法需要首先总结影响能源需求变化的外部因素，考虑一些政策和其他难以在历史趋势中总结的冲击和变化对能源需求的影响。目前由于能源政策正在快速向清洁、低碳化的方向调整，因此基于单一方法学的能源需求预测方法往往无法获得理想的预测结果，需要综合趋势外推法和情景分析方法，综合运用多种预测工具的组合预测方法来提高预测的精准度。本书将重点考察兴山县几个重点部门的能源需求，结合兴山县未来的经济发展水平、人口增长、产业结构变化等趋势，结合各部门的能源需求历史趋势，通过考虑不同的政策情景来大致模拟兴山县2021—2035年的能源消费变化趋势。

### 1. 情景设置

针对兴山县未来能源需求的预测，考虑到县域统计数据可获得性的限制，研究中设定了高能源消费与低能源消费两种政策情景，对未来不同能源政策和生产、生活方式下重点部门的能源消费走向进行模拟和分析。

**（1）高能源消费情景**

工业：兴山县工业能耗主要来自县域内黄磷与水泥生产企业，其中最主要来自全国500强企业兴发集团在兴山区域内的生产活动，主要能源消费以无烟煤和电力为主。兴发集团兴山本部的主要耗能装置是黄磷电炉，而根据产品生产历史能耗统计情况，黄磷生产能耗占总能耗的比重均在90%以上。根据公司介绍材料，目前兴发集团本部黄磷生产的潜能还没有完全释放，主要的制约因素是兴山县电网和县外供电连接的关口负载。由于兴山县本地的电力生产基本是水电，在枯水季节，兴山县本地发电水平较低时，无法从县外输送足够的电力，因此兴山县工业生产的用电量一般会在枯水季节明显下降，县内工业生产活动将受到影响。根据"十四五"时期兴山县的能源规划，随着县内电力、电网建设的不断推进，供电瓶颈问题将得到改善和解决，装置开车率增加，包括兴发集团在内的产能将释放。经测算，兴发集团兴山县内的产能充分释放后，能源消耗水平将在2020年的基础上提高8%—9%。从2021年的实际生产情况来看，兴发集团本部生产基地的生产规模还在扩大。因此，在高能源消费情景下，工业部门将以兴发集团当前生产设备下的能耗峰值作为参考指标，考虑到未来技术进步的因素，根据兴发集团能耗在县内工业部门占比的变化趋势，假定兴山在2024—2025年，达到兴发集团生产技术潜力峰值，能耗也随之达到峰值。

建筑：根据兴山县的建筑总面积和单位面积能耗水平，可以大致估算出建筑部门的总能耗。在高能源消费情景下，考虑了兴山县居民的炊事用能开展电气化替代，在2035年完全实现电气化。同时，考虑了当地居民改善室内居住环境的用能需求，假设到2035年40%以上的家庭实现清洁供暖。此外，随着生活水平的提高，还假定兴山县居民日常生活用热水和照明需要的能源消耗也会小幅增加，因此预计从目前到2035年，建筑部门的用能会持续增加。

交通：目前，兴山县的千人拥有机动车数量要高于全国平均水平，这主要是县内千人拥有摩托车数量相对较高；但兴山县千人拥有家用汽车水平同宜昌或其他大城市相比，仍有提升空间。根据调研情况，预计随着城乡居民收入水平的提高，兴山县内的机动车保有量还会维持稳定上升趋势，机动车中无论是电动车和燃油车的比例，还是摩托车和汽车的比例都会出现显著的变化。在高能源消费情景下，将充分考虑兴山县的实际情况，预测到2035年兴山县机动车保有量总规模将达到5.83万辆，其中家用汽车将达到3.3万辆。由于电动汽车相比较于燃油汽车，在使用中具有节能、降碳、节省成本三重红利，交通领域的电气化替代既是实现减碳，也是实现能源消费水平下降的关键举措。由于截至2020年，兴山县内尚无家用电动汽车，目前县内缺乏电动汽车应用的基础设施配套，预计很难在短期内实现电动汽车快速替代燃油汽车。在高耗能情景下，参考2020年10月，国务院印发的《新能源汽车产业发展规划（2021—2035年）》，涉及公共领域新增或更新公交、出租、物流配送等车辆中，新能源汽车占比应不低于80%。假设兴山县从2023年每年新增车辆中，纯电动汽车比例达到80%，不考虑对原有机动车进行电气化替代。因此，高能源消费情景中，交通领域的能源消费将仍保持增长态势。

农业：兴山县的农业能耗水平相对较低，但随时间推移呈稳定增长趋势。"十三五"时期，兴山县农业能耗年均增长率约为3%。因此在高能源消费情景下，根据历史增长趋势，假定"十四五"时期农业能耗呈逐渐增加，随后逐渐下降的趋势。

**（2）低能源消费情景**

工业：兴山县工业主要的耗能生产活动黄磷生产，每生产1吨黄磷需要耗电14000千瓦时，耗煤2吨作为生产过程中的还原剂。尽管预计"十四五"时期，随着兴山县电力、电网建设的不断推进，黄磷生产的供电瓶颈问题将得到改善和解决，推动县内黄磷产量和电力消耗进一步提升，但由于目前国家对煤炭消费实行总量控制，并对省、市、县逐级进行目标考核，因黄磷生产的工艺技术水平限制，兴发集团目前无法实现煤炭的减量或替代。此外，兴山县工业企业较少（煤炭消费只有兴发集团和葛洲坝两家企业），兴山县煤炭消费削减只能由兴发集团和葛洲坝两家企业承担，这也可能约束兴山县未来黄磷生产技术潜力的利用空间。

建筑：在低能源消费情景下，假定兴山县并没有增加新的冬季供暖用能需求，只考虑了兴山县居民在炊事领域完成了电气化替代。总体而言，由于兴山县城镇居民人口规模不大，建筑的高能源消费与低能源消费情景间的能源消耗差距主要来自供暖替代和电气化替代带来的差距。

交通：在低能源消费情景下，假设除新增车辆外，兴山县也会加大各方面的投入力度，推动对既有燃油车进行电气化替代。假设在2025年首先实现公共交通汽车和农用车的全面电气化替代，2030年实现轻型货车和载重车的全面电气化替代，2035年实现家用小汽车和摩托车的全面电气化替代，以此保障2035年能努力提前实现碳中和。该情景下，除了考虑电气化进程外，还考虑了电动汽车电耗效率的提升，因此能源消费水平将随着电动车替代程度的提高而逐步下降。

农业：兴山县农业能源消耗在"十三五"时期的年均增长率为3%，但各年份差距较大。考虑到兴山县农业生产发展的相对稳定性，在低能源消费情景下，假定"十四五"时期，兴山县农业能源消费中用电消耗按10%的增速来算，农作物秸秆按15%的下降趋势来推算。

## 2. 能源需求预测结果

根据两种情景的设置，预计兴山县的工业部门能源消耗将在化工业的景气度和电力系统扩容的积极影响下，在"十四五"初期保持稳步增长的趋势，但高能源消费情景与低能源消费情景之间关于工业能耗峰值水平和达峰时间的假设略有区别，低能源消费情景考虑了控煤政策对兴山县支柱产业化工生产的影响。此外，兴发集团的产能并不是无限扩张，增加到一定程度之后就不再继续增长，基本接近于本地生产基地的产能极限。因此，到 2035 年，高能源消费情景下工业煤炭能源消费量达到 9.46 万吨标准煤，电力消费为 9.84 亿千瓦时；而低能源消费情景下工业煤炭能源消费量达到 7.75 万吨标准煤，电力消费为 8.80 亿千瓦时。

由于兴山县的城乡人均可支配收入水平不高，目前也没有集中性的供暖服务，单位面积建筑能耗水平也略低于全国平均水平，两种情景下都预计兴山县未来建筑领域的用能需求还将保持增长态势。两种情景都假定兴山县未来实现了炊事用能电气化，但是在供暖和其他生活用能方面的需求假设略有差异。在 2035 年，高能源消费情景下，建筑生活用能为 0.39 万吨标准煤，用电 9.25 亿千瓦时；低能源消费情景下，建筑生活用电 8.93 亿千瓦时。

未来，随着兴山县经济发展水平的提高和当地旅游业的迅速发展，兴山县的家用汽车和公共汽车数量仍有一定的增长空间。高能源消费情景仅考虑了对每年新增机动车数量的 80% 进行电气化替代，而低能源消费情景在此基础上对既有燃油车进行电气化替代，并在 2035 年完全实现交通领域的电气化替代。因此，在两种情景下，交通领域在 2035 年的能耗水平差距最大，高能源消费情景下燃油车成品油能耗为 2.29 万吨标准煤，电动车用电为 0.08 亿千瓦时；低能源消费情景下电动车用电为 0.73 亿千瓦时。

参考历史趋势，预计兴山县的农业用能需求还会稳定增加一段时间。尽管"十三五"时期兴山县的农业能耗年均增长率较高，但预计这种高速增长不会长期持续。高能源消费情景主要参考了历史增长率进行外推，而低能源消费情景考虑一个较低的农业用能增长率，且随着时间的推移，农业用能呈现下降的趋势。在两种情景下2035年兴山县农业用电需求预测结果分别为0.03亿千瓦时和0.02亿千瓦时。

根据分部门的能源消费情况进行预测，大致可以获得两种情景下兴山县能源消费的变化趋势（见图4-7、图4-8），高能源消费情景下，因为假定交通领域的电动车替代燃油车的推

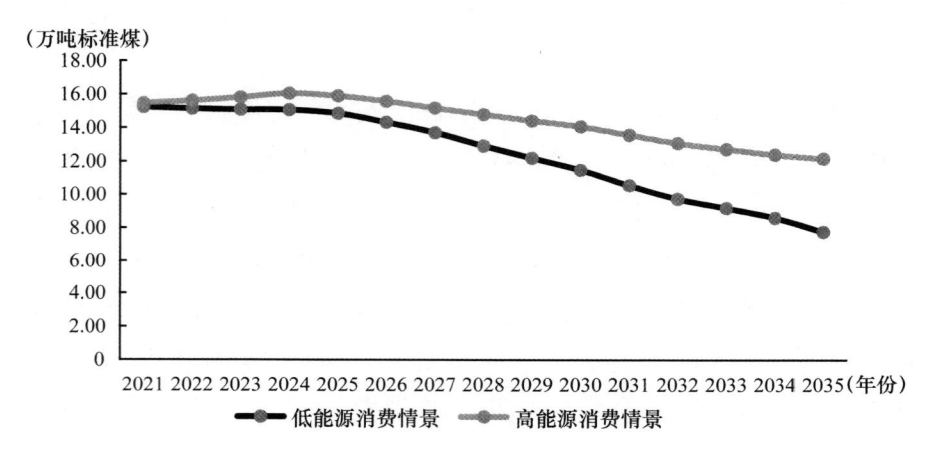

图4-7 兴山县化石能源消费总量分情景预测

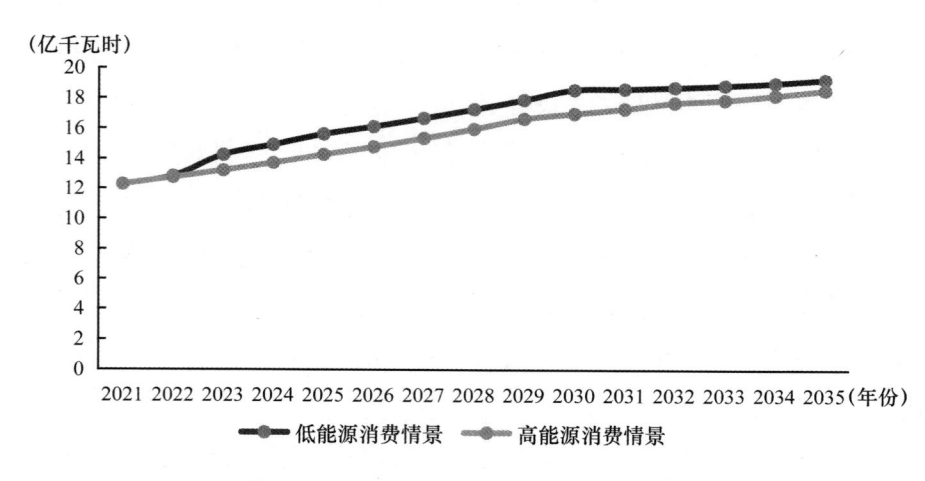

图4-8 兴山县电力消费总量分情景预测

进步伐较慢，全县总能源消费还将保持一个缓慢攀升的态势，到 2035 年化石能源消费总量达到 12.14 万吨标准煤，用电量消费为 19.19 亿千瓦时；而在低能源消费情景中，假定兴山县 2023 年就开始启动交通领域电动车替代行动，且推进力度很大，在 2035 年能够实现电动车对燃油车的全面替代，而工业部门也会主动谋求转型，尽早实现能源消费达峰，建筑领域的用能需求保持合理的增长速度，农业领域用能也呈现逐渐下降的趋势，到 2035 年化石能源消费总量达到 7.75 万吨标准煤，用电量消费为 18.49 亿千瓦时。

# 五　兴山县碳排放与碳汇核算

## （一）碳排放核算方法

针对城市或社区单元的温室气体核算能够帮助厘清城市或者单元温室气体排放量的多少以及变化趋势，从而更好地识别相应的排放源，为城市进行低碳规划实施和评估、考核温室气体排放目标的分解提供更加准确的依据。[①] 针对城市层面碳核算的《城市温室气体核算国际标准（测试版1.0）》（Global Protocol for Community-Scale Greenhouse Gas Emissions, Pilot Version 1.0，简称GPC）为城市碳排放核算提供了技术指导。在该标准问世之前，国际地方政府环境理事会（ICLEI）和世界银行（World Bank，WB）等国际机构都曾提出或发布过不同的国际标准，但是一直无法达成共识。因此，这个《城市温室气体核算国际标准（测试版1.0）》为全球范围内统一的城市温室气体核算提供了参考，截至该标准发布时，共有35个城市加入了试点。试点城市将根据《城市温室气体核算国际标准（测试版1.0）》的要求编制温室气体清单，并通过研讨会等活动定期交流经验。试点城市的反馈将帮助改进《城市温室气体核算国际

---

[①] 庄贵阳、白卫国、朱守先：《基于城市电力消费间接排放的城市温室气体清单与省级温室气体清单对接方法研究》，《城市发展研究》2014年第2期。

标准（测试版1.0）》，并为其他城市核算和管理其温室气体排放提供经验。①

根据该标准，可以对城市中的能源活动、工业生产过程、农业活动、土地利用变化和林业，以及废弃物处理所引起的温室气体排放进行全面核算。② 核算范围涵盖了《京都议定书》规定的六种温室气体。同时，还考虑了跨边界交通和跨边界废弃物处理产生的温室气体排放。遵循相关性、完整性、一致性、透明性、准确性及可行性六项原则。

从具体的核算方法看，针对城市的温室气体核算包括以下几个步骤：首先是确定温室气体核算边界，包括地理边界和温室气体种类，以及由地理边界引申出对"直接排放"和"间接排放"的定义；接着是明确需要核算和报告的温室气体排放源；然后是确定计算方法，根据计算方法收集数据；最后计算得出温室气体排放核算结果并加以报告。针对城市的排放核算中，为了避免重复计算，同时能够区分城市的各种经济社会活动伴随的直接排放与间接排放，一般将相关排放划分为三个范围。本书结合兴山县能源结构的实际情况，在应用三个范围核算中面对的具体问题，重新界定了碳核算的三个范围。

一是范围1排放测度。对于范围1产生的排放，通常根据活动水平和排放因子数据进行测算。基于温室气体排放产生的主要来源和组成部分，包括能源活动、农业活动、工业生产过程、土地利用变化和林业、废弃物处理等。目前，在城市层面碳排放核算的过程中，通过对相关数据的收集与处理基本能够完成在该范围边界内的碳核算。但是，针对具体的排放因子标准确定问题，仍然存在一些困难，可以参考IPCC清单指南，根据测算需求，分

---

① 蔡博峰：《国际城市$CO_2$排放清单研究进展及评述》，《中国人口·资源与环境》2013年第10期。
② 丛建辉、刘学敏、王沁：《城市温室气体排放清单编制：方法学、模式与国内研究进展》，《经济研究参考》2012年第31期。

级测算不同来源的碳排放规模。在层级 1 运用缺省排放因子，层级 2 运用特定国家和地区的排放因子，层级 3 运用具体排放源的排放因子，从层级 1 到层级 3，方法复杂性和精确性都逐级提高。① 为了避免重复计算的问题，范围 1 并不考虑外调电力产生碳排放的核算，因此最终计算的碳排放规模相对较小。

二是范围 2 排放测度。电力、热力部门是产生温室气体的重要排放源。② 与此同时，电力生产和消费的城市间分布极不均衡，会出现较为复杂的电力的调入、调出，导致电力转移排放难以清晰溯源，不同的测算方法导致各城市排放结果出现较大的差异。IPCC 提供的排放指南主要针对国家和区域层面，因此，并未要求计算外购电力的排放，也没有提供指导性的估算方法。在城市碳排放核算中考虑电力调入、调出产生的间接排放是城市排放清单与国家排放清单的重要区别。由于在进行城市电力调入、调出的碳排放核算中并没有可供参考的标准，各地发电能源结构也各不相同，很难提供统一性的排放因子，这导致测算有一定的难度。目前在实际测算中通常采取以下几种方法来确定碳排放因子：采用所属地电网的区域排放因子；采用全国各电网排放因子的均值；对外购电进行物理溯源，定位到具体的购电来源发电厂，对于能够明确发电来源的外购电，根据具体发电厂的发电能源结构进行估算，对于难以溯源到具体发电厂的外购电，就用电网整体的发电能源结构估算综合排放因子。③ 在实际中，很多城市可能既有电力调入又有电力输出，外购电源结构也很发达，往往需要综合采用多种估算方法，

---

① 丛建辉、刘学敏、赵雪如：《城市碳排放核算的边界界定及其测度方法》，《中国人口·资源与环境》2014 年第 4 期。
② 《电力和热力生产的二氧化碳排放量（占总燃料燃烧的百分比）》，世界银行，https://data.worldbank.org.cn/indicator/EN.CO2.ETOT.ZS。
③ 高世楫、俞敏：《"双碳"促进人类可持续发展》，《今日中国》2022 年第 1 期。

大致估算相关的碳排放水平。

三是根据发电结构调整后的范围2排放测度。这里考虑的第三种测算范围与《城市温室气体核算国际标准（测试版1.0）》中提出的测算原则和范围不同，并不考虑原材料异地生产、跨边界交通、购买的产品和服务，以及跨边界废弃物处理和产品使用产生的排放，而是对电力排放系数进行修正。目前电力碳排放系数主要是参考地区或电网整体排放系数对用电量产生的碳排放进行测算，而没有考虑发电结构的地区差异。对于兴山县这样本地发电基本是水电、太阳能光伏发电的电源结构，按照范围2测算方法，会高估电力系统实际产生的碳排放。因此本书根据兴山县实际的电力供应结构重新进行测算，本地零碳电力供应不再计算碳排放，从而能够合理反映兴山县的实际碳排放水平。

## （二）碳核算方法结果

兴山县能源消费中产生碳排放的能源类型主要包括煤炭、汽油、柴油、天然气和外调电力等。经济生活中，二氧化碳的排放主要来自化石燃料的燃烧以及黄磷和水泥的生产过程，在进行实际测算过程中，考虑到兴山县能源消费构成情况，计算兴山县煤炭、汽油、柴油、天然气和电力使用产生的$CO_2$排放量，没有考虑其他领域产生的温室气体排放。

根据产生碳排放的来源，大致可以根据以下方法分别测算兴山县的碳排放水平。

**1. 化石能源燃料使用产生的碳排放**

IPCC针对国家层面的温室气体排放和核算编制了一系列的《国家温室气体清单指南》及配套文件，对排放核算方法进行了权威阐释。对兴山县交通领域使用成品油和生活用能领域天然

气的使用产生的碳排放进行测算,主要参考了《2006年IPCC国家温室气体清单编制指南》,具体公式如下:

$$TCO_2 = \sum_{i=1}^{3} CO_{2,i} = \sum_{i=1}^{3} E_i \times NCV_i \times CEF_i \times COF_i \times \left(\frac{44}{12}\right) \quad (1)$$

其中,$TCO_2$代表二氧化碳排放总量,$CO_{2,i}$是第$i$种能源,$E_i$代表能源消耗量,$NCV_i$是第$i$种能源的净热值,$CEF_i$是含碳量,$COF_i$是碳氧化因子。

由于兴山县化石能源作为燃料使用的主要是汽油、柴油和天然气三类,在计算中,参考国内计算中主流使用的能源折标系数和碳排放系数(见表5-1),采用简化计算公式可以大致测算出成品油和天然气使用产生的碳排放水平。

$$TCO_2 = \sum_{i=1}^{3} CO_{2,i} = \sum_{i=1}^{3} E_i \times TF_i \times EF_i \times \left(\frac{44}{12}\right) \quad (2)$$

其中,$E_i$表示燃料$i$的消费水平,$TF_i$是这种燃料的折标系数,$EF_i$是燃料$i$的碳排放系数。

表5-1　　　　　　　　能源折标系数和碳排放系数

|  | 煤炭 | 汽油 | 柴油 | 天然气 |
| --- | --- | --- | --- | --- |
| 折标系数<br>(千克标准煤/千克) | 0.7143 | 1.4714 | 1.4571 | 1.2150 |
| 碳排放系数<br>(吨/吨标准煤) | 0.7559 | 0.5538 | 0.5921 | 0.4483 |

资料来源:标准煤数据来源于《中国统计年鉴》,碳排放系数数据来源于IPCC Guidelines for National Greenhouse Gas Inventories (2006)。

### 2. 煤炭作为工业生产原料产生的碳排放

兴山县的煤炭主要用于工业生产用途,在这一过程中也会产生碳排放,根据国家发改委发布的《中国化工生产企业温室气体排放核算方法与报告指南(试行)》提供的化石燃料用作原材料产生的$CO_2$排放核算方法,根据原材料输入的碳量以及产品输出的碳量按碳质量平衡法计算。①

$$E_{CO_2}\text{原料} = \left\{\sum_r (AD_r \times CC_r) - \left[\sum_p (AD_p \times CC_p) + \sum_w (AD_w \times CC_w)\right]\right\} \times \frac{44}{12} \quad (3)$$

其中，$E_{CO_2}$原料为化石燃料和其他碳氢化合物用作原材料产生的$CO_2$排放，单位为吨；$r$为进入企业边界的原材料种类，如具体品种的化石燃料、具体名称的碳氢化合物、碳电极以及二氧化碳原料；$AD_r$为原材料$r$的投入量，固体或液体原料以吨为单位，气体原料以万标准立方米为单位；$CC_r$为原材料$r$的含碳量，固体或液体原料以吨碳/吨原料为单位，气体原料以吨碳/万标准立方米为单位；$p$为流出企业边界的含碳产品种类，包括各种具体名称的主产品、联产品、副产品等；$AD_p$为含碳产品$p$的产量，固体或液体产品以吨为单位，气体产品以万标准立方米为单位；$CC_p$为含碳产品$p$的含碳量，固体或液体产品以吨碳/吨产品为单位，气体产品以吨碳/万标准立方米为单位；$w$为流出企业边界且没有计入产品范畴的其他含碳输出物种类，如炉渣、粉尘、污泥等含碳的废物；$AD_w$为含碳废物$w$的输出量，单位为吨；$CC_w$为含碳废物$w$的含碳量，单位为吨碳/吨废物。

由于兴山县的煤炭用于当地企业兴发集团的黄磷生产用途，式（3）提供了根据前文的计算方法大致测算的白煤在生产用途中的排放系数为2.823吨$CO_2$/吨，可以基于该系数计算每年煤炭在工业用途中产生的碳排放量。

### 3. 电力消费产生的碳排放

对于电力消费产生的碳排放的计算，考虑到省际的电力调度，采用区域电网的排放因子来计算电力排放，具体的计算公式如下：

---

① 李伟、王成鹏、徐从海：《建设项目碳排放环境影响评价分析及建议》，《环境生态学》2022年第5期。

$$C_i = (SG_i - SG_{oi} + SG_{Ii}) \times \beta \quad (4)$$

其中，$C_i$ 是计算得到的电力碳排放量，$SG_i$、$SG_{oi}$ 和 $SG_{Ii}$ 分别为区域 $i$ 的总发电量、调出量和调入量，$\beta$ 为区域电网排放因子，根据兴发集团提供的电网排放因子，取值 2.823。

## （三）不同测度方法下碳排放总量分析

经过计算，三种范围下兴山县碳排放总量的计算结果如表 5-2 所示。

表 5-2　不同范围下兴山县 2016—2020 年碳排放相关情况

| | 年份 | 碳排放总量（万吨） | 人均碳排放（吨标准煤当量/人） | 碳排放强度（吨标准煤当量/万元） | 能源强度（吨标准煤当量/万元） |
|---|---|---|---|---|---|
| 范围 1 | 2016 | 48.88 | 2.90 | 0.47 | 0.39 |
| | 2017 | 57.40 | 3.44 | 0.52 | 0.39 |
| | 2018 | 54.92 | 3.32 | 0.47 | 0.35 |
| | 2019 | 49.86 | 3.04 | 0.38 | 0.31 |
| | 2020 | 39.75 | 2.45 | 0.32 | 0.30 |
| 范围 2 | 2016 | 72.64 | 4.30 | 0.69 | 0.39 |
| | 2017 | 82.77 | 4.96 | 0.74 | 0.39 |
| | 2018 | 79.06 | 4.78 | 0.67 | 0.35 |
| | 2019 | 79.13 | 4.83 | 0.61 | 0.31 |
| | 2020 | 59.73 | 3.68 | 0.48 | 0.30 |
| 根据发电结构调整后的范围 2 | 2016 | 54.19 | 3.21 | 0.52 | 0.39 |
| | 2017 | 63.19 | 3.78 | 0.57 | 0.39 |
| | 2018 | 61.37 | 3.71 | 0.52 | 0.35 |
| | 2019 | 57.91 | 3.53 | 0.44 | 0.31 |
| | 2020 | 45.36 | 2.79 | 0.37 | 0.30 |

资料来源：《兴山县"十四五"能源发展规划》。

根据上述三种范围所描述的测算方法，对兴山县整体碳排放情况进行分析，对比三个范围下兴山县碳排放总量、人均碳排放、碳排放强度和能源强度的变化趋势。可以发现，范围1测度方法下，2016—2020年这五年的二氧化碳排放总量为250.81万吨，年平均碳排放量为50.162万吨，2016—2020年，碳排放总量累计下降约17.77%，人均碳排放累计下降约14.55%，碳排放强度累计下降约30.53%，能源强度累计下降约24.43%；范围2测度方法下，2016—2020年这五年的二氧化碳排放总量为373.34万吨，年平均碳排放量为74.67万吨，2016—2020年，碳排放总量累计下降约14.90%，人均碳排放累计下降约11.57%，碳排放强度累计下降约28.10%，能源强度累计下降约24.43%；根据发电结构调整后的范围2测度方法下，2016—2020年这五年的二氧化碳排放总量为282.02万吨，年平均排放量为56.40万吨，2016—2020年，碳排放总量累计下降约16.30%，人均碳排放累计下降约13.03%，碳排放强度累计下降约29.29%，能源强度累计下降约24.43%。

整体来看，由于整体化石能源消费水平呈稳中趋降的态势，因此兴山县的碳排放水平也随之呈现波动下降的趋势，人均碳排放和碳排放强度水平也不高，因此具有较好的碳中和基础，通过进一步优化能源结构，压减化石能源的消费水平，有可能尽早实现碳中和目标。

## （四）部门碳排放测算结果分析

通过具体分析各部门的碳排放情况，一方面可以厘清兴山县内部的碳排放结构，另一方面也能够发现兴山县实现碳达峰、碳中和的重点和难点，从而有针对性地采取相应措施来确保不同部门的碳排放水平能够尽快达峰并加速下降。

**1. 工业部门碳排放计算及分析**

目前，中国关于工业及其各部门碳排放的研究中，研究者通常根据可获得的能源品种消费量和相对应的能源碳排放系数测算出国家、地区以及部门的碳排放数据。本书参考 IPCC 发布的《2006 年 IPCC 国家温室气体清单编制指南》中提供的碳排放测算方法学指南，对工业各部门的碳排放量进行测算，通过计算三种核算边界下兴山县工业部门碳排放的变化情况，来厘清工业内部的结构构成，得到的具体计算结果如表 5-3 所示。

表 5-3　　　　不同范围下兴山县工业部门碳排放情况　　（单位：万吨，%）

| | 年份 | 煤炭碳排放 | 电力碳排放 | 碳排放总量 | 占总碳排放比重 |
|---|---|---|---|---|---|
| 范围 1 | 2017 | 43.50 | 0 | 43.50 | 75.77 |
| | 2018 | 40.74 | 0 | 40.74 | 74.18 |
| | 2019 | 34.63 | 0 | 34.63 | 69.45 |
| | 2020 | 25.97 | 0 | 25.97 | 65.34 |
| 范围 2 | 2017 | 43.50 | 21.70 | 65.20 | 78.77 |
| | 2018 | 40.74 | 18.19 | 58.94 | 74.54 |
| | 2019 | 34.63 | 21.73 | 56.36 | 71.23 |
| | 2020 | 25.97 | 12.88 | 38.85 | 65.04 |
| 根据发电结构调整后的范围 2 | 2017 | 43.50 | 4.85 | 48.35 | 76.51 |
| | 2018 | 40.74 | 4.07 | 44.81 | 73.01 |
| | 2019 | 34.63 | 4.86 | 39.49 | 68.18 |
| | 2020 | 25.97 | 2.88 | 28.86 | 63.61 |

注：2016 年工业碳排放统计口径数据包括兴山县域地理范围外的排放量，故不纳入统计范围。

从表 5-3 中可以看出，通过计算得到三种不同范围下，兴山县工业部门碳排放水平大小也存在明显的差异。范围 1 下，2017—2020 年兴山县工业部门碳排放总量为 144.84 万吨，年平均碳排放量为 36.21 万吨。其中，2016 年由于统计口径的不同，既考虑了兴山县域范围内的企业，又考虑了兴山县企业的外地子公司的能源消费和碳排放，故不纳入统计范围。2017 年碳排放量为 43.50 万吨，2020 年为 25.97 万吨，累计下降约 40.29%。范围 2 下，2017—2020 年兴山县工业部门碳排放总量为 218.85 万吨，年平均碳排放量为 54.71 万吨，2017 年碳排放量为 65.20 万吨，2020 年为 38.85 万吨，累计下降 40.41%。根据发电结构调整后的范围 2 下，2017—2020 年兴山县工业部门碳排放总量为 161.51 万吨，年平均碳排放量为 40.38 万吨，2017 年碳排放量为 48.35 万吨，2020 年为 28.86 万吨，累计下降 40.31%。从整体的碳排放趋势来看，工业部门的碳排放总量呈现逐年下降的趋势，反映了工业部门电气化程度不断提高，工业生产中能源结构清洁化趋势明显。

### 2. 建筑部门碳排放计算及分析

兴山县建筑部门的能源消费主要以电力为主，故需要考虑到不同范围的测算方法下，电力排放因子不同带来的差异性，计算结果如表 5-4 所示。

表 5-4　　　不同范围下兴山县建筑部门碳排放情况　　（单位：万吨,%）

|  | 年份 | 碳排放总量（万吨） | 占总碳排放比重 |
| --- | --- | --- | --- |
| 范围 2 | 2016 | 6.22 | 8.56 |
|  | 2017 | 7.42 | 8.97 |
|  | 2018 | 9.67 | 12.23 |
|  | 2019 | 11.79 | 14.90 |
|  | 2020 | 11.10 | 18.58 |
| 根据发电结构调整后的范围 2 | 2016 | 3.94 | 7.26 |
|  | 2017 | 4.70 | 7.44 |
|  | 2018 | 6.12 | 9.98 |
|  | 2019 | 7.47 | 12.89 |
|  | 2020 | 6.74 | 14.86 |

资料来源：兴山县发改局。

如表5-4所示，采用范围2的测算方法下，建筑部门2016—2020年碳排放总量为46.20万吨，年平均碳排放量为9.24万吨；而考虑发电结构调整后的范围2下，兴山县建筑部门2016—2020年碳排放总量为28.97万吨，年平均碳排放量为5.79万吨。整体来看，兴山县建筑部门碳排放总量呈现波动上升的趋势。

**3. 交通部门碳排放计算及分析**

通过查阅文献了解到，目前关于城市交通碳排放的核算方法大体可分为两种。一种是"自上而下"（up-down）的核算方法，即基于给定地区各种交通燃料的消费或销售数据，再参考IPCC指南中提供的分燃料品种碳排放系数，匡算出地区范围内的交通碳排放总量结果。另一种是"自下而上"（bottom-up）的核算方法，即基于各种不同的模型工具估算出各种交通方式的碳排放因子；再收集不同交通方式的交通历程数据，将其作为活动水平，将活动水平和排放因子相乘，即可估算出交通领域的碳排放水平。从核算原理来看，采用"自上而下"的核算方法结果更加准确，但是在具体计算过程中需要掌握各种交通方式所消耗的燃料类型及其消费量，并且计算结果只是交通领域的直接碳排放，对于各种交通用能生产过程中伴随的间接碳排放并未考虑。而采用"自下而上"的核算方法，其比较简单、易于操作，但是由于存在测算模型的差异性，结果可能出现误差。[①] 考虑到兴山县具体的数据收集情况，本书采用"自上而下"的核算方法，依据各种交通燃料的消耗数据和相应的燃料排放系数来进行计算，燃料排放系数参考《2006年IPCC国家温室气体清单编制指南》。

根据获取的数据情况，兴山县交通出行方式主要有家用小

---

① 王慧慧、余龙全、曾维华：《基于职居分离调整的北京市交通碳减排潜力研究》，《中国人口·资源与环境》2018年第6期。

汽车、轻型货车、载重车、公共交通、农用车和摩托车等，从加油站获取的2016—2020年交通燃料的销售情况，并经过计算得到交通部门的碳排放情况。

如表5-5所示，通过计算得到2016—2020年兴山县交通部门的碳排放总量为51.04万吨，年平均碳排放量为10.21万吨，在兴山县整体碳排放中占比可观。

表5-5　　　　　　兴山县交通部门碳排放　　　　（单位：万吨，%）

|  | 碳排放总量 | 占总碳排放比重 ||
|---|---|---|---|
|  |  | 范围2 | 根据发电结构调整后的范围2 |
| 2016年 | 9.85 | 13.56 | 18.18 |
| 2017年 | 10.12 | 12.23 | 16.02 |
| 2018年 | 10.41 | 13.17 | 16.97 |
| 2019年 | 10.93 | 13.82 | 18.88 |
| 2020年 | 9.73 | 16.30 | 21.46 |

### 4. 农业部门碳排放计算及分析

从现有的文献资料来看，[1] 农业部门的温室气体排放主要来源于以下几方面：一是农用能源消耗；二是农地利用；三是人工湿地，主要指水稻生长发育过程中产生甲烷；四是反刍动物养殖中肠道发酵和粪便管理的甲烷和氧化亚氮；五是农业废弃物，主要是秸秆燃烧。考虑到兴山县农业数据的实际情况，本书只考虑农业生产过程中电力能源消耗间接带来的 $CO_2$ 排放，不考虑甲烷等其他温室气体的排放，不考虑薪柴产生的碳排放。因此，通过计算不同范围下产生的排放量，来分析农业部门碳排放的变化趋势，如表5-6所示。

---

[1]　尚杰、杨果、于法稳：《中国农业温室气体排放量测算及影响因素研究》，《中国生态农业学报》2015年第3期。

表 5-6　　　　兴山县农业部门碳排放总量变化情况　　　（单位：万吨,%）

| | 年份 | 碳排放总量 | 占总碳排放比重 |
|---|---|---|---|
| 范围 2 | 2016 | 0.09 | 0.13 |
| | 2017 | 0.03 | 0.04 |
| | 2018 | 0.04 | 0.05 |
| | 2019 | 0.04 | 0.05 |
| | 2020 | 0.05 | 0.08 |
| 根据发电结构调整后的范围 2 | 2016 | 0.06 | 0.11 |
| | 2017 | 0.02 | 0.03 |
| | 2018 | 0.02 | 0.04 |
| | 2019 | 0.02 | 0.04 |
| | 2020 | 0.03 | 0.07 |

资料来源：兴山县发改局。

经过统计和计算，可以得到兴山县农业碳排放总量的变化情况。考虑发电结构的范围 2 下，2016—2020 年农业碳排放总量为 0.15 万吨，年平均碳排放总量为 0.03 万吨。整体来看，农业部门产生的碳排放量在兴山县整体碳排量中所占的比重较小，这是因为兴山县农业部门能源消耗主要以电力和薪柴为主，所产生的二氧化碳排放量水平相对较低。

## （五）兴山县碳汇发展情况

**1. 碳汇的概念及对实现碳中和的作用**

实现碳中和一方面要求通过绿色低碳技术升级减少二氧化碳的排放，另一方面还可以通过增加植树造林、碳捕获等方式来增加碳封存量，两者要齐头并进，共同发挥重要作用。《京都议定书》中明确了碳汇对于积极应对气候变化发挥的重要作用。碳汇是指从大气层中吸收、储存或清除温室气体的过程、活动和机制，可以通过森林、耕地、草原、湿地、岩溶和海洋等生态系统来吸收大气层中的其他排放，因此与农业中的一些基本活动与行业都相关。① 因此，自然生态系统在这个过程中发挥着重要的作用，可以通过陆地和海洋生态系统形成的碳库来对大气中的碳进行"收集"，从而有效吸收大气中产生的二氧化碳。②

要实现碳中和目标，必须充分挖掘生态系统的碳汇、增汇潜力，具体包括森林生态系统、耕地生态系统、草原生态系统、湿地生态系统、海洋生态系统等，从而更好地发挥生态系统碳汇、增汇带来的抵消碳排放的作用。2008年世界银行在其所发布的报告中，首次提出以"基于自然的解决方案"（NBS）来应对全球性的气候变化。③ 以森林、草原、湿地、海洋等为主体的生物固碳措施，通过增加自然的生物多样性能够提升生态碳汇能力。按照国际权威组织发布的全球森林资源评估结果，截至2020年，全球森林总面积达到40.6亿公顷，森林碳储量也有将近6620亿吨的规模。从我国的森林生态系统潜力来看，森林总面积达到2.2亿公顷，其中，森林蓄积量水平也有将近175.6亿立方米，总的碳储量达到91.86亿吨，具有巨大的固碳潜力。从现有研究资料中可以看到，整个陆地生态系统中，森林固碳的贡献率接近80%。④

从碳汇可以发挥的职能来看，其具有吸收、固定从而移出大气中二氧化碳的能力。碳汇是地球生物循环碳，其属性为气候中性碳，植物通过光合作用吸收固定的$CO_2$，在经过一系列循环之后又能回到大气中去，在这样的循环过程中，进而形成一

---

① 杜谦泰：《探讨提高森林碳汇能力的有效途径》，《环境与生活》2014年第12期。

② 李海奎：《碳中和愿景下森林碳汇评估方法和固碳潜力预估研究进展》，《中国地质调查》2021年第4期。

③ 罗明、应凌霄、周妍：《基于自然解决方案的全球标准之准则透析与启示》，《中国土地》2020年第4期。

④ 张守攻：《提升生态碳汇能力》，《上海企业》2021年第7期。

种自然平衡，但是这种循环也不是无限性的。同时，这种循环作用吸收的碳排放与化石能源产生的碳排放之间存在很大的差异性。从我国在西南地区开展的碳汇项目来看，假设碳汇项目的周期按照 25 年的时间来测算，每年可以吸收的碳汇量约为 10 吨 $CO_2$/公顷。① 通过查阅政府权威部门发布的统计数据，全国总的森林面积达到 2.2 亿公顷，森林蓄积也有 175.6 亿立方米；此外，从森林植被总生物量的统计数据来看，全国总量达到 188.02 亿吨，总碳储量达到 91.86 亿吨。相关研究资料数据表明，全国森林每年的固碳量可以达到 4.34 亿吨，② 如果对比我国以化石能源为主产生的碳排放总量，这种固碳量发挥的作用可谓十分有限。同时，如果缺少水资源，生态系统无法延续，植物无法长久地生产下去，不能进行光合作用，就不能将碳排放予以转化，也就不能提供碳汇。③

因此，碳汇发挥的潜力并不是无限扩大的，对于实现碳中和的贡献力方面，可以更好地发挥辅助作用，但是无法起到决定性作用。④ 通过生态系统碳汇、增汇来减少碳排放，从某种意义上来讲，是基于自然的解决手段来进行，这种潜力应该尽力去挖掘并充分释放。但是，我们也要看到，碳汇在碳中和革命中的作用只能是辅助性的和补充性的。⑤ 通过基于自然的解决方案，充分实现自然的价值去提高碳汇潜力，对于推进碳中和工

---

① 吕植：《中国森林碳汇实践与低碳发展》，北京大学出版社 2014 年版。

② 国家林业和草原局：《中国森林资源报告（2014—2018）》，中国林业出版社 2019 年版。

③ 中国工程院：《我国干旱半干旱地区农业现状与发展前景》，高等教育出版社 2013 年版。

④ 潘家华：《碳中和：需要颠覆性技术创新和发展范式转型》，《三峡大学学报》（人文社会科学版）2022 年第 1 期。

⑤ 潘家华：《碳中和革命的发展范式转型与整体协同》，《阅江学刊》2022 年第 1 期。

作能够有重要的影响，一方面要扩大生态系统碳汇规模来实现碳汇增量；另一方面要加强资源保护，减少碳库损失，从而使碳汇在实现中国碳中和的进程中发挥重要的支撑作用。

**2. 碳汇核算方法**

通过查阅相关研究资料，现有的森林碳储量、碳汇量的计算方法也比较丰富和全面，包括生物量法、蓄积量法、碳密度法、碳平衡法等，部分方法虽然计算比较科学合理，但是计算过程比较繁琐和复杂。[①] 考虑到计算方法的实用性、可操作性以及研究数据的可获得性等因素，本书采用森林蓄积量法进行碳储量和碳汇量测算，从而对森林碳汇潜力进行更加准确的衡量。蓄积量法的主要原理是通过将森林优势树种抽样实测得到的单位蓄积生物量乘以总蓄积量得到总生物量，然后乘以含碳系数即为碳储量。该方法具有一定的准确性和可信度，如采用该方法在我国第七、第八次森林资源碳储量中进行测算和应用，通过对比发现，测算出来的数据与国家林草局正式公布的森林碳储量和碳汇量的监测数据十分接近，准确度也达到了90%以上，[②] 进一步证实了该方法的合理性。

同时，森林碳汇核算分研究对象的不同，主要包括两个维度：一是区域级的，基于面状的核算，核算的研究对象是某个地区，但是存在核算尺度比较大，不够具体、细致等问题；二是CDM项目级的，该核算方法的特点是比较具体、细致，是基于某一些具体场景，比如种树或者森林经营。因此，考虑到兴山县实际数据情况，根据联合国政府间气候变化专门委员会发布的《2006年国家温室气体清单指南》中对碳汇的定义和要求

---

① 郁婷婷、李顺龙：《黑龙江省森林碳汇潜力分析》，《林业经济问题》2006年第6期。
② 张颖、潘静：《森林碳汇经济核算及资产负债表编制研究》，《统计研究》2016年第11期。

来计算森林碳汇潜力。

### 3. 碳汇测算结果分析

本书主要采用森林蓄积量扩展法进行碳储量、碳汇量的测算,按照 IPCC 指南中的要求,需要扣除土地利用变化过程中产生的排放,即森林由林地转化为无林地过程中,由于建筑施工、修路和建桥等产生的排放。在对兴山县碳汇进行计算时,考虑到实际统计数据获取难度较大,并且这部分活动产生的排放量较小,对计算结果产生的作用影响不大,因此,研究计算中并未考虑这部分活动产生的排放。另外,需要说明的是,采用森林蓄积量来计算时主要依据的是森林每年蓄积量的变化情况,为了确保计算结果的合理性和准确性,本书在兴山县林业局提供的基础数据上,对森林蓄积量进行了一定程度的修正,从而保证计算结果在实际应用中更具有合理性,具体的计算结果如表 5-7 所示。

表 5-7 显示的是采用森林蓄积量扩展法计算的兴山县 2016—2020 年森林碳汇量及潜力情况。可以看到,2016—2020 年兴山县森林覆盖率呈现逐步上升的趋势,到 2020 年,单位蓄积量为 75.00 立方米/公顷,高于全国平均水平的 73.56 立方米/公顷。森林碳储量是指林木含碳量的多少,一般来说,森林碳储量的估算主要是指地上部分,指的是林木固碳能力的大小,而森林资源碳储量可以细分为林木固碳量、林下植物固碳量和林地固碳量三个部分。[①] 因此,森林资源碳储量可以简化等于 $(1+\alpha+\beta) \times Vf \times \delta \times \rho \times m$。其中的参数均参考《2006 年 IPCC 国家温室气体清单指南》中农业、林业和其他土地利用中的参数系数,$\alpha$ 为林下植被生物体量与森林蓄积量的比例系数,取

---

[①] 张颖、李晓格:《碳达峰碳中和目标下北京市森林碳汇潜力分析》,《资源与产业》2022 年第 1 期;S. Eggleston, et al., "2006 IPCC Guidelines for National Greenhouse Gas Inventories. V. 4. Agriculture, Forestry and Other Land Use", 2006。

表 5-7 森林蓄积量扩展法测算的兴山县森林碳汇潜力

| | 森林覆盖率（%） | 森林面积（万公顷） | 林木生物量（万立方米） | 林下植被生物量（万立方米） | 林地部分生物量（万立方米） | 单位蓄积量（立方米/公顷） | 森林资源碳储量（万吨） | 森林碳密度（吨/公顷） | 森林碳储量（万吨） | 森林碳汇量（万吨） | 森林碳汇潜力（万吨） |
|---|---|---|---|---|---|---|---|---|---|---|---|
| 2016 年 | 79.21 | 18.44 | 2291.61 | 235.19 | 1500.40 | 65.41 | 1397.31 | 29.89 | 551.19 | 2020.67 | — |
| 2017 年 | 79.32 | 18.47 | 2392.42 | 245.54 | 1566.41 | 68.19 | 1458.78 | 31.16 | 575.44 | 2109.57 | 88.90 |
| 2018 年 | 79.43 | 18.49 | 2470.19 | 253.52 | 1617.32 | 70.31 | 1506.20 | 32.13 | 594.15 | 2178.14 | 68.59 |
| 2019 年 | 79.55 | 18.52 | 2554.55 | 262.18 | 1672.56 | 72.60 | 1557.64 | 33.18 | 614.44 | 2252.52 | 74.38 |
| 2020 年 | 80.02 | 18.63 | 2787.68 | 286.10 | 1825.20 | 75.00 | 1618.69 | 34.28 | 638.52 | 2340.82 | 88.29 |

资料来源：兴山县林业局。

值 0.195；β 为林地地下生物体量与森林蓄积量的比例系数，取值 1.244；Vf 为森林总的蓄积量；δ 为以林木为主体，包括根、干、叶的生物体量与林木蓄积量的比例系数，取值 1.90；ρ 为容积密度，一般取 0.45 吨/立方米—0.5 吨/立方米，本书取值 0.5 吨/立方米；m 代表含碳率（即将生物量干重转换成固碳量的换算系数），取值 0.5。可以计算出来兴山县历年的森林资源碳储量。森林碳密度可以简化等于 $V1f × δ × ρ × m$，其中 $V1f$ 表示单位蓄积量的大小，以此可以计算出兴山县历年森林碳密度的变化，森林碳储量为森林面积和森林碳密度的乘积，森林碳汇量由碳储量乘以 3.666 得到，到 2020 年，兴山县森林碳汇量为 2340.82 万吨，而碳汇的增量反映了兴山县森林碳汇的潜力，通过计算可以得到 2017—2020 年，兴山县森林碳汇的潜力分别为 88.90 万吨、68.59 万吨、74.38 万吨和 88.29 万吨。

## （六）兴山县碳流现状分析

根据计算以及预测的结果，本书进一步将兴山县 2020 年能源供给、消费、碳排放以及碳汇的情况纳入统一分析框架，进行梳理，结果如图 5-1 所示。

从图 5-1 中反映的能源和碳排放信息，可以进一步总结出兴山县能源消费和碳排放的一些基本特征。首先，兴山本地没有化石能源生产的基础，化石能源供应基本依靠外调，其中，煤炭能源消费占比最大；其次，兴山县具有较好的零碳能源发展基础，具体来说，小水电发展占比较高，具有一定的太阳能、风能利用潜力，生物质能灵活性高，未来在构建能源供应体系中能够发挥重要作用；再次，工业是能源消费的重点部门，煤炭在工业领域的原料用途产生了刚性的碳排放；最后，兴山县具有较好的碳汇增量潜力，通过利用森林碳汇、增汇潜力，可以更好地吸收、抵消其他部门的碳排放，这也是一个十分重要的途径。

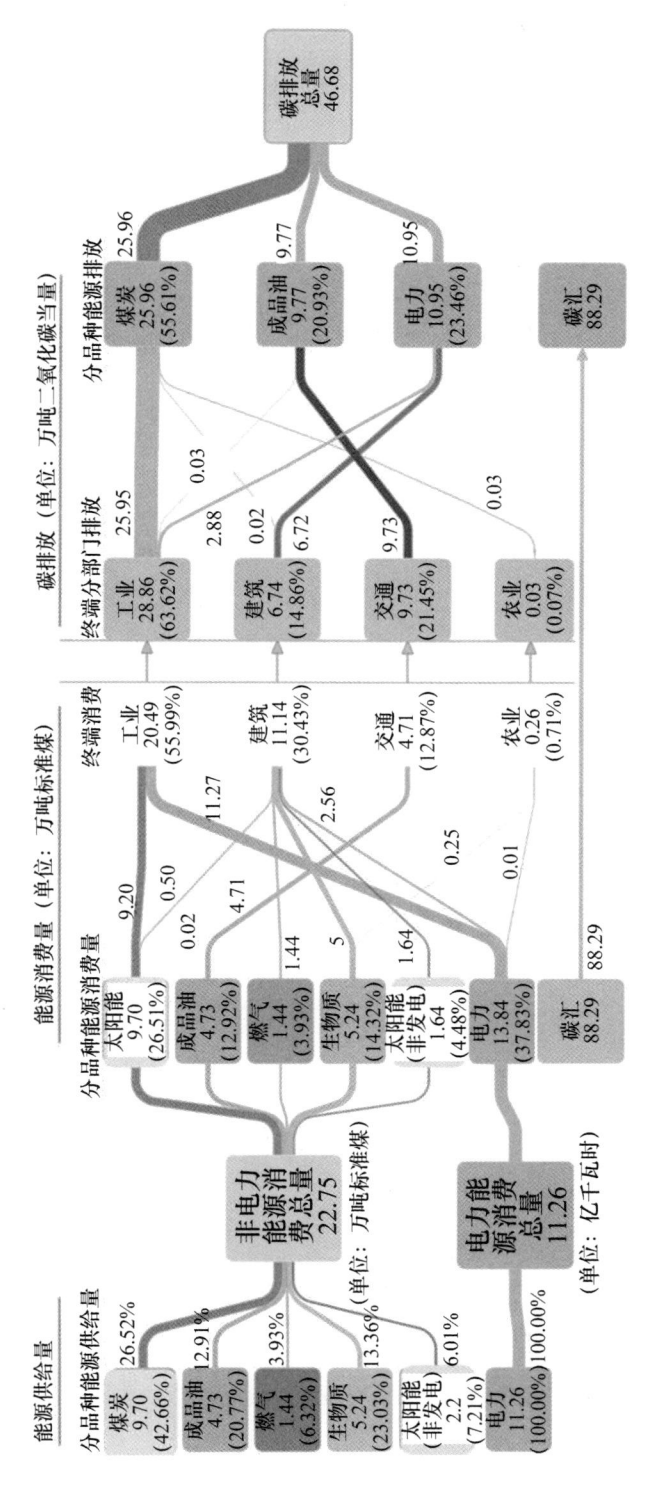

图 5-1 2020 年兴山县能流—碳流

## （七）碳排放预测结果

前文针对兴山县未来的能源需求情况，设定了高能源消费与低能源消费两种政策情景，并计算了到 2035 年两种情景下的能源消费情况。根据这两种政策情景，本书进一步计算了兴山县高碳和低碳情景下碳排放的变化情况，如图 5-2 和 5-3 所示。

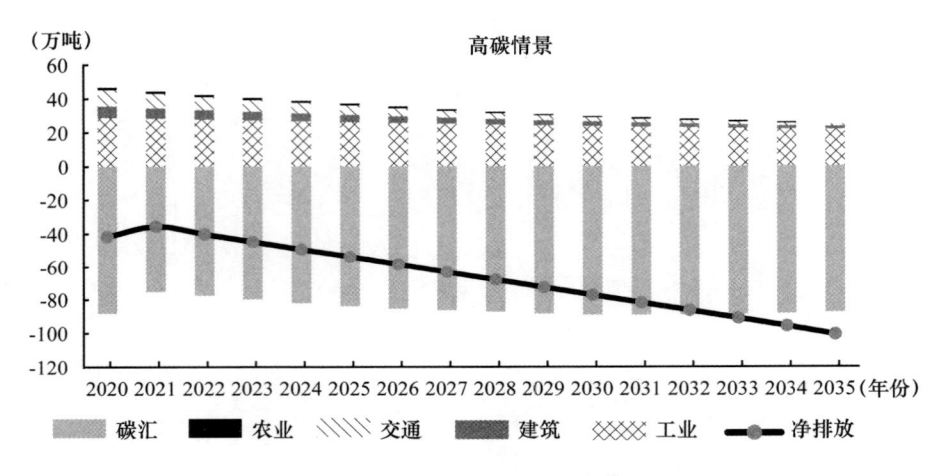

图 5-2 高碳情景下兴山县各部门碳排放变化情况

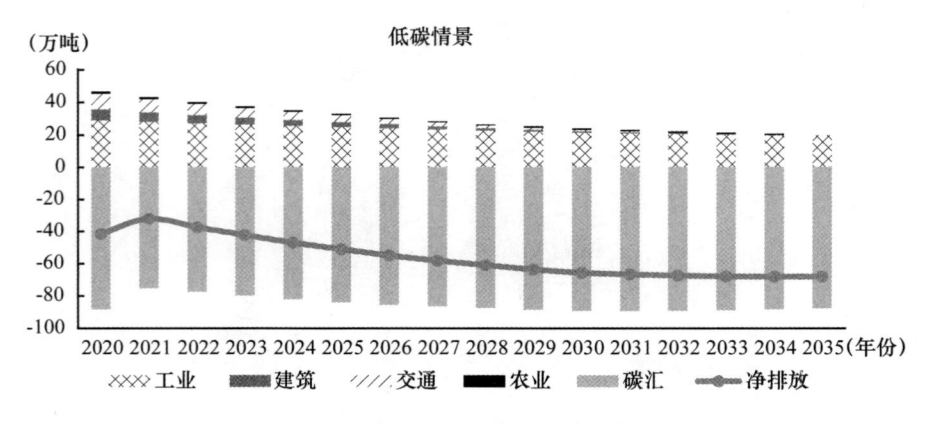

图 5-3 低碳情景下兴山县各部门碳排放变化情况

根据分部门碳排放预测的结果来看,在不考虑碳汇的情况下,到2035年,高碳情景下兴山县碳排放总量将达到24.40万吨。整体来看,碳排放总量呈现逐年递减的趋势。其中,工业部门碳排放由2020年的28.85万吨下降到2035年的21.49万吨,下降幅度达到25.51%;建筑部门碳排放由2020年的6.74万吨下降到2035年的1.56万吨,下降幅度达到76.85%;交通部门碳排放由2020年的9.73万吨下降到2035年的1.34万吨,降幅达到86.23%;农业部门碳排放则由2020年的0.03万吨下降到2035年的0万吨。低碳情景下,兴山县2035年碳排放总量达到19.52万吨,相比较高碳情景,各部门碳排放有了明显的下降。由于电气化水平的提高以及清洁能源的大力推广、使用,除了工业部门有少量排放外,其他三个部门的碳排放量均为0。

# 六 兴山县实现碳中和的能源替代分析与路径选择

## （一）兴山县能源供需平衡和匹配性分析

### 1. 能源供需平衡分析

随着兴山县经济、社会的发展推进，能源供给与需求也在不断增长。总体而言，由于兴山县整体人口与经济生产规模不大，其能源消费量水平不高，能源供需结构也相对简单。兴山县内能源消费水平一直大于本地能源供应量，但对调入能源的依赖度呈稳中有降的趋势。

表6-1列出了兴山县2020年的能源供需基本情况，在本地能源生产品种中，水电、太阳能、薪柴均是无碳排放的零碳能源，其他本地能源供应类型主要是沼气和生物质颗粒生产，均属于生物质能，也是零碳能源。水电的生产规模一直在稳步提升，太阳能增速较快，近年来薪柴生产规模不断下降，但基本被新增的电力供应和其他零碳能源替代。外地调入的能源主要包括煤炭、汽油和柴油等成品油品种以及燃气，这些都是传统化石能源，用于满足本地工业生产、交通通行以及生活炊事用能等用途。这三种外调能源的消费量均呈缓慢下降的态势，这表明兴山县能源生产和消费结构的脱碳化趋势明显。

目前，兴山县外调能源占比仍高于50%，但由于兴山县本身不具备成规模的煤炭、石油和天然气生产基础，未来也无法给这些能源品种提供生产供应。要通过加大本地能源供应水平来解决能源供需不平衡的问题，必然意味着能源体系的继续脱碳化，因此大力提升兴山县本地能源自给率将能促进碳达峰、碳中和目标的加速实现。

表 6-1　　　　　兴山县 2020 年能源供应和消费情况　　（单位：万吨标准煤）

|  | 能源供应 |  | 能源消费 |
| --- | --- | --- | --- |
|  | 本地生产量 | 调入能源量 |  |
| 电力 | 10.35 | 2.93 | 13.28 |
| 太阳能 | 2.20 | 0 | 2.20 |
| 薪柴 | 4.89 | 0 | 4.89 |
| 成品油 | 0 | 4.73 | 4.73 |
| 煤炭 | 0 | 9.70 | 9.70 |
| 燃气 | 0 | 1.44 | 1.44 |
| 其他 | 0.35 | 0 | 0.35 |
| 总计 |  | 36.59 |  |

## 2. 能源供需匹配性分析

兴山县最重要的能源消费品种是电力和煤炭，两者均主要用于工业用途。因此，工业部门的用能结构对全县的能源消费结构有着重要的影响。其他能源品种的用途也相对清晰、简单，可以从供需角度对能源品种的匹配性进行初步分析。

电力：目前兴山县的电力供需仍存在缺口，但缺口规模不大，仅有 2.93 万吨标准煤（约折合 2.384 亿千瓦时发电量），而 2020 年兴山县的太阳能利用规模已经扩大到 2.20 万吨，其中也有一部分是太阳能光伏发电。从前文的零碳能源供应潜力分析可以看出，兴山县计划未来开展的太阳能光伏集中发电和垃圾发电项目，有能力进一步提高本地零碳电力的供应水平，而风力发电、屋顶光伏计划或农光互补项目的实施，完全有潜力实现兴山县电力生产满足本地电力需求。

煤炭：煤炭是支撑我国能源供应安全的基本能源品种，但是兴山县的煤炭消费基本不用于燃烧用途，而是作为兴山县支柱产业黄磷生产的重要原材料，因此无法通过能源替代的方式来解决工业生产对煤炭的需求。由于兴山县已经关停所有小煤矿，没有可能在本地提供煤炭供应量，对于这一部分的能源消费，只能通过外地调入。这部分的化石能源消费属于刚性需求，只能通过技术手段降低产生的碳排放水平，辅以碳捕集或碳汇的方式抵消必须产生的碳排放。

成品油：成品油是指以石油为原料，经过炼油厂的常减压、催化裂化、催化重整等装置加工最终生成的汽油、柴油和煤油，主要用作汽车、飞机等交通工具的燃料，是重要的二次能源。兴山县主要依赖县外调入的成品油，基本全部用于交通领域和工业行业的运输用途。交通领域脱碳的主要方向是用电动车、氢能汽车或液态生物质能驱动的汽车替代燃油驱动的交通工具。由于兴山县整体机动车保有量数量不多，不具备发展氢能或生物质能燃料汽车的规模效益，最可行的本地供能方案是加大本地零碳电力供应，用技术更加成熟的电动汽车来替代燃油车。

天然气：兴山县的天然气消费规模不大，主要用于以炊事为主的生活用能用途。天然气在化石能源中含碳量低，在能源供给和消费端相对于煤炭和石油都具有一定的比较优势，可以在电网调峰、交通领域清洁燃料替代和空气污染治理等方面发挥重要作用。目前国内外对天然气未来发展方向的研究结论存在差异，相对于煤炭和石油，各方对天然气在能源转型中的作用还有分歧。从碳达峰的角度看，天然气的扩大使用能够为能源体系的平稳转换赢取一定的时间窗口。我国天然气、页岩气储量较为有限，要实现碳中和，在煤炭、石油全面退出后，天然气也应该大体退出。目前兴山县天然气基本没有用于供暖领域，主要是在炊事用途，热利用效率仅为30%—40%；如果用电来替代，热利用率可达90%以上。因此未来的天然气替代可以通过炊事电气化实现。尽管炊事电气化可以降低建筑领域的直接排放，使得炊事过程更加清洁健康，但这需要改变住宅炊事习惯。目前，国内一些地区，如厦门已经开展新建住宅电气化试点，推广全电厨房应用。兴山县如果想提前实现碳中和目标，也需要政策引导在炊事领域实现电代气。

薪柴：长期以来，兴山部分农村地区保留着采用薪柴作为生活能源的习惯。但薪柴利用效率较低，会造成资源的浪费，影响人居环境，制约农村地区生活水平和质量的提高。兴山县绝大部分薪柴是农村居民自给自足，未进入市场，供给根据需求自发调节。"十三五"时期，由于"电代薪""气代薪"稳步推进，农村常住人口减少，全县薪材需求量快速下降，供应量也相应快速下降。直接利用薪柴，能量利用效率较低，因此未来的发展方向是利用电力替代薪柴或鼓励用处理后的生物质燃料替代直接薪柴利用。

表6-2　高能源消费情景下兴山县2035年能源供应和消费情况

|  | 能源供应 | | 能源消费 | |
|---|---|---|---|---|
|  | 本地生产量（亿千瓦时） | 调入能源量（万吨标准煤） | 亿千瓦时 | 万吨标准煤 |
| 电力 | 19.19 | 0 | 19.19 | — |
| 薪柴 | 0 | 0 | — | 0 |
| 成品油 | 0 | 2.29 | — | 2.29 |
| 煤炭 | 0 | 9.46 | — | 9.46 |
| 燃气 | 0 | 0.39 | — | 0.39 |
| 总计 | 19.19 | 12.14 | 19.19 | 12.14 |

### 3. 2035年兴山县能源供应和消费匹配分析

前文针对兴山县2020年能源供应和消费情况进行了分析，指出了兴山县现有的各种能源生产量和消费量。为此，在能源需求预测的基础上，进一步对兴山县2035年能源供应和消费情况进行分析。可以看到，在高能源消费情景下，本地化石能源消费达到12.14万吨标准煤，电力消费为19.19亿千瓦时；低能源消费情景下化石能源消费达到7.75万吨标准煤，电力消费为18.49亿千瓦时。

表6-3　低能源消费情景下兴山县2035年能源供应和消费情况

|  | 能源供应 | | 能源消费 | |
| --- | --- | --- | --- | --- |
|  | 本地生产量（亿千瓦时） | 调入能源量（万吨标准煤） | 亿千瓦时 | 万吨标准煤 |
| 电力 | 18.49 | 0 | 18.49 | |
| 薪柴 | 0 | 0 | | 0 |
| 成品油 | 0 | 0 | | 0 |
| 煤炭 | 0 | 7.75 | | 7.75 |
| 燃气 | 0 | 0 | | 0 |
| 总计 | 18.49 | 7.75 | 18.49 | 7.75 |

## （二）兴山县的能源替代与净零碳转型路径分析

### 1. 电力结构的零碳转型路径

兴山县力争在2035年提前实现碳中和目标，这是一项长期而艰巨的系统性工程，需要多管齐下、综合施策。从整体来说，由于存在刚性的煤炭消费需求，仍需依赖碳汇增量抵消掉残留的碳排放，但在零碳能源生产端的利用潜力大于本地实际用能需求，整个经济社会系统通过净零碳转型实现碳中和目标。在电力系统内，根据兴山县的资源禀赋，应努力实现电力结构的零碳转型，即从当前仍然依靠部分化石能源转为完全靠本地清洁能源供应的结构，在电力生产环节实现化石能源的完全退出。

从兴山县本地的电力结构来看，大部分依靠本地小水电发电来供应，外调电力所占比重并不高。通过与周边地区的新能源发电合作，推进各级电网的协调发展，不断优化网架结构，消除电网薄弱环节，提升电网安全水平，加强农村电网设施建设，推动城乡"源网荷储"一体化发展，推动新建光伏、风电、水电等新能源项目按照一定比例配置储能装置，实现新能源发电功率波动平抑，提高本地新能源消纳能力。

从电力生产侧来看，未来非化石能源发电技术随着电力需求的增加进一步提升，完成对必要化石能源发电技术的替代，即对兴山县来说，以风电、太阳能发电为主的可再生能源发电技术，经过多年的发展培育，其经济成本已经具备一定的竞争力，未来可以进一步提高发电效率，扩大其产生的经济效益。生物质能作为未来兴山县构建零碳电力系统中重要的组成部分，既具有满足电力供应的特点，又可以作为储能来配置。从电力传输供应侧来看，兴山县也需要发展灵活性电网技术，提升电力系统管理调度能力，减少电力运输中产生的损耗，确保传输供应的稳定性。从电力需求侧来看，兴山县需要重点解决的是交通和建筑生活用能的电气化问题，提高能源需求部门的电气化水平，确保能够实现零碳能源的整体替代，从而完成电力结构的完全零碳转型。

### 2. 工业领域的残留碳排放处理路径

工业是兴山县第一大二氧化碳排放源，减少工业部门产生的碳排放是兴山县提前实现碳中和的关键。兴山县工业部门的能源消耗包括黄磷生产中作为原料的煤炭消费和工业生产中的用电量。目前，兴山县工业部门对煤炭的刚性依赖很难通过电代煤或其他清洁能源的替代来加以削减。这也成为兴山县实现碳中和过程中面临的一大技术问题。

削减工业部门的煤炭使用是降低碳排放的主要途径，然而，兴山县的工业碳排放主要来自生产过程，因此无法通过生产向低碳燃料的转换以及能源利用效率的提高来促进实现减排。作为原料的煤炭尽管没有被燃烧，但是导致了工业排放，只能通过产业结构的调整以及加大碳捕获力度等手段去加以处理。产业结构的调整意味着压减或放弃本地的黄磷生产，由于该产业是兴山县的优势产业和支柱产业，完全放弃可能性不大。

由于兴山县部分工业生产中能源替代的困难，以及磷化工对于当地经济的重要作用，很难完全避免工业生产过程中煤炭使用产生碳排放；如果不采用二氧化碳捕集、利用与封存（CCUS）技术，工业部门难以实现净零排放。随着国际和我国提出碳中和目标和相关工作的推进，针对工业用能行业的 CCUS 技术正在加速发展，在物理分离设备领域、合成化合物工业领域和石油化工燃烧领域，开展了大量的 CCUS 项目。过去十年，碳捕获、利用与封存在中国逐渐受到重视，自"十二五"规划以来，中国已经将 CCUS 技术纳入国家碳减排战略。目前，中国已经是全球重要的 CCUS 技术产出大国，新建项目逐年增加。2016 年，国务院印发的《"十三五"控制温室气体排放工作方案》明确提出"要推进工业领域碳捕集、利用和封存试点示范"。2019 年，科技部社会发展司和中国 21 世纪议程管理中心联合发布了中国 CCUS 技术的发展路线图，确定了到 2050 年以五年为单位的几个目标。并要求到 2030 年，CCUS 技术应该为工业应用做好准备。在政策扶持下，关于 CCUS 技术的发展、试点示范和商业化探索都有了明显的进步，初步形成了"政府引导、市场主导、企业参与、示范先行"的工作格局。[1] 整体而言，我国 CCUS 技术大部分仍处于研发和实验阶段，而且项目及范围都较小。虽然新建项目和规模都在增加，但还缺少全流程一体、更大规模的、可复制的、经济效益明显的集成示范项目。

---

[1] 梁锋：《碳中和目标下碳捕集、利用与封存（CCUS）技术的发展》，《能源化工》2021 年第 5 期。

另外，在经济性方面，我国相关示范项目的成本相对过高。国内部分示范项目二氧化碳的处理成本大都为每吨300—500元人民币，部分富氧燃烧的示范项目成本甚至高达八九百元。现有技术条件下，安装碳捕集装置，将产生额外的资本投入和运行维护成本等。因此，开展CCUS项目并不是成本最优的选择路径。

针对兴山县工业生产的特点，可以通过优化生产工艺、积极寻求国家政策支持、寻找成本合理的CCUS技术加以实践。如果在成本效益约束下，工业部门这一部分刚性排放无法解决，也可以考虑利用碳汇抵消的方式来实现。

### 3. 交通领域的能源替代路径

**（1）交通领域能源替代的意义**

交通领域是社会经济发展的重要组成部分，也是重要的碳排放源之一。国际能源署的报告显示，交通领域业已成为全球最大的终端用能部门，[1] 中国交通领域碳排放占全国碳排放总量的比例也已经超过10%，其中机动车碳排放是交通领域的主要碳排放源。近10年来，我国石油消费量呈持续增长态势，由2010年的约4.3亿吨上涨至2020年的近7亿吨。石油消费的增量主要依靠进口，石油进口水平已经从2010年的约2.4亿吨升至2020年的约5.3亿吨。交通领域的石油消费水平约占全国石油总消费水平的近60%，交通领域的能源替代对降低石油消费水平和对进口石油的依赖至关重要，是实现减油和碳中和的重要路径。因此推动交通运输工具电气化转型，推动电动车对燃油车的全面替代，实现纯电动汽车规模化使用是实现交通领域碳中和的关键。

---

[1] "Tracking Transport 2020", IEA, https://www.iea.org/reports/tracking-transport-2020.

### (2) 交通领域碳中和实践

世界主要国家及地区都针对交通电动化进行了分阶段、分领域的政策制定，并提出燃油车禁售时间表（见表6-4）。国内城市也正在为推动交通领域电气化转型做出努力，山西省太原市在2016年实现了全市8292辆出租车"气改电"工作，成为全国首个纯电动出租车城市。海南省作为国内重点旅游省份，从2020年3月1日起，逐步禁止对燃油汽车的销售，深圳、西安等地区也对允许上路的机动车制定了更严格的规定，严禁不符合规定的机动车上路。各大汽车企业也意识到电动汽车的发展趋势不可逆转，相继提出禁售燃油车计划。表6-5中汇总了部分著名汽车品牌的燃油车禁售时间。

表6-4 　　全球主要国家及地区燃油车禁售计划时间表

| | 提出时间 | 提出方式 | 禁售时间 | 禁售范围 |
| --- | --- | --- | --- | --- |
| 荷兰 | 2016年 | 议案 | 2030年 | 汽油/柴油乘用车 |
| 挪威 | 2016年 | 国家计划 | 2025年 | 汽油/柴油车 |
| 巴黎、马德里、雅典、墨西哥城 | 2016年 | 市长行动协议 | 2025年 | 柴油车 |
| 美国加州 | 2018年 | 政府法令 | 2029年 | 燃油公交车 |
| 德国 | 2016年 | 议案 | 2030年 | 内燃机车 |
| 法国 | 2017年 | 官员口头表态 | 2040年 | 汽油/柴油车 |
| 英国 | 2017年、2018年 | 官员口头表态交通部门战略 | 2040年 | 汽油/柴油车 |
| 英国苏格兰 | 2017年 | 政府文件 | 2032年 | 汽油/柴油车 |
| 印度 | 2017年 | 官员口头承诺 | 2030年 | 汽油/柴油车 |
| 中国台湾 | 2017年 | 政府行动方案 | 2040年 | 汽油/柴油车 |
| 爱尔兰 | 2018年 | 官员口头表态 | 2030年 | 汽油/柴油车 |
| 以色列 | 2018年 | 官员口头表态 | 2030年 | 进口汽油/柴油乘用车 |
| 意大利罗马 | 2018年 | 官员口头表态 | 2024年 | 柴油车 |
| 中国海南 | 2018年 | 政府规划 | 2030年 | 汽油/柴油车 |

资料来源：笔者根据公开数据整理。

表6-5　　　　　全球主要汽车生产商禁售燃油车时间表

| | 实施时间 | 规划 |
| --- | --- | --- |
| 沃尔沃 | 2019年 | 停产停售传统燃油车 |
| 大众 | 2026年 | 发布最后一代内燃级车型 |
| 戴姆勒 | 2022年 | 停产停售传统燃油车 |
| 宝马 | — | 未来产品均实现电动化 |
| 通用 | 2025年 | 实现不同程度电气化 |
| 丰田 | 2025年 | 停产停售传统燃油车 |
| 捷豹路虎 | 2020年 | 实现全部产品电气化 |
| FCA集团JEEP品牌 | 2021年 | 全部采用电动版本 |
| 福特林肯品牌 | 2022年 | 停产停售传统燃油车 |
| 长安 | 2025年 | 停售传统燃油车 |
| 海马 | 2025年 | 淘汰传统燃油车 |
| 北汽 | 2025年 | 全面停售燃油车 |

**（3）交通领域能源替代性分析**

与燃油机动车相比，电动车具有能源利用效率较高、零排放、经济性较高的优点。电动车具有不同的动力传导系统，能够有效提高能源利用效率，并且可在刹车时通过制动回馈进行能量回收利用，从而达到节约能量的目的。统计数据显示，目前燃油车平均油耗为每百千米6—9升，部分油耗较高的机动车或不良驾驶习惯会导致百千米油耗达到12—15升。[1] 以油耗量9—12升/百千米为例，行驶一百千米耗油量折合标准煤0.01吨。纯电动汽车平均电能消耗量为每百千米12.49度，[2] 折合标准煤0.002吨，因此从能源利用效率比较来看，电动汽车明显

---

[1] 《为什么燃油车只标"油耗"，电动车却要标"续航里程"》，2020年5月6日，百度网，https：//baijiahao.baidu.com/s?id=1665843451759368576&wfr=spider&for=pc。

[2] 工业和信息化部装备工业发展中心：《2021年乘用车企业平均燃料消耗量与新能源汽车积分并行管理实施情况年度报告》，2021年5月。

要优于传统燃油机动车。以兴山县交通部门为例，2020年兴山县共有机动车4.98万辆，交通领域燃油能耗总量折合标准煤约4.7万吨，可供燃油车行驶3.6亿—4.7亿千米，平均每辆车行驶里程为0.71万—0.95万千米，若将这些燃油车全部用纯电动汽车替代，行驶距离相同的情况下，大约会消耗0.44亿—0.59亿千瓦时，折合标准煤0.55万—0.72万吨，共可节约标准煤约4吨，减少碳排放9.73万吨。

近年来，在国家不断加大先进技术研发力度的推动下，传统能源乘用车和纯电动车百千米能耗水平逐步下降。如图6-1所示，2016—2019年，纯电动车百千米耗电量由15.81千瓦时/百千米下降至12.49千瓦时/百千米，下降21%。根据《新能源汽车产业发展规划（2021—2035年）》的要求，到2035年纯电动车平均电耗将降至12.0千瓦时/百千米，届时会进一步降低电动车的电能消耗量。中国汽车工程学会发布的《节能与新能源汽车技术路线图2.0》提出至2035年，传统能源乘用车平均油耗将会下降至4升/百千米。可见，尽管技术进步下燃油车能耗水平在不断下降，但其能耗量仍然是纯电动汽车的3倍。此外，耗油水平的下降只能降低燃油车行驶过程的碳排放量，无法实现零排放。

从经济角度来看，截至2020年12月31日，湖北省汽油价格为7400元/吨，柴油价格为6450元/吨，① 2020年兴山县销售汽油13743.78吨、柴油23240.06吨，则2022年兴山县交通部门油耗总价为2.52亿元。兴山县电费为0.5580元/度，若将这些燃油车全部用纯电动汽车替代，则需电费总价为0.25亿—0.33亿元。由此可见，电气化替代还将降低居民

---

① 《2020年12月31日24时起国内成品油价格按机制上调》，2020年12月31日，国家发改委网站，https：//www.ndrc.gov.cn/xwdt/xwfb/202012/t20201231_1261478.html？code=&state=123。

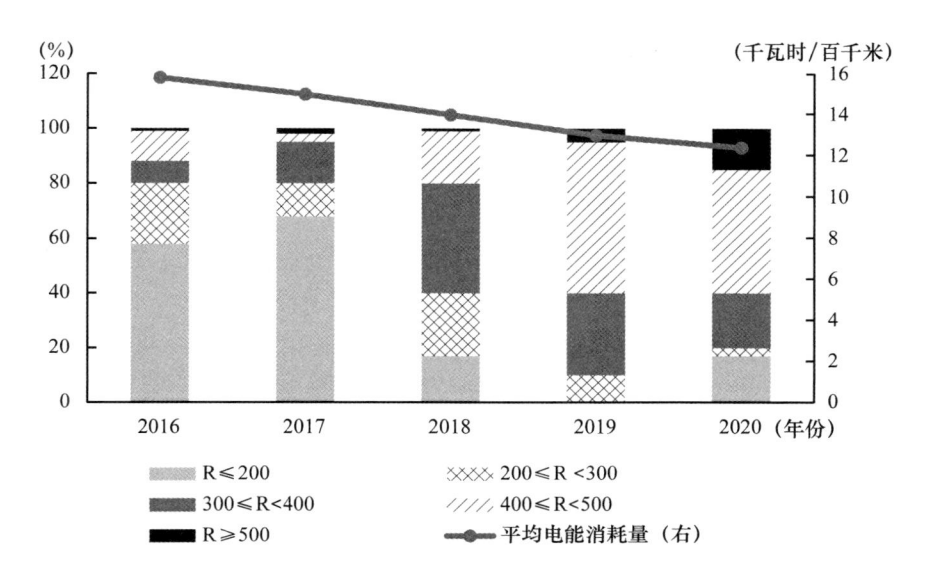

图 6-1 2016—2019 年纯电动车续航里程和平均电能消耗量情况

资料来源:《乘用车企业平均燃料消耗量与新能源汽车积分并行管理实施情况年度报告》。

的能耗消费,改善居民福利。此外,石油属于不可再生资源,且价格波动受国际形势影响较大,而电能更容易获取且能源衰竭的可能性较小。随着未来的技术不断进步,风电、水电和太阳能发电等多样化的发电方式不断发展,电价还有进一步下降的趋势,从而能够进一步提高使用电动车的经济效益。表 6-6 中展示了当前燃油车与纯电动汽车不同维度的关键指标对比。

交通领域推动电动汽车替代传统燃油车是实现碳中和目标的重要举措,目前国内外都加大了推广电动车的力度,并已取得一定成效。电动汽车目前技术上已经具备替代燃油汽车的水平,而且在节能和经济效益方面都有明显优势。如果能够制定有针对性的电动汽车推广机制,突破目前电动汽车发展和应用面临的一些现实障碍和瓶颈,将为助力实现碳中和发挥重要作用。

表 6-6　　　　　　　　　燃油车与纯电动汽车关键指标对比

|  | 燃油车 | 纯电动汽车 |
| --- | --- | --- |
| 百千米能耗 | 9—12 升/百千米 | 12.49 度/百千米 |
| 能源价格 | 汽油：7400 元/吨<br>柴油：6450 元/吨 | 0.5580 元/度 |
| 运行能源成本<br>（元/百千米） | 汽油：50.65—67.53 元<br>柴油：49.92—66.56 元 | 6.97 元 |
| 二氧化碳排放量<br>（吨/百千米） | 汽油：0.013—0.017 吨<br>柴油：0.017—0.023 吨 | 纯电动车行驶过程中<br>不产生碳排放 |

注：汽油和柴油价格为 2020 年 12 月 31 日湖北省汽油和柴油价格。

截至 2020 年，兴山县共有机动车 4.98 万辆，交通领域燃油能耗总量折合标准煤约 4.7 万吨。可供燃油车行驶 3.6 亿—4.7 亿千米，平均每辆车行驶里程为 0.71 万—0.95 万千米，若将这些燃油车全部用纯电动汽车替代，行驶距离相同的情况下，大约会消耗 0.44 亿—0.59 亿千瓦时，折合标准煤 0.55 万—0.72 万吨，共可节约标准煤约 4 吨，减少碳排放 9.73 万吨。

（4）兴山县交通领域碳中和路径

兴山县机动车结构以摩托车和家用小汽车为主，占比分别达到 48.79% 和 40.70%，公共交通汽车为 33 辆，占比 0.07%。根据中央文明办颁布的《全国县级文明城市测评体系》，县级市万人拥有公交车要超过 6 台，兴山县需要增加公共交通投资，为当地居民提供低碳高效的交通运输方式。据此预测到 2035 年，兴山县公交车将超过 100 台。随着家用汽车和公交车数量的增加，其会对其他类型机动车产生一定的替代效应。

国务院印发的《2030 年前碳达峰行动方案》明确指出要在交通领域开展绿色低碳行动，从推动运输工具装备低碳转型、构建绿色高效交通运输体系、加快绿色交通基础设施建设等多个方面为交通领域绿色发展勾勒出远景目标，指出到 2030 年，当年新增新能源、清洁能源动力的交通工具比例达到 40% 左右。按照"分地区、分车型、分阶段"的步骤，根据兴山县交通领域目前的实际情况，可以考虑不同的电气化替代情景：第一种情景中不对传统燃油车进行电气化替代，仅考虑燃油车随技术发展的能源节约效益；第二种情景要求兴山县政府通过各种政策，推动每年新增车辆中新能源汽车的比例达到80%；第三种情景是为了加速实现碳中和目标，假设除新增车辆外，也应当加速对现有机动车的电气化替代。图6-2展示了不同情景下兴山县机动车结构及能耗情况。根据《新能源汽车产业发展规划（2021—2035年）》的要求，到2035年纯电动车平均电耗将降至12.0千瓦时/百千米。预计到2035年，在完全实现电气化替代情景下，兴山县交通领域能源消费量约折合标准煤仅0.86万吨。

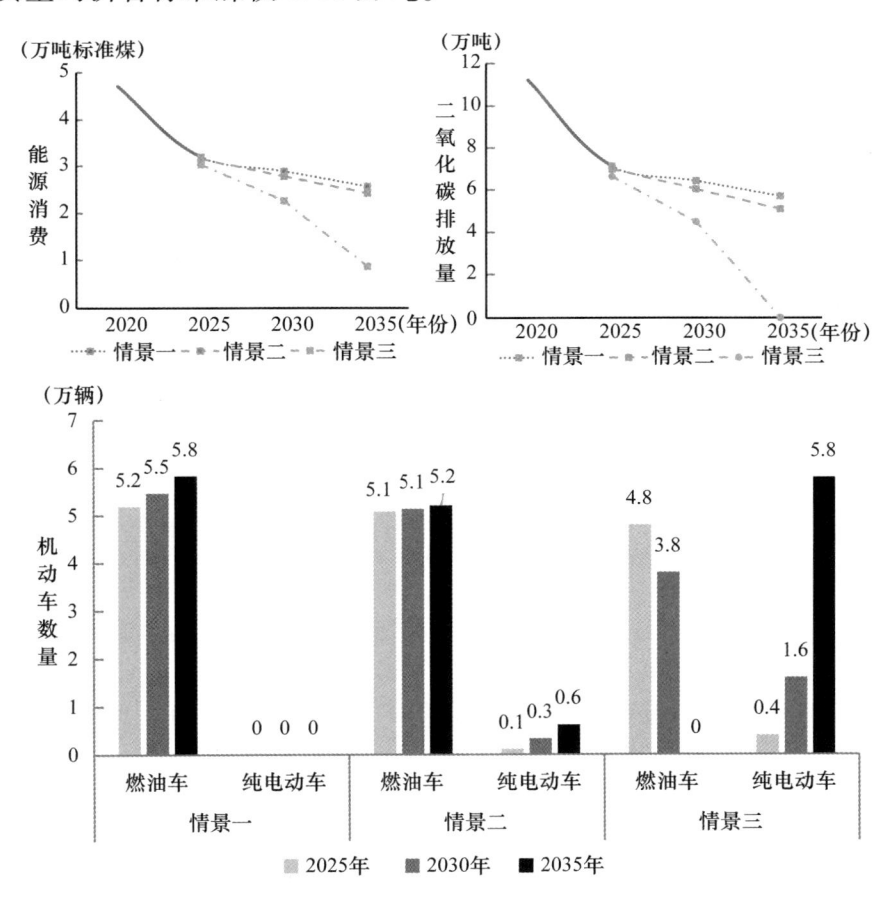

图6-2 不同情景下兴山县机动车结构及能耗情况

## 4. 建筑生活用能领域的能源替代路径

### (1) 建筑生活用能领域能源替代的意义及愿景

作为能源消费的三大领域之一，建筑部门碳排放总量大、增速快，是造成直接和间接排放的主要责任领域之一，在我国"碳达峰、碳中和"目标体系中具有重要地位。[1] 来自国际能源署（International Energy Agency，IEA）的统计数据显示，2019年全球建筑领域碳排放量达到100亿吨，占全球碳排放总量的比重达到28%。[2] 从国内经验来看，2000—2016年，我国建筑部门的碳排放总量由6.68亿吨增长到19.61亿吨，增长了近2倍，年均增速达到6.96%；2016—2018年，我国建筑碳排放量占全国碳排放总量的比重由21%上升至51.3%，[3] 两年时间内就增长近2倍。由此可见，建筑领域碳排放具有总量不断增大、增速不断加快的特点，是实现碳中和目标的关键部门。

国务院印发的《2030年前碳达峰行动方案》对建筑领域绿色发展提出了明确要求，提出要推进城乡建设绿色低碳转型，杜绝大拆大建，加强县城绿色低碳建设；加快提升建筑能效水平，到2025年，城镇新建建筑全面执行绿色建筑标准；加快优化建筑用能结构，推广光伏发电与建筑一体化应用，到2025年，城镇建筑可再生能源替代率达到8%，新建公共机构建筑、新建厂房屋顶光伏覆盖率力争达到50%；推进农村建设和用能低碳转型，持续

---

[1] 李冰、李迅、杜海龙：《既有建筑绿色低碳化改造调查研究——以北京市为例》，《城市发展研究》2022年第12期。

[2] "Tracking Buildings 2020", IEA, https://www.iea.org/reports/tracking-buildings-2020.

[3] 《了解碳排放和碳中和，看〈中国建筑能耗研究报告（2020）〉》，2021年1月18日，百度网，https://baijiahao.baidu.com/s?id=1689181719584226956&wfr=spider&for=pc；李惠民、童晶晶：《中国建筑部门碳排放的区域差异及其碳中和路径选择》，《环境保护》2021年第Z2期。

推进农村地区清洁取暖，推广节能环保灶具、电动农用车辆，加强农村电网建设，提升农村用能电气化水平。

**（2）建筑生活用能能源替代性分析**

建筑运行过程中的直接碳排放主要是指建筑内在使用直接供暖、炊事、生活热水，以及医院、商业建筑和公共建筑使用燃气驱动的蒸汽锅炉和热水锅炉等过程中使用燃煤、燃油和燃气等化石燃料燃烧产生的碳排放。推动建筑部门电气化，实行电力替代是针对建筑运行过程中减少直接排放的最重要途径（见图6-3）。

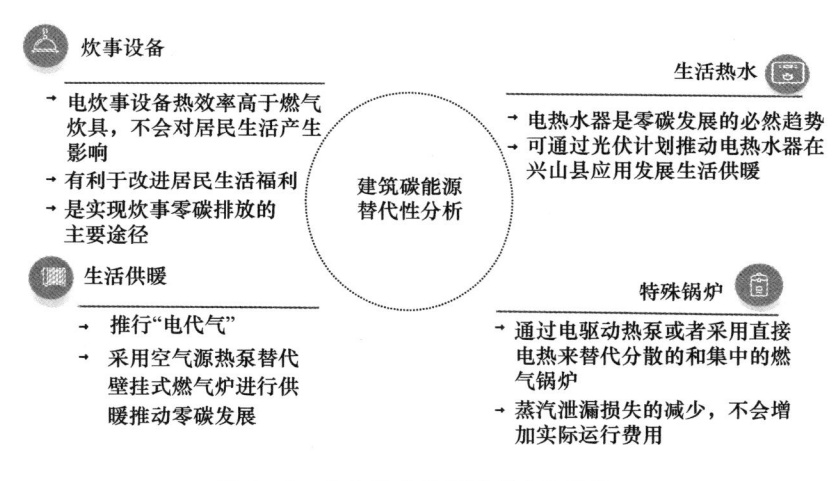

图6-3 兴山县建筑领域碳中和路径

- 在炊事方面，目前电炊事设备热效率一般可实现80%以上，高于燃气炊具40%—60%的热效率，[1] 因此实行电气替代之后，不会对居民生活福利产生影响。改变居民烹饪习惯，推行电力替代，实现炊事电气化。

- 生活热水方面，目前全国范围内燃气热水器的占比逐渐

---

[1] 江亿、胡姗：《中国建筑部门实现碳中和的路径》，《暖通空调》2021年第5期。

下降，用电热水器替代燃气热水器，已经成为零碳发展的必然趋势。

● 生活供暖方面，除少数不适合采用空气源热泵的极寒冷地区外，其余地区均可推行"电代气"，采用空气源热泵替代壁挂式燃气炉进行供暖。

● 对于医院、酒店等特殊用途的蒸汽锅炉和热水锅炉，可以考虑通过电驱动热泵或者采用直接电热来替代分散的和集中的燃气锅炉。① 虽然电制备蒸汽的燃料费用为燃气的 1.5—2 倍，但由于蒸汽泄漏损失的减少，并不会增加实际运行费用。

此外，还应考虑充分利用城乡建筑屋顶空间及可接收太阳光辐射的表面安装分布式光伏发电系统，将建筑物从电力消费端转变为电力生产端。

（3）兴山县建筑生活用能领域碳中和路径

①全面推行建筑电气化

建筑物能源使用的加速电气化、家庭改用清洁的现代能源是建筑领域实现碳中和的主要动力。对于兴山县来说，建筑用能的电气化意味着需要实现建筑供暖、炊事、生活热水和其他建筑用能的全电气化。

兴山县属于长江中游地区，气候特征为夏热冬冷地区，一年需要供热的时间只有两三个月，不适合建立庞大的集中供热管网，但未来城镇居民生活供暖以及公共建筑的供暖用能可能随着生活水平的提升会有所增加。公共建筑的供暖，基本上可以通过采用高效空气源热泵或地源水源热泵解决；对于家庭住宅和小型办公室、学校建筑的供暖，一定要避免复制北方地区的集中采暖方式。由于兴山县整体来说建筑分布密度较低，应该发展电动热泵分布式供暖模式，通过空气源热泵，以"部分

---

① 林波荣：《建筑行业碳中和挑战与实现路径探讨》，《可持续发展经济导刊》2021 年第 Z1 期。

时间、部分空间"的方式来供暖。

由于兴山县人口规模相对稳定，炊事的用能需求已趋稳，通过炊事电气化率的提升，可有效降低炊事领域的化石燃料需求，但这需要改变居民长期以来"无火不成灶，无灶不成厨，无厨不成家"的明火烹饪习惯，推进全电气化炉灶技术创新，实现零排放。目前市场上已经出现一些智能变频电气灶，做菜效率高、速度快、方便快捷，完全可以担当起厨房主流灶具的大任，关键是要依靠政策标准和激励以推进。

兴山县太阳能热水器的应用已经较为广泛，增长趋势已经不明显，未来更多的是依靠整县实施"太阳能光伏屋顶"计划之后，推广使用电热水器。除了利用太阳能来提供热水之外，电热水器和电动热泵热水器也可以作为生活热水用能的替代选项。热泵热水器具有高效节能的特点，制造的热水量是一般电热水器的4—6倍，其年平均热效比是电加热的4倍，能源利用效率更高。如果通过政策激励加以推广，能够更好地实现节能减排目标。

②建筑对可再生能源直接利用

除了降低建筑自身能源需求外，优化建筑能源结构也是建筑领域碳中和的重要手段之一。对此，建筑领域对可再生能源的利用可以发挥重要作用。能源建筑对可再生能源的直接利用主要包括可再生能源发电和可再生能源供暖与供冷两种方式。可再生能源发电包括太阳能光伏发电、小型风力发电、生物质发电等，可再生能源供暖与供冷包括太阳能、地热能、生物质能等。

光伏发电作为目前应用最广泛的方式之一，安装和维护都相对简单，并且已经在国内多个地区开展，技术相对成熟，具备在兴山县大面积推广的基础。此外，国家能源局2021年6月提出的分布式屋顶光伏整县推进模式也为兴山县屋顶光伏的建设提供了政策支持。通过建设分布式屋顶光伏，实现光伏发电的自发自用和就地消纳，能够为改善建筑能源结构、满足建筑运动用能需求提供有效解决方案，推动建筑领域实现碳中和。

③生物质能作为建筑用能的重要补充

由于兴山县具有较好的生物质能利用潜力，在推动建筑领域电气化的同时，也应同时积极探索生物质能在建筑用能领域的补充作用。例如，发展沼气利用，通过发酵植物秸秆和动物粪便生产沼气，并为条件允许的家庭提供，可作为电能和天然气的替代能源。此外，还可以通过生产固态生物质燃料，作为薪柴等生活用能的替代能源，减少薪柴使用带来的环境污染问题。

近年来，欧洲地区大力研究采用跨季节储热，并开展比较了多种技术方案，提出对大型热水池加保温盖是目前技术经济性能最佳的储热方式。通过这种方式，可以把全年的热量都储存起来，为建筑提供采暖服务。我国的西藏仲巴县、张家口矾山镇等地也在探索这种储热方式。

跨季节储热能够采集全年各个季节的低品位余热，解决热源不足的问题；实现热源与热需求之间的解耦，不再需要调峰热源，能够满足各种负荷变化需要；还能提高供热系统的可靠性。兴山县也可以尝试开展相应试点项目，摸索低成本的跨季节储热模式在长江流域的应用。

从建筑运行能耗结构来看，兴山县建筑能耗主要包括供暖供冷、炊事、生活热水、生活用电等相关能耗。从供暖来看，兴山县属于非集中供暖地区，夏季炎热，冬季低温，全年湿度较大。当地原有农村住房建筑设计较为简单，隔热和保温性等较差。随着经济发展水平的提高、人均可支配收入的增加以及居民生活水平的改善，居民对室内环境的需求会不断增加，对供暖空调、生活热水以及照明的用能需求也会随之增加。兴山县目前已有太阳能热水器近2万个，未来通过集中式光伏发电站和光伏屋顶计划可完全实现清洁用能。炊事领域碳中和的实现，需要通过积极开展"电代油、电代煤、电代气"等宣传工作，推广电气化炉灶，鼓励当地居民改变长期形成的明火烹饪习惯，对燃气炊具进行电气化改造。根据不同情况对兴山县建筑生活用能碳中和路径做出不同情境的规划。

情景一不考虑对炊事用能进行替代。随着城镇化的不断推进，兴山县对天然气的消费需求也会随之逐年递增，但是兴山县居民燃气使用的高增长期已过去，未来将会保持3%的年均增长率。预计在完全电气化情景下，到2035年兴山县燃气需求约折合标准煤2.79万吨。

情景二假设仅炊事用能进行电气化替代。相比传统燃气炊具，电炊具具有10%以上的节能潜力，因此对炊事进行电气化替代具有一定的能源节约效益。

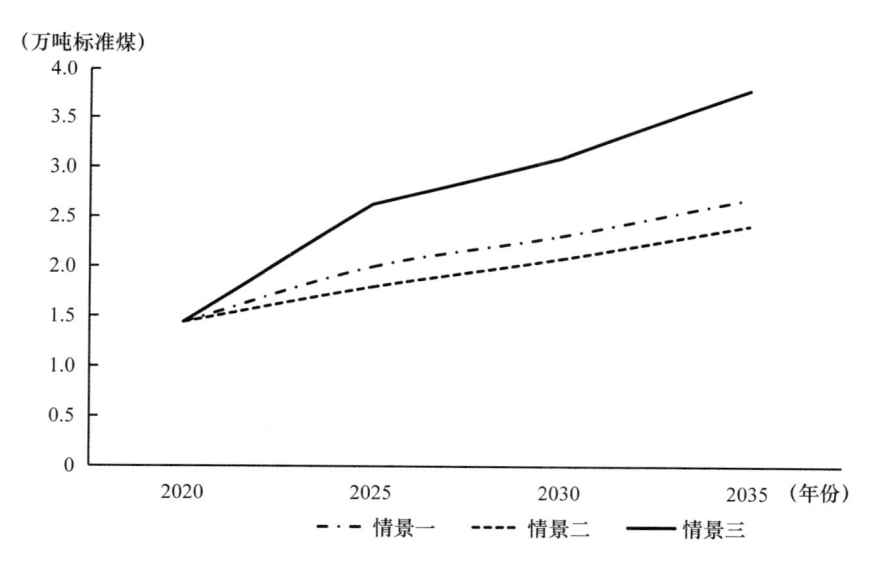

图6-4 不同情景下兴山县建筑生活用能碳中和路径

情景三在炊事用能实现电气化替代的基础上，加入当地居民改善室内居住环境的能用需求，到2035年40%以上的家庭实现清洁供暖。目前针对家用供暖，市场上已有技术较为成熟的家用热泵空调，全年空调供暖能耗低于30千瓦时/平方米，[①] 并

---

① 林波荣：《建筑行业碳中和挑战与实现路径探讨》，《可持续发展经济导刊》2021年第Z1期。

且已经解决了气流组织、除霜等问题，能够满足居民冬季室内供暖和舒适需求。随着生活水平的提高，居民生活用热水和照明用能也会增加。

### 5. 碳汇增汇前景分析与路径选择

#### （1）未来碳汇增汇潜力预测

兴山县的森林覆盖率和面积目前还保持稳中有升的良好态势，这些来自森林的碳汇增量，对于抵消县内无法避免的碳排放将发挥重要的作用，是兴山县实现碳中和的关键基础。按照兴山县的森林覆盖率规模和历史变化趋势可知，森林覆盖率的年增速在0.1%左右。从兴山县森林树木分类的情况来看，有林地中乔木林约占84%，竹林约占0.1%，灌木林地约占15.9%。一方面由于影响碳汇潜力的主要是占比面积比较大的乔木林，另一方面囿于兴山县统计数据的有限，本书主要考虑乔木林变化对未来碳汇的影响。从乔木林的数据来看，2009年乔木林中，幼龄林占比54.91%，中龄林占比39.75%，近熟林占比4.50%，成熟林占比0.82%，过熟林占比0.02%；到了2019年乔木林中，幼龄林占比49.84%，中龄林占比32.06%，近熟林占比9.06%，成熟林占比6.17%，过熟林占比2.87%。可以看出随着时间的推移，幼龄林所占比例逐渐下降，成熟林和过熟林比例逐渐上升。从事实经验来看，成熟林也会变为过熟林，其碳密度会明显降低，而对成熟、过熟林的采伐更新，又会使其转变为林龄更低的龄组。因此，未来这6种主要人工林的碳储量增长幅度，取决于未来各龄组的面积占比，中龄、幼龄林面积占比越低，总的碳储量就越大。[①] 考虑到树木生长、发育周期的变化以及森林覆盖率达到一定程度

---

① 闫睿：《重庆市乔木林碳储量动态分析及潜力预测》，《林业经济》2019年第7期；李奇等：《中国森林乔木林碳储量及其固碳潜力预测》，《气候变化研究进展》2018年第3期。

之后，森林抚育、森林管理的难度会加大，因此预计到 2035 年，兴山县森林覆盖率可以达到 81.00%，森林面积达到 18.74 万公顷，单位面积蓄积量可以达到 114.63 立方米/公顷，森林资源碳储达到 2503.32 万吨，新增的碳汇量达到 87.67 万吨，未来森林资源发展方面仍具有较大的潜力。

表6-7　　　森林蓄积量扩展法预测的兴山县森林碳汇潜力

| | 森林覆盖率（%） | 森林面积（万公顷） | 林木生物量（万立方米） | 林下植被生物量（万立方米） | 林地部分生物量（万立方米） | 森林资源碳储量（万吨） | 单位面积蓄积量（立方米/公顷） | 森林碳储量（万吨） | 森林碳汇量（万吨） | 森林碳汇潜力（万吨） |
|---|---|---|---|---|---|---|---|---|---|---|
| 2021年 | 80.10 | 18.56 | 2878.29 | 295.40 | 1884.52 | 1670.78 | 77.70 | 659.07 | 2416.15 | 75.33 |
| 2022年 | 80.20 | 18.58 | 2971.85 | 305.01 | 1945.78 | 1724.43 | 80.11 | 680.23 | 2493.73 | 77.58 |
| 2023年 | 80.30 | 18.60 | 3068.46 | 314.92 | 2009.04 | 1779.63 | 82.59 | 702.01 | 2573.56 | 79.82 |
| 2024年 | 80.40 | 18.62 | 3168.19 | 325.16 | 2074.33 | 1836.42 | 85.13 | 723.91 | 2655.67 | 82.12 |
| 2025年 | 80.50 | 18.64 | 3271.19 | 335.73 | 2141.77 | 1894.48 | 87.73 | 746.51 | 2739.64 | 83.96 |
| 2026年 | 80.60 | 18.66 | 3377.52 | 346.64 | 2211.38 | 1953.60 | 90.37 | 769.43 | 2825.13 | 85.49 |
| 2027年 | 80.70 | 18.68 | 3487.30 | 357.91 | 2283.26 | 2013.38 | 93.03 | 792.97 | 2911.59 | 86.46 |
| 2028年 | 80.80 | 18.70 | 3600.65 | 369.54 | 2357.48 | 2073.79 | 95.72 | 816.76 | 2998.94 | 87.35 |
| 2029年 | 80.90 | 18.72 | 3717.69 | 381.55 | 2434.11 | 2134.97 | 98.44 | 840.86 | 3087.41 | 88.47 |
| 2030年 | 81.00 | 18.74 | 3838.55 | 393.96 | 2513.24 | 2196.66 | 101.18 | 864.99 | 3176.63 | 89.22 |
| 2031年 | 81.10 | 18.76 | 3963.32 | 406.76 | 2594.93 | 2258.38 | 103.91 | 889.29 | 3265.88 | 89.25 |
| 2032年 | 81.20 | 18.78 | 4092.14 | 419.98 | 2679.23 | 2320.02 | 106.22 | 913.39 | 3355.02 | 89.14 |
| 2033年 | 81.10 | 18.76 | 4225.16 | 433.64 | 2766.37 | 2381.48 | 109.34 | 937.22 | 3443.90 | 88.78 |
| 2034年 | 81.05 | 18.76 | 4362.51 | 447.73 | 2856.30 | 2442.66 | 112.03 | 960.92 | 3532.37 | 88.27 |
| 2035年 | 81.00 | 18.74 | 4504.31 | 462.28 | 2949.14 | 2503.32 | 114.63 | 984.59 | 3620.09 | 87.67 |

资料来源：兴山县林业局。

另外，从图6-5兴山县森林新增碳汇潜力的结果来看，短时间内森林碳汇呈现逐渐增加的趋势，到2030年前后，碳汇新增的趋势逐渐放缓，并呈现缓慢下降的趋势，这主要是因为考虑到树木生产发育周期，以及森林覆盖面积逐渐扩大，森林管理的难度会加大，未来森林面积可能并不会无限扩张，因此，森林新增碳汇量也处于平稳的趋势。

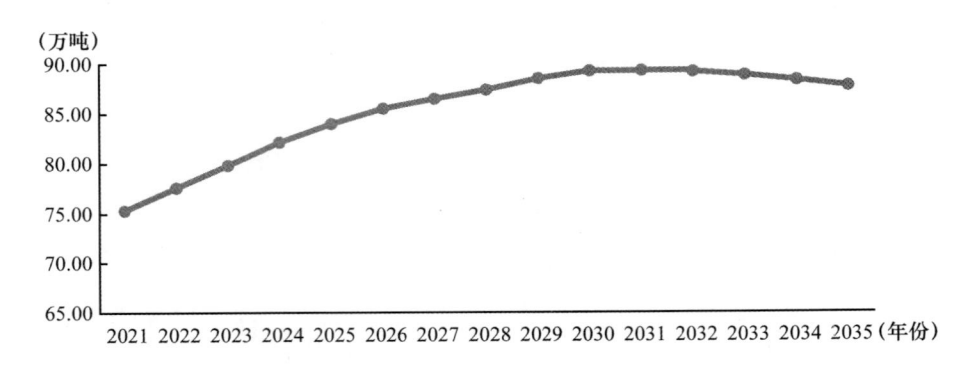

图 6-5　兴山县未来新增碳汇潜力

**（2）森林碳汇发展的路径**

①发展气候韧性农业

通过改善作物栽培和养殖管理措施，调整作物品种和种植结构，降低农业单位产量或产品的碳排放强度，提高农田和草地固碳增汇能力。具体举措包括保护性耕作、秸秆还田、有机肥施用、人工种草和草畜平衡等，通过提升农田草地有机质可增加碳吸收和固定二氧化碳能力，使农田从碳源转为碳汇。

②发展林业生物质能源

兴山县主要的生态系统储碳库是森林系统，通过光合作用，森林植物可以把大气中的二氧化碳吸收和固定在植物和土壤中。发展森林碳汇，除了固碳之外，还能提供重要的生物质能源。通过工业化利用手段，可以将兴山县丰富的林木生物质材料转化为多样性的能源产品和生物基产品，包括固态、气态燃料、直接发电或其他生物产品等。

③提升碳汇协同效应

兴山县应立足自身生态优势，积极探索基于自然的碳中和解决方案，探索自然增汇路径，保护、恢复和可持续的利用自然生态系统功能。在发展自然碳汇的过程中秉承"绿水青山就是金山银山"的发展理念，在增加生态碳汇的同时，帮助提高减缓和适应气候变化的能力，增强本地生物多样性，探索生态产品的价值实现路径，扩大生态产品生产实现居民增收，达到多赢目标。通过碳汇发展与增加生态产品和服务供给相结合，让农民在生态保护中获得更多的收益。充分发挥土壤固碳、林草增汇的整体效应，以市场化手段联合高污染、高能耗企业开发碳汇生态产品，发展生态循环固碳项目，带动当地就业和乡村农民增收，让低碳项目成为村民增收的源泉，以产业兴旺带动村民富裕。

**(3) 增加森林碳汇的主要途径**

森林、草原、湿地、海洋等自然生态系统在应对气候变化、实现碳汇增汇过程中发挥着重要的作用。通过植树造林、改善荒漠化、进行水土保护等行动，可以实现生态系统的自然增汇。目前，提高一个国家和地区的碳汇潜力主要可以通过提高森林生态系统碳汇能力、增加林草碳汇、促进湿地以及海洋等生态系统的固碳能力，提升以及挖掘海洋碳汇的潜力，提高海洋储碳的能力和容量等途径实现。在这些途径中，森林生态系统作为陆地最重要的碳汇源，通过植树造林、减少毁林、加强森林管理、实施森林资源保护、森林抚育等措施，能够有效发挥其固碳增汇的作用，帮助实现碳中和目标。

根据我国发布的《全国重要生态系统保护和修复重大工程总体规划（2021—2035 年）》，未来将加快推进生态保护和修复重大工程，实现生态系统固碳效能的最大化。其中针对陆地生态系统的增汇能力提升，将采取天然林资源保护、退耕还林还草、京津风沙源治理、防护林体系等重点生态工程措施;[1] 对于海洋生态

---

[1] 张守攻：《提升生态碳汇能力》，《上海企业》2021 年第 7 期。

系统的保护来说，通过对海岸带生态的保护和修复，加大对红树林、海草床等生态系统的保护和修复，充分发挥海洋系统的碳贮存和碳吸收能力。在这一过程中，将积极探索基于自然的解决方案，借助大自然的力量去促使生态系统的自然恢复。

实现森林增汇是应对气候变化最经济的手段之一，除了基于自然的解决方案之外，各项人为举措也能在一定程度上提升森林生态系统的固碳能力，创造新增碳汇，通过扩大森林面积和提高森林单位蓄积量、加强森林资源管理、强化火灾防控以及提高病虫害防控和抚育等措施能有效释放森林生态系统的增汇潜力。

①扩大森林面积和单位蓄积量水平

通过加大对植树造林和森林建设的投入力度，推进天然林保护工程、退耕还林还草工程、重点防护林建设以及野生动植物保护和自然保护区建设等，加快造林速度，能有效增加森林面积和森林蓄积，提高森林质量与生产力，巩固提升碳汇和碳储量水平，为实现碳中和发挥更大的作用。

②加强森林资源管理

森林管理提高碳汇潜力主要体现在两个方面。一是采伐过程中的作用，通过采伐木材可以有效提高资源的利用效率，但是过度采伐容易使森林资源和环境遭到破坏。因此，既要处理预防森林过度砍伐带来的影响，又要避免砍伐过程中产生的其他污染物。二是有效的保护作用，通过实施有效的措施手段，不仅可以提高森林的保护能力，而且可以减少遭到破坏的风险和概率，确保树木能够茁壮成长。森林经常遭受人为故意毁坏或是自然灾害的影响，如过度砍伐、火灾及虫害等。因此，可根据森林各个区域具体的气候来制定具体的保护措施，防止火灾和虫害的发生，提高森林碳汇的效率。① 同时，要挖掘林地生

---

① 刘晓莹：《森林管理对森林碳汇的作用和影响分析》，《南方农业》2016年第27期。

产力，在扩大林地生产力的过程中，主要侧重提高整体森林资源管理能力。森林火灾的预防也会影响碳汇产生的作用效果，通过森林资源管理把森林火灾对林业碳汇的损失降到最低水平，充分发挥森林防火在碳减排增汇中的重要作用，对森林碳汇的利用潜力也有十分重要的影响。

③提高森林病虫害防控及抚育

现有生态学家的研究重点，很少会去关注森林有害生物对碳循环产生的影响和作用，但从总体层面来看，这种有害生物的影响却是显著的。从研究尺度上来分析，它们对森林碳汇产生的影响主要有景观、林分、个体等相关尺度，而研究的主要内容也可以分为对森林碳输入和碳输出这方面产生效果的大小。[1] 对森林的固碳作用而言，生态系统的净初级生产力及生态系统呼吸才是提高森林固碳潜力应该关注的重点，通过对森林生态系统进行维护，使生态系统的固碳能力最大化。因此，要注重提高森林健康能力，针对森林出现的病虫害问题及时处理。同时，要提高森林抚育的能力，这个林分抚育的过程包括林木的生产和成熟两部分。从技术措施上来说，其也是多种多样的，比如通过松土除草来减少植物之间的竞争力，进而促进树木生长，提升幼林的生存和适应能力。此外，也可以通过施肥、灌溉、除去多余的藤蔓、修枝等来提高林木生长量，从而有效实现碳汇提升。[2]

## 6. 兴山县2035年碳中和能流—碳流分析

从兴山县的基础条件、当前技术发展水平、能源替代可行性和前景预测等方面来看，兴山县有条件在2035年实现碳中和。

---

[1] 景天忠、豆晓洁：《害虫对森林碳汇的影响及其机理》，《世界林业研究》2016年第1期。

[2] 刘必祥：《森林抚育对森林生态系统的影响及对策》，《安徽农学通报》2021年第11期。

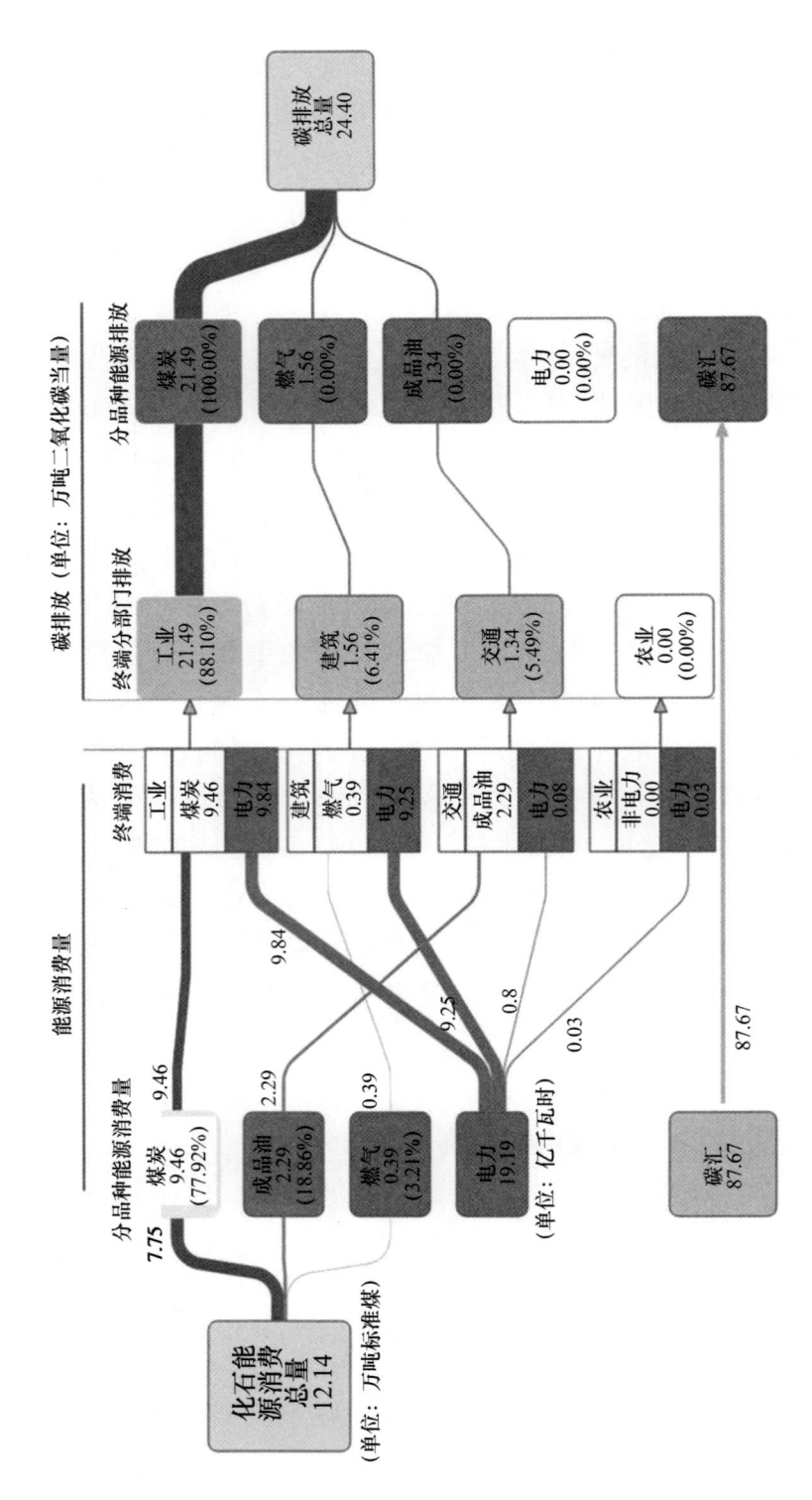

图 6-6 2035 年相对清零状态下兴山县能流—碳流情况

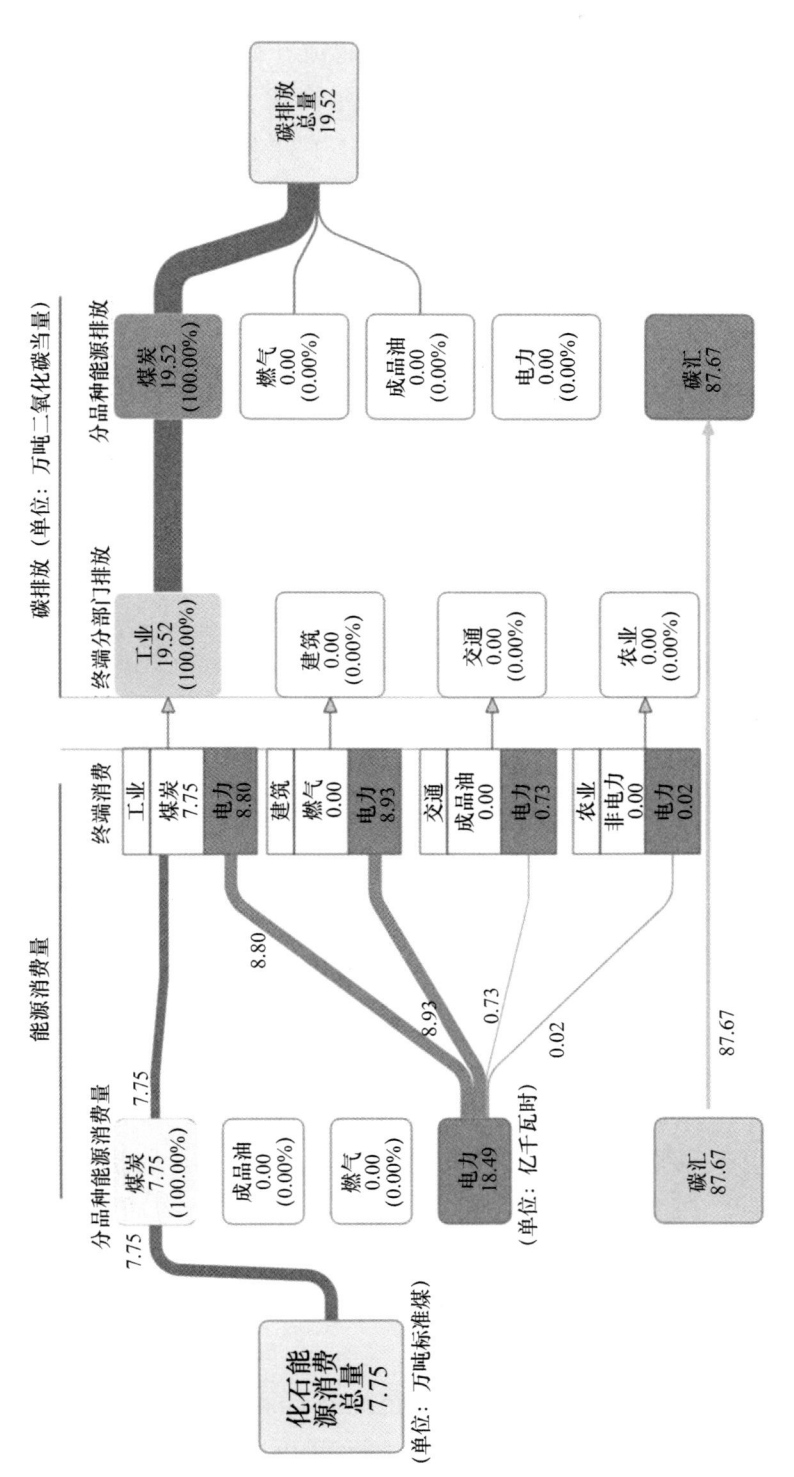

碳中和的县域贡献与战略路径 　171

图 6-7　2035 年绝对清零状态下兴山县能流—碳流情况

而对于实现碳中和的路径，这里通过能流—碳流分析，分开展示 2035 年能源消费和碳排放的情况，并将化石能源消费和电力能源消费分开进行讨论。这里大致区分了两种情况，在高能源消费情景下，到 2035 年，只能实现碳排放相对清零，图 6-6 对该路径下的能流和碳流走向进行了刻画，在此情景下，油气消费规模压缩将使碳排放水平减少约 3/4，剩下的碳排放将通过对外零碳能源输出和碳汇增量实现中和；图 6-7 展示了低能源消费情景下，碳排放绝对清零的状态，兴山县通过油气替代，实现除煤炭外的化石能源消费及伴随碳排放清零，剩下的刚性碳排放将用碳汇增量予以中和。

## （三）兴山县发展多能互补能源系统技术需求分析

要实现碳中和，能源系统是关键领域，碳中和目标要求继续提高清洁的零碳新能源在能源系统中的占比。从兴山县的能源禀赋和需求来看，发展多能互补的能源系统，实现源网荷储一体化是继续提升水、风、光、生物质能等新能源开发消纳水平的必然选择。随着经济的发展，兴山县未来生活水平也将持续提升，对于能源的需求层次也会随之提高与升级，过去以薪柴和秸秆为主的非商品用能占比将会降低。兴山县未来能源消费结构将会向低碳、清洁、高效方向持续优化。推动炊事电气化或利用生物质能作为炊事用能的手段之一，进一步加强太阳能推广利用，探索多种生物质能的开发利用方式，加快风能利用项目落地，发展以小水电为主，以风、光、生物质能为辅，多能互补的用能模式，对于促进兴山县整体能源转型和经济社会发展非常重要，是实现碳中和的可行实施路径。

### 1. 兴山县打造多能互补能源系统的条件和发展方向

要实现碳中和目标，必须加快推动可再生能源在能源体系中占主导地位，但由于风、光、水、生物质能和氢能等清洁的可再生能源都有各自的利用短板，需要加快建立多种能源集成互补的综合能源体系，来保证能源供应侧和需求侧能够达到平衡。多能互补的能源体系能够面向终端用户的需求因地制宜、互补地利用传统能源和新能源，可以推动能源清洁生产和就近消纳。

湖北省不是传统的风力资源丰富地区，所以兴山县目前风力发电尚未起步。尽管已经完成勘测和风电场建设规划，但是目前还没有风力发电站投入运营。由于湖北省是一个缺煤、乏气、少油的内陆省份，风能作为一种重要的清洁可再生能源，逐渐受到重视。兴山县部分地区年平均风速为5—6米/秒，可满足风力发电的要求。尤其是兴山县风力冬春强盛、夏秋减弱的特点，正好能与水电互为补充。过去影响兴山县风力发电发展的重要因素是，风力发电成本与本地的水力发电竞争起来没有优势。随着风电成本的不断下降，在条件适宜的地区推广风力发电也具有了可行性。兴山县规划中的坟淌坪风光水一体化项目，极有可能是未来该县风电利用的主要实现方式。兴山县的风能、太阳能资源均呈现冬春大、夏秋小的特点，而水电资源的来水量则是冬春较小、夏秋较大，具有天然的互补性。在枯水期，风能和太阳能可满负荷运行；而丰水期，水电可全力发电，水电、风电和光伏互补性非常强。而且水电可为风电和光伏调峰，实现水、风、光多能互补。另外，兴山县目前的本地能源供应还无法满足域内生产、生活用能需求，通过发展水风光一体化项目，还可以让产生的水电、风电和光伏发电就地消纳（见图6-8）。

兴山县还具有较好的生物质能源开发利用条件，已经有一定的生物质能气化利用和固态生产基础。目前，生物质产业已经受到国际社会的广泛关注，对于我国来说，发展生物质能不仅能够缓解能源供需矛盾，还能促进农村社会经济可持续发展。

## 行动重点方向

▼ 水力发电扩容增效，提升技术可开发潜力
▼ 探索开展屋顶光伏利用和农光互补项目
▼ 加快推动新建风电设施
▲ 利用农林剩余物发展沼气和生物质颗粒利用
▲ 开展垃圾发电调峰补充电力需求
▲ 构建水、风、光、生物质多能互补系统

## 兴山县多能互补框架

**光伏太阳能利用**
› 开发潜力大
› 利用方式灵活：屋顶光伏、农光互补减贫增收
› 可利用潜力测算：发电量约43.27亿千瓦时

**生物质能利用**
› 易于储存和运输、开发潜力大
› 液态生物质能可以替代燃气
› 垃圾发电和秸秆发电可以发挥调峰作用
› 满足农村居民生活用能需求、拉动经济、创造就业
› 可利用潜力测算：发电量约1.71亿千瓦时

**水力发电**
› 冬春出力较小，夏秋出力较大，与风光互补
› 发电相对稳定可以为光伏发电和风电调峰
› 目前开发接近技术极限
› 可利用潜力测算：发电量约2.33亿千瓦时

**风力发电**
› 冬春出力较大，夏季出力较小，与水电互补
› 发展潜力较大
› 创造新的旅游价值
› 可利用潜力测算：发电量约4亿千瓦时

图6-8 兴山县构建"水风光生物质"多能互补零碳能源体系框架

兴山县通过合理布局生物质能利用方向，与水、风、光形成互补一体化发展，可以有效利用县内生物质能源，形成适合兴山县自身能源禀赋与经济发展方向的能源供给结构，推动县内能源体系清洁化，甚至为其他地区输出清洁能源供给。

### 2. 多能互补能源系统

由于单一可再生能源的供能稳定性较差，为了建设绿色零碳的能源系统，采取多能互补的技术组合是能源发展的重要趋势。多能互补可以利用各种可再生能源之间的互补性，解决分布式水电、风电和光伏发电的波动性，通过构建各种分布式能源、储能和能源转换设备的多能协同互补系统，通过应用智慧的微电网技术，更好地满足灵活的用户侧能源需求，能有效保障能源供应安全。多能互补的运行方式主要有两种：一种是将传统能源体系与分布式可再生能源体系耦合在一起，实现"风光火储"一体化，建立基地型多能互补能源系统；另一种是在能源消费终端实现多能一体，根据终端用户的实际需要，提供电、热、冷、气等多种形式的能源，实现能源梯级的高效利用。在实际应用过程中，多能互补与微电网系统、虚拟电厂等关系紧密，通过相互结合，能够具备经济性、安全可靠性、灵活性、独立性等特征（见图6-9）。

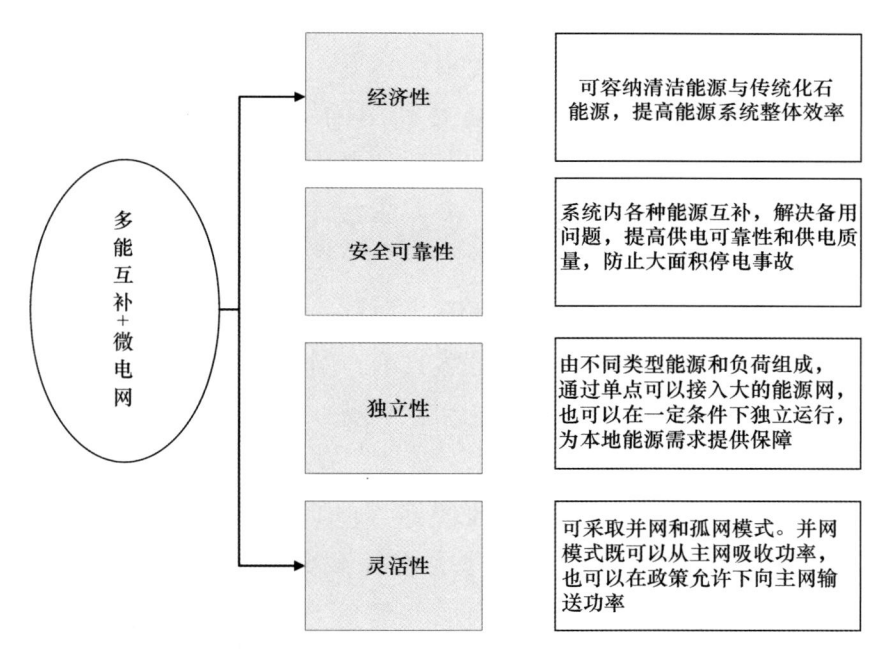

| 多能互补+微电网 | 特征 | 说明 |
| --- | --- | --- |
| | 经济性 | 可容纳清洁能源与传统化石能源，提高能源系统整体效率 |
| | 安全可靠性 | 系统内各种能源互补，解决备用问题，提高供电可靠性和供电质量，防止大面积停电事故 |
| | 独立性 | 由不同类型能源和负荷组成，通过单点可以接入大的能源网，也可以在一定条件下独立运行，为本地能源需求提供保障 |
| | 灵活性 | 可采取并网和孤网模式。并网模式既可以从主网吸收功率，也可以在政策允许下向主网输送功率 |

**图6-9 多能互补和微电网相结合的特征与优势**

各地自然资源禀赋和经济发展阶段存在差异，因此确定适合当地实际情况的多能互补方案是关键。兴山县要实现碳中和，必须基于本地能源禀赋和能源消费特点，根据原有比较清洁的本地能源供给体系，跳出传统的化石能源，构建清洁的零碳能源体系，利用本地丰富的生物质资源为传统化石能源提供稳定性支撑，协调满足本地基本的用能需求。

能源供应端：借助零碳能源成本持续下降的趋势，为本地提供可再生能源电力（水力、光伏、风能、垃圾发电）、可持续的生物质能以及智慧微电网和储能等多能互补的零碳能源综合服务。

兴山县的小水电已经接近技术可开发上限，通过技术进步，进一步提升本地小水电的技术开发潜力；同时，通过小水电站的扩容增效，提高小水电站的利用时间与利用效率，进一步拓展水电的开发潜力。推动小水电继续在兴山县本地能源供应端发挥"压舱石"的作用。

兴山县具有相对稳定的太阳能资源，本地太阳能利用已经粗具规模。根据测算，兴山县可利用的太阳能资源潜力较大，未来应继续加快太阳能利用，借助"整县屋顶光伏"等国家战略，结合本地实际情况，进一步探索成本可接受的太阳能光伏利用新模式。

兴山县不属于风能资源禀赋丰富区，风能利用具有一定的局限性，但根据勘测，风能仍然具有一定的发展潜力。根据规划，兴山县即将启动风力发电和水风光一体化发电项目，作为现有能源供给体系的重要补充。

兴山县生物质能利用基础较好，包含农林剩余物、畜禽粪便、城市和农村生活垃圾，其中农林剩余物包括农作物秸秆、农产品加工剩余物和林业生物质资源等。兴山县森林覆盖率较高，具有可持续的生物质能供给资源基础，但由于目前生物质能同其他能源类型竞争过程中不具有成本优势，应对生物质能资源的应用进行细致的规划，并优先应用于经济性更好或其他脱碳解决方案较为有限的领域。在发电方面，生物质能的作用体现在替代传统化石能源，为可再生能源主导的电力系统提供灵活性，但由于当前用于发电的固体生物质成本也远远高于煤炭或天然气，只能在强制性配额或补贴的支持下才能具有竞争力，需进一步探索降低成本的利用方式。

从当地实际情况出发，兴山县可打造"水风光生物质储"一体化能源体系。对于县内存量小水电，结合送端水利发电出力的特征以及太阳能、风能和生物质能的利用特性和消纳空间，根据消纳能力，论证配套储能设施的可行性和必要性，以存量小水电为基础，通过优化水电站出力特征，就近搭配新能源电力。对于增量的"水风光生物质储"，按照国家和地方生态环保政策和红线约束，优化小水电建设规模和配套储能设施。

### 3. "源网荷储"协同

实现碳中和目标是一个系统工程，其中电力系统的变革是关键与核心。随着风光等可再生能源渗透率的提高，以及储能、分布式能源、充电桩等各种可调节负荷的大规模接入，无论是发电端还是负荷端的预测难度都会加大。为了配合未来更大规模的零碳能源接入电力系统，在确保兴山县电力系统安全稳定运行的前提下，综合需求侧负荷特点、电源结构和条件能力，应确定电源合理规模与配比，继续挖掘对小水电、风、光与生物质能等可再生能源的消纳能力，推动受端"源网荷储"一体化发展，确保本地可再生能源的开发规模与消纳能力相匹配，通过合理规划避免弃电问题。

灵活性资源是"源网荷储"一体化项目中的关键因素，可以适应电网系统在不同情况下对能源资源的不同需求，保障电力系统对用户需求的响应效果。"源网荷储"一体化项目需要针对新能源接入比例扩大产生的各种不确定性因素，提供可靠的应变能力。为了实现碳中和目标，兴山县需要进一步扩大零碳能源利用，需要依托各类新的技术，将储能、分布式能源视为广义的需求侧资源，加强电源侧、电网侧、负荷侧和储能侧的多向互动，通过一体化管理模式聚合不同类型可再生能源的分布式电源，为系统提供灵活调节的支撑能力。

在兴山县开展"源网荷储"一体化项目建设，必须保障全县清洁可靠用能，推动县域经济高质量发展和满足人民多元化的灵活用能需求。通过梳理保障全县基本运转的重要负荷，设计局部电网保障、加强和应急方案，提高局部网自我平衡能力，减少对大电网调峰和容量备用需求，实现能源的安全、高效、清洁利用，实现多能互补。

### 4. 智慧微电网在兴山县的应用

**（1）微电网的特点与优势**

微电网（Micro-Grid）是由分布式电源、储能装置、能量转换装置、负荷、监控和保护装置等组成的小型发配电系统。[1] 和传统的大电网相比，微电网的电源和负荷一般都呈现分散式特征，因此电力通常以就地消纳为主。微电网技术的发展，主要是为了满足分布式可再生能源并入电网的现实需求，是现代智慧电网的重要组成部分和发展方向。通过这种灵活的方式，根据电力供应和需求的实际情况，建立可与外部电网完全独立的微电网。通过保证微电网内发电、供电的平衡稳定，能够有效解决分布式能源并网系统带来的波动性和随机性。而且随着智慧电网技术的发展，微电网的运行模式逐渐升级到"源网荷储"一体化运行模式，这也使微电网之间可以实现电量交换，也可以与大电网进行交互。

农村地区供电距离较长，末端电压较低，通过发展微电网，可以缩短供电半径，改善末端用户的电能质量；也可以与分布式电源结合，提高电力供给水平。随着农村可再生能源发展规模不断扩大，在配电网中高渗透率分布式电源的接入，会影响农村配电网的电能质量、潮能分布、继电保护和运行监控。在

---

[1] 王成山、王守：《智能微网在分布式能源接入中的作用与挑战》，《中国科学院院刊》2016年第2期。

人口密度较小的农村地区发展分布式发电集群，会成为电力生产和可再生能源消纳的新模式。以风光生物质分布式能源发展为基础，微电网能够通过利用信息通信技术，来构建多能互补的能源体系，实现用户与能源输送的相关协调，推动可再生能源的就地消纳与生产，减少能源在输送时的浪费，提高能源的利用效率与服务水平，提升电能的供应质量。

（2）微电网发展国际经验

美国电气可靠性技术协会（CERTS）最早提出微电网的概念，提出微电网主要由不大于 500 千瓦的小型微电源负荷构成。微电网在美国的应用也最早，目前美国拥有全球最多的微电网示范工程。美国北部电力系统承建的 Mad River 微电网是美国第一个微电网示范工程。由于美国大部分地区人口密度不高，因此微电网具有较大的发展空间。美国能源部也将微电网发展列入了国家的"Grid 2030"计划，将其作为未来电力系统重要技术的发展方向之一。微电网在美国的发展方向主要是通过技术发展和智能化技术的应用，提高重要用电负荷的供电稳定性与可靠性，同时能兼顾用户定制的用电质量需求。

加拿大对于微电网的应用主要在社区层面，通过实施综合社区能源管理（Integrated Community Energy Solutions，ICES）计划，在加拿大各地建立了一批社区微电网示范工程，积极探索分布式能源的集成利用和与社区层面的各类公共设施之间的相互支撑点。

在 21 世纪之初，欧盟就已经开始重视微电网技术，欧盟所支持的第五研究框架计划（1998—2002 年）和第六研究框架计划（2002—2006 年）中，都有一些关于微电网的前沿科技，去探索微电网并网及独立运行的控制策略和算法。如第五研究框架计划中，研究了如何将各种分散的小电源连接成一个微电网，并实现与配电网的连接。第六研究框架计划则重点研究如何控制多个微电网连接到配电网并对其开展协调管理，通过分析微电网与大电网连接的相互影响，旨在加强对电网的系统保护，并找到最优的经济调度方案。①

日本在微电网方面的研究和应用主要聚焦在储能方面，通过微电网接入可再生能源，提高能源供给体系的能源品种多样化，兼顾国内不同用户的个性化电力需求。例如将微电网配备储能设备用来补偿可再生能源如太阳能会发生中断的能量，以及控制能源原动机输出波动的平衡来调节整个电网能量。目前日本已经建成爱知微电网、八户微电网、青森微电网和京都微电网等多个示范项目，均是通过微电网将内燃机系统产生的电力或其他可再生能源产生的电力通过电网输送到用户端。

（3）微电网发展国内进展

我国在所制定的《国家中长期科学和技术发展规划纲要（2006—2020年）》中已将"分布式供能技术"列入，还通过多个国家重点研发计划支持微电网领域的研究。2015年7月13日，国家能源局发布《关于推进新能源微电网示范项目建设的指导意见》，提出要加快推进新能源微电网示范工程建设，探索适应新能源发展的微电网技术及运营管理体制，并进一步明确了新能源微电网示范项目建设的具体要求，提出要把新能源微电网作为可再生能源和分布式能源发展机制创新的重要方向。

"十二五"时期，国家能源局结合项目具体技术经济性，会同国务院有关部门研究制定具体支持政策，鼓励各地区结合本地实际制定支持新能源微电网建设和运营的政策措施，全国各地也开展了一批以提高分布式能源利用效率和电网接纳能力为目标的微电网示范项目。如浙江东福山岛和珠海东澳岛的海岛微电网，蒙东太平林场、内蒙古陈巴尔虎旗、江苏盐城大丰和青海玉树微电网等一批并网型微电网工程和冀北围场的离网型

---

① 《欧洲的微电网系统》，2014年10月24日，21ic电子网，https://www.21ic.com/iot/net/network/201410/605181.htm。

微电网等。①

**（4）微电网在兴山县的应用基础**

根据国家出台的《推进并网型微电网建设试行办法》，建设微电网需要满足以下基本特征：一是电压等级和系统规模较小，一般需要电压等级在35千伏及以下，系统容量在20兆瓦以下；二是发电能源品种的清洁性，原则上应以可再生能源发电为主，零碳可再生能源装机容量应在50%以上；三是自治性，具备一定电力电量自平衡能力，要求微电网独立运行模式下向负荷持续供电时间应保持在2小时以上，微电网与外部电网的年交换电量一般不超过年用电量的50%；四是友好性，应保证微电网与外部电网的交换频率和交换时段具有可控性。兴山县的地理位置、资源禀赋等情况，完全能够满足建设微电网的条件。其中，全县可再生能源装机量远超50%，具有生物质能和抽水蓄能这样的优势能源，能够满足储能的条件，保证电网运行的稳定性，可以因地制宜地利用本地小水电、太阳能、风能、生物质能、垃圾发电等多能互补地分布式功能系统，建立适应本地实际情况的智慧微电网，建立"风—光—水—生物质—储能"多能互补的微电网系统，进一步缓解未来农村地区可能出现的能源紧缺矛盾，提高新增分布式可再生能源供电的可靠性。

从开展微电网投资的规模来看，微电网应具备一定的电力电量自平衡能力，并应具备储能装置来确保电力系统的稳定性。② 为此，兴山县在构建多能互补的微电网系统时，需要考虑不同能源的配置比例。从统计数据可以看到，兴山县2020年全社会用电约为11.43亿千瓦时。根据微电网建设办法要求，微电网与外部电网的年交换电量一般不超过年用电量的50%。作

---

① 李海玲等：《以可再生能源为主的多能互补集成应用现状及发展研究》，《太阳能》2020年第9期。

② http://www.chinasmartgrid.com.cn/special/? id=625007.

为兴山县的支柱企业，兴发集团采用自发自用余量上网的方式，其2020年的用电量为7.52亿千瓦时，有大约1亿千瓦时的剩余电量由于电力体制政策需要上网交易。因此，未来兴山县构建多能互补的微电网系统，可以考虑将兴发集团这1亿千瓦时的剩余电量纳入。按照微电网的建设要求，微电网总用电量占到年用电量的50%，其中，光伏发电量占到30%，水力发电量占到15%，风力发电、生物质发电以及兴发集团剩余的上网电量占到5%，生物质颗粒燃料、抽水蓄能和电化学储能作为储能配置，具有灵活调峰的作用，从而构建一个局部多能互补的微电网系统。

未来兴山县可以考虑构建一个集"风—光—水—生物质—储能"多能互补于一体的微电网运行系统，既能够有效满足兴山县本地的用电需求，又能够实现零碳资源的有效利用。通过将微电网和多能互补的综合能源系统相结合，可以提高电网接纳可再生能源的能力，提高能源利用效率。在微电网技术运用的过程中，通过加强微电网和传统配电网的互动，可以将大量分散式的可再生能源接入大电网，从而增加兴山县零碳能源的经济效益。

# 七 兴山县实现碳中和的经济社会影响与时间进程选择

## （一）兴山县零碳能源发展的经济社会影响分析

### 1. 不同可再生能源利用成本比较

在技术进步、规模经济、市场竞争以及开发商经验不断成熟等多因素的推动下，过去十年内，清洁的可再生能源发电成本迅速下降，可再生能源发电成为默认的新增电力产能的经济选项。即使不考虑补贴支持，风力发电和太阳能发电的成本范围也已经能与新增的化石燃料发电价格相竞争，以水电、太阳能光伏和风电为代表的可再生能源发电明显可削弱化石燃料的竞争力。

根据国际可再生能源机构（IRENA）在2020年发布的不同可再生能源发电成本数据，自2010年以来，太阳能光伏发电（PV）、聚光太阳能、陆上风电和生物质能的安装成本分别下降了81.34%、31.94%、44.43%和2.90%（见图7-1）。2020年，在所有新近投产的并网大规模可再生能源发电容量中，超过90%的水电、近2/3的陆上风电以及接近一半的大规模光伏项目成本都低于最便宜的化石燃料发电。

2020年，并网大规模太阳能光伏的全球加权平均平准化发电成本（LCOE）从2010年的0.380美元/千瓦时降至2020年的0.057美元/千瓦时，降幅高达85%（见图7-2）。随着装机成本下降和装机容量的增加，陆上风电甚至比目前最便宜的化石燃料发电都更具竞争力。陆上风电的全球加权平均平准化发电成本从 2010 年的 0.162 美元/千瓦时降至 2020 年的 0.084 美元/千瓦时，降幅也达到 48%。水电的平准化发电成本虽然略有提高，但是 2020 年的水平为 0.044 美元/千瓦时，同其他化石燃料相比仍然具有竞争力。

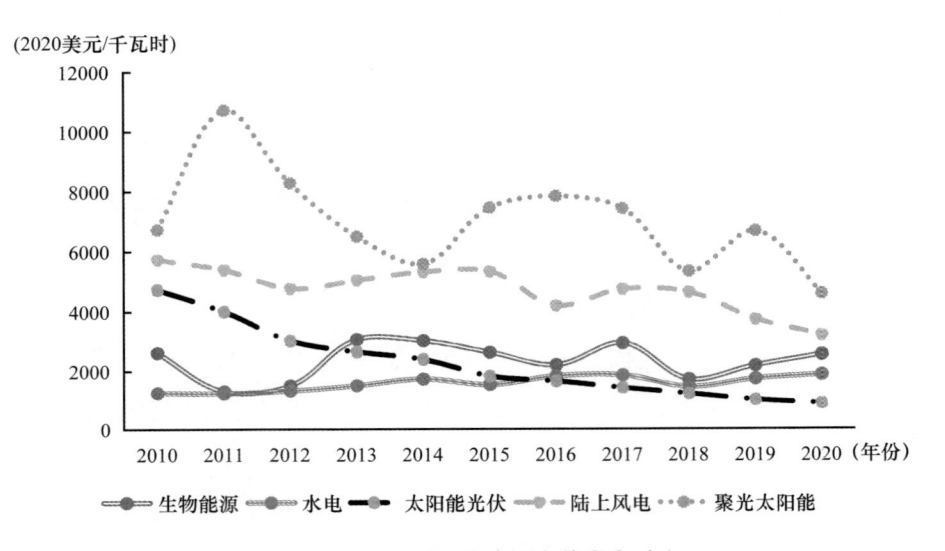

图 7-1　不同可再生能源安装成本对比

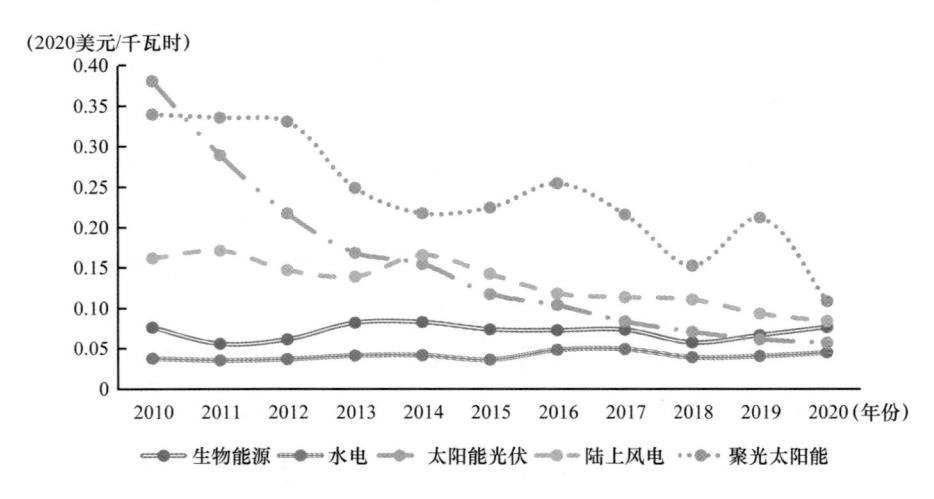

图 7-2　不同可再生能源的全球加权平均平准化发电成本

同水电、风电与太阳能相比，生物质能源的安装成本和发电成本下降趋势不明显，因此在与化石能源的竞争中，利用生物质能源发电并没有明显优势。

**2. 水电发展的经济成本分析**

水力电站的投资主要包括建筑工程的成本、机电设备生产和安装成本、各类工程成本、建筑征地成本、移民安置费，以及水力电站建成后的运营维护成本和其他成本等。同其他可再生能源利用不同，一般的水电站建设项目涉及建设征地、移民补偿、库底清理以及环境保护，因此一般建设周期更长，因为面临的不确定因素多，因此投资的规模一般较大。小水电建设项目中主要的成本核算项包括发电和供电成本；对于只发不供电的水电站，则只需要对发电成本进行核算。而且，因为小水电站一般规模较小，工程结构也相对简单，不涉及移民安置补偿问题，投资成本就相对会小一些。

由于兴山县的水电利用已经接近技术可利用水平的上限，未来水电的建设主要是针对已有水电站设计标准低、设备制造水平较低、技术性能改进等方向进行增效扩容改造。针对小水电开发能够享受一些中央和地方政府的优惠政策，比如以电养电政策、税赋政策、电价政策、优先提供小水电供电区政策、贷款政策和财政补助政策等，能够有效促进小水电发展。国家税务局在2018年发布的《支持脱贫攻坚税收优惠政策指引》中，提到了县级及县级以下小型水力发电单位（装机容量为5万千瓦及以下的小型水力发电单位）可以使用简易办法缴纳增值税。

过多的小型水电站可能会对局部生态产生影响，早期建成的小型水电站，由于条件限制及不科学设计等，会带来河段减脱水等问题，部分流域会产生河流断流及水体污染或富营养化等问题，部分地区对小型水电站已经开始限制开发。通过合理的技术手段和管理措施，可以将这些不利影响降至最低。

根据目前的市场情况，水电站小项目的建设成本为1万—2万元/千瓦。虽然水电建设成本较高，但是长期运营的运行成本和其他发电方式相比更具优势，发电成本低廉。目前，我国水电运行成本仅为0.04—0.09元/千瓦时，[①] 上网电价一般在0.3元/千瓦时左右。按照兴山县的水电未来发展规划，还将兴建3.35兆瓦的小水电和120兆瓦的水库发电设施，投资成本为12.3亿—24.6亿元。

### 3. 太阳能利用的经济成本与社会效益分析

**（1）屋顶光伏发电成本分析**

在屋顶安装光伏发电设备产生的总成本，可以分为工程初始投资成本、运行维护成本和其他成本三大类。工程初始投资成本是决定屋顶光伏项目总成本最重要的因素，主要涉及设备及安装工程、建筑工程和其他工程三大类工程项目，涵盖设备费及安装工程费、其他费用、基本预备费、差价预备费和建设期利息六大类费用，其中设备及安装工程费用占比为35%—45%，是初始投资成本的最主要支出。

屋顶光伏的运行维护成本是指针对屋顶光伏电站进行日常清洗维护所产生的费用，包括对系统的机械安装、电气连接的日常检测、更换失效零部件和清洗光伏组件等简单操作。后期维护对屋顶光伏的发电效率至关重要，家庭屋顶光伏面积较小，因此运维成本相对较低，对于一般家用安装在10千瓦以下的屋顶光伏发电系统维护成本几乎可以忽略不计，兆瓦级电站可按初始投资成本的1%—3%计入总成本。根据不同地区人工成本和运维人员服务价格，光伏组件每平方米的清洗成本为0.5—0.8元。

---

① 《中国水力发电电能上网价格及成本综合分析》，https://wenku.baidu.com/view/8ad70a0dacaad1f34693daef5ef7ba0d4a736db6.html。

屋顶光伏的补贴收益主要由三部分组成，包括国家和地区对屋顶光伏的政策补贴、自发自用抵消的用电费用以及剩余电量上网的收购电价。在国家发改委发布的《国家发展改革委关于2021年新能源上网电价政策有关事项的通知（征求意见稿）》中，提出2022年起新建用户分布式光伏项目，中央财政不再补贴。

近年来，随着技术进步和组件及逆变器价格的下降，光伏发电系统安装成本逐年递减，目前我国集中式光伏发电站的初始投资成本约为0.35万元/千瓦，而屋顶光伏发电初始投资成本为0.75万—0.84万元/千瓦，① 如果按照兴山县全县屋顶面积50%利用开展屋顶光伏计划，兴山县的屋顶光伏装机容量可达到3万千瓦，初始投资金额为2.25亿—2.52亿元。截至2020年，我国分布式屋顶光伏发电度电成本为0.22—0.4元/千瓦时。②

**（2）农光互补项目成本分析**

农光互补项目将光伏阵列作为农业大棚的一部分，将光伏组件安装在向阳坡面上，结构上与大棚屋顶结合为一体，从而节约了建设地面电站的土地。在大棚屋顶建设光伏电站，可以分摊农业大棚的建设成本投入，达到改善农业投资大、回收周期慢的目的，缩短大棚投资回报周期。

农光互补项目建设成本包含光伏系统的建设安装费用、项目土地费用、农业大棚本体建造费用和接入系统费用，建设投资成本约为1.25万元/千瓦。③ 根据预测，兴山县柑橘种植和中

---

① 《兴山县垃圾焚烧发电项目环境影响报告书》，2021年4月，湖北铨誉科技有限公司，https://max.book118.com/html/2021/0427/5314332000003224.shtm。

② 《一立方沼气能发多少度电》，2013年1月9日，沼气网，http://www.zhaoqiweb.com/zhaoqijishu/zhaoqifadian/a201319145551.html。

③ 王火根、王可奕：《基于生命周期评价的生物质与煤炭发电综合成本核算》，《干旱区资源与环境》2020年第6期。

草药面积如果全面结合光伏发电设施约可实现 149 万—446 万千瓦的光伏装机容量,投资成本为 173 亿—519 亿元。除了初始投资之外,项目建成运营后,还需要考虑土地租赁成本及项目相关动态投资。

发挥光伏发电设施的遮光性,重点发展喜阴性植物也是农光互补的一个重要收益。柑橘作为兴山县重要的水果作物,对日照的适应范围较广。柑橘是耐阴植物,如果在直射光较强地区,反而不利于柑橘生长。中草药中也有很多喜阴植物。因此通过发展柑橘和中草药种植与光伏发电结合的农光互补项目,有助于提高农业发展和光伏项目的综合收益。①

(3) 光伏利用的就业效益分析

光伏产业不仅能给当地带来经济效益和环境效益,光伏项目的开发建设和运行维护需求还将创造一定的新增就业机会,从而能够为当地提供相应的工作岗位,在一定程度上带动当地就业。根据计算,在光伏产业链总劳动力工作日投入需求中,需要 1% 用于项目前期规划、22% 用于采购和制造、2% 用于交通运输、17% 用于系统安装和并网、56% 用于系统运营维护、2% 用于退役发电系统拆除。② 其中,系统安装和并网、系统运营维护和退役发电系统拆除都能为当地闲置劳动力提供临时就业机会。相关案例显示,30 吉瓦光伏装机容量可以提供 1000—1200 个就业就会,③ 由此推算兴山县光伏产业最多可提供 39—106 个直接就业

---

① 刘润宝、周宇昊、谢玉荣:《江苏仪征大仪 100MWp 农光互补发电项目研究》,《节能》2017 年第 3 期。

② 《在光伏产业链中哪个环节用工最多?》,2020 年 7 月 9 日,北极星太阳能光伏网,https://guangfu.bjx.com.cn/news/20200709/1087524.shtml。

③ 《将提供千余个就业岗位 成都金堂太阳能光伏产业基地一期明年投产》,2020 年 8 月 27 日,百度网,https://baijiahao.baidu.com/s?id=1676179284764374047&wfr=spider&for=pc。

机会。

除了光伏系统需要的就业外,农光互补项目建成后,可由农业工资租用,并雇用当地农民从事种植业和养殖业生产,增加当地就业率。使个体农业生产方式向集团农业转变,提高农业劳动生产率,实现当地居民增收和政府财政收入增加的双重收益。此外,农光项目还能成为当地的农业生态旅游业新的亮点,促进生态旅游的发展,具有良好的社会效益。

(4) 光伏利用的综合经济效益分析

兴山县推动光伏建设还将带来可观的投资需求,给当地带来税收增收和就业增加的发展红利。因此,兴山县光伏发电装机所需要的占地面积以及经济收益主要如下。

①占地面积:相关研究显示,10万千瓦的(集中式)光伏电站,实际建设过程中的土地征用面积为2000—5000亩。对于兴山县来说,未来发展屋顶光伏计划和农光互补项目不涉及土地征用的问题,只考虑兴山县本地光伏发展规划涉及的土地征用问题,主要有50兆瓦的滩坪光伏发电站和40兆瓦的风光水一体化项目,需要占地6.67万—16.67万平方千米。

表7-1　　兴山县光伏发电发展带来的潜在经济社会效益评估

|  | 装机（兆瓦） | 总占地面（万平方千米） | 总投资成本（亿元） | 总就业岗位 | 年均发电量（亿千瓦时） | 年均收益（亿元） |
| --- | --- | --- | --- | --- | --- | --- |
| 光伏 | 4720.6 | 6.67—16.67 | 138.63—389.57 | 106个 | 57.41 | 15.99 |

注:(1) 一个10万千瓦的(集中式)光伏电站,其实际建设过程中的土地征用面积为2000—5000亩。(2) 31个省份的新建光伏发电项目指导价,其中蒙西地区的风电、光伏指导价为0.2785元/千瓦时,燃煤基准价为0.2829元/千瓦时。

资料来源:笔者根据调研信息总结测算得到。

②经济收益:根据国家发改委2021年新能源上网电价的相关政策,蒙西地区光伏的指导价为0.2785元/千瓦时,相比

0.2829元/千瓦时燃煤发电上网电价具有价格优势。按照0.2829元/千瓦时的燃煤标杆电价进行计算，光伏发电产生的57.41亿千瓦时的电力将带来15.99亿元的收益。根据前文可知，光伏的最大投资成本约为389.57亿元，按照投资收益比率来计算，投资回报期约为24年。

### 4. 风力发电的经济成本与社会效益分析

#### （1）风力发电项目成本分析

风电场工程总投资由建筑安装工程费、设备购置费、工程建设其他费用、预备费和建设期贷款利息构成。项目前期工程包括建设用地费、施工供电、工程施工供水工程、大型设备进场费等，这部分费用占总投资的比例大概是1%。设备购置费是风力发电站最主要的成本，其占总成本的比例可以达到70%—85%。这些设备成本包括风电机组、塔筒、机组变压器、集电架空线路、集电电缆线路、配电装置、无功补偿装置、占用电系统、电力电缆等。建筑工程的安装费用主要包括场地安装费用、升压站安装，此外还包括场地平整工程、道路交通工程、房屋建筑工程、风电机组及塔筒机组基础工程、箱变基础工程、接地工程、主变压器、基础工程、电气设备、基础工程、配电设备、建筑工程等在内的土建工程投资以及外部接入和其他一些费用。[①]

目前单个1.5兆瓦的风力电站的建造成本为1350万—1700万元，单位投资成本为0.9万—1.2万元/千瓦；但规模的提高会在一定程度上降低单位投资成本，例如40兆瓦的风电场，预算成本为3.6亿—4亿元，单位投资成本为0.9万—1万元/千瓦。未来兴山县规划建设4个40兆瓦的风电场和1个水风光一

---

① 《建一个风电场需要多少钱？多久能回本？》，2021年1月25日，百度网，https://baijiahao.baidu.com/s?id=16898575672904321 26&wfr=spider&for=pc。

体化发电项目，总共需要的投资为18亿—20亿元。

目前我国风力的指导价格，根据不同类型，陆上风电为0.29—0.47元/千瓦时。

（2）风力发电项目的就业效益分析

国内外的研究均表明，生产同样的电力，风力发电可以比传统的火电以及天然气联合循环发电创造更多的就业。风力发电项目新增就业主要来自制造业，约有70%来自风机及其他零配件的生产环节，安装和运行维护也会创造一定的就业机会。借助风力发电站还能发展旅游业等其他相关产业，为当地创造新的工作岗位。相关案例显示，200兆瓦的风电工程可以提供500个当地就业岗位，[①] 由此推算兴山县的风电项目可能给当地带来300个左右的直接就业机会。

（3）风力发电利用的综合经济效益

前文已经针对风力发电的投资成本和带来的就业岗位进行了分析，本部分将主要测算兴山县发展风力发电的占地需求和产生的综合经济效益，兴山县风力发电装机所需要的占地面积以及经济收益主要如下。

①占地面积：相关研究显示，10万千瓦的（集中式）风电场，实际建设过程中涉及的永久性土地征用面积部分为40—50亩。对于兴山县来说，只考虑本地风电发展规划涉及的土地征用问题，主要有50兆瓦的滩坪光伏发电站和40兆瓦的风光水一体化项目，需要占地6.67万—16.67万平方千米，规划装机容量为160兆瓦的4个40兆瓦分散式风电项目和风电装机40兆瓦的风光水一体化项目，需要占地0.53万—0.67万平方千米。

②经济收益：根据国家发改委2021年新能源上网电价的相关政策，蒙西地区风电的指导价为0.2785元/千瓦时，相比

---

[①] https：//baijiahao.baidu.com/s？id＝1713441715706234124&wfr＝spider&for＝pc.

0.2829元/千瓦时燃煤发电上网电价具有价格优势。按照0.2829元/千瓦时的燃煤标杆电价进行计算，风力发电产生的4亿千瓦时的电力将带来1.11亿元的收益。根据前文的计算可知，风电最大投资成本约为20亿元，按照投资收益比率来计算，投资回报期约为18年。

表7-2　兴山县风电发展带来的潜在经济社会效益评估

|  | 装机（兆瓦） | 总占地面（万平方千米） | 总投资成本（亿元） | 总就业岗位（个） | 年均发电量（亿千瓦时） | 年均收益（亿元） |
|---|---|---|---|---|---|---|
| 风电 | 200 | 0.53—0.67 | 18—20 | 300 | 4 | 1.11 |

注：(1) 一个10万千瓦的（集中式）风电场，其实际建设过程中涉及的永久性土地征用面积为40—50亩。(2) 31个省份的新建光伏发电项目指导价，其中蒙西地区的风电、光伏指导价为0.2785元/千瓦时，燃煤基准价为0.2829元/千瓦时。

资料来源：笔者根据调研信息总结测算得到。

### 5. 生物质能利用的经济成本与社会效益分析

**(1) 生物质发电成本分析**

①垃圾发电成本

投资建设垃圾发电项目的成本可以分为工程费用（设备工器具购置费、建筑安装工程费）、工程建设其他费用、预备费（包括基本预备费和涨价预备费）和建设期利息等，其中工程费用主要涉及垃圾发电项目的设备购置费用以及投资建造费用等，工程建设其他费用主要涉及垃圾发电运行过程中的运行成本和维护成本。项目运营成本一般包括外购原材料费、燃料动力费、维修费用、人工成本、渗滤液及飞灰处理费、环境检测费、保险费等。[1]

---

[1] 《垃圾焚烧发电行业收入成本测算解析》，2021年1月20日，北极星垃圾发电网，https://huanbao.bjx.com.cn/news/20210120/1130947.shtml。

目前单个日处理生活垃圾300吨、装机为7.5兆瓦的生物质发电站建造成本约为2.80亿元，单位投资成本约为3.7万元/千瓦。从兴山县未来的规划及发展潜力来看，其未来可建成两座装机为7.5兆瓦的生物质发电站，建成后年发电总量可达0.6亿度，总共需要的投资为5.6亿元左右。[1] 根据国家发改委发布的完善垃圾焚烧发电价格政策的通知，垃圾焚烧发电执行全国统一垃圾发电标杆电价0.65元/千瓦时，[2] 对于高出当地火电标杆上网电价的部分，由当地省级电网负担0.1元/千瓦时，其余部分则通过纳入全国征收的可再生能源电价加以解决。

②沼气利用成本

沼气工程的建造成本包括建安工程费用、设备购置费用、建造工人薪酬及其他相关一次性固定费用等，运营成本主要包括安全检修费用、水电费用、人员工资、管理费用、固定资产折旧成本、销售费用、财务费用以及生产沼气、沼渣与沼液的原料费用。从兴山县的实际情况来看，现有户用沼气池1.78万户、大中型沼气工程3处、小型沼气工程48处，2020年兴山县农村沼气产量约为446万立方米，生物质炉（灶）近2万台，单位投资成本约为5.42元/立方米，未来沼气工程建设规模可达到5530万立方米，产生的总成本约为3亿元。[3]

③生物质颗粒燃料成本

生物质燃料成型设备解决了功率大、生产效率低、成型部件磨损严重和寿命短等问题，秸秆成型燃料专用供热锅炉、燃

---

[1] 《兴山县垃圾焚烧发电项目环境影响报告书》，2021年4月，湖北铨誉科技有限公司，https://max.book118.com/html/2021/0427/5314332000003224.shtm。

[2] 《垃圾发电市场变大 接受度和成本仍存障碍》，2013年7月15日，北极星火力发电网，https://news.bjx.com.cn/html/20130715/445671.shtml。

[3] 郝利等：《沼气生产成本收益与产业发展分析——以北京市平谷区大兴庄镇西柏店村沼气站为例》，《农村经济》2011年第2期。

料燃烧等技术日益成熟，具备规模化、产业化发展基础。现有的生物质颗粒燃料成本主要来自设备购置费、原材料成本以及运行、维护成本等。[1] 兴山县于2019年投资的生物质颗粒厂，投资额为167万元，年产量为2500吨，原材料大概每吨600元，约占总成本的80%，单位生产成本为750元/吨。从兴山县未来生物质发展的规划以及潜力来看，该生物质颗粒厂的生产产能会进一步扩大，同时考虑到产地规模和原材料运输等问题，预计可以扩产到12.139万吨的规模，产生的总成本约为2亿元。

④秸秆发电

秸秆发电以农业生产活动产生的秸秆为原料用于发电。秸秆作为能源进行发电，有着总量丰富、可再生、低污染、分布广泛等特点，现在已经成为丹麦、瑞典、芬兰等欧洲国家的主要发电方式。[2] 秸秆发电包括农作物种植和收集、秸秆运输、电厂建设所用建筑材料生产、燃烧发电四个主要环节，主要包括燃料成本、水电费、职工工资和福利费以及修理费等其他费用。综合来看，秸秆发电的成本较高，达到30元/吨，单位建造成本为1万元/千瓦，如果投资两台35吨/小时的循环流化床生物质锅炉、一台中温中压冷凝式汽轮机、一台15兆瓦的发电机组用于秸秆发电，总共需要的投资约为1.5亿元，秸秆发电项目的度电成本为0.73元/度。

⑤生物质能碳捕集与封存（BECCS）技术成本

对于BECCS技术的应用来说，其成本具有一定的不确定性，一是要考虑生物质能成本，也要考虑碳捕集与封存（CCS）技术成本；二是可以结合的类型比较多，生物质能和CCS不同技术间成本差异较大；三是存在技术进步的不确定性。BECCS技

---

[1] 田宜水等：《我国生物质经济发展战略研究》，《中国工程科学》2021年第1期。

[2] 房梦：《秸秆发电企业成本与补偿研究》，硕士学位论文，华北电力大学，2016年。

术应用的过程效率一般为24.4%—25.5%,[①] 能源成本为0.80元/千瓦时左右,[②] 平均除碳成本为210元/吨二氧化碳,采用100%生物质+CCS技术,产生的$CO_2$排放量约为178克/千瓦时,$CO_2$净排放量约为-165克/千瓦时。[③] 因此,如果将垃圾发电和CCS技术进行结合,通过运用BECCS技术来实现负排放,按照投资两台装机为7.5兆瓦的生物质发电站来估算,投资和运行成本约为3.3亿元;如果将秸秆发电和CCS技术进行结合,按照投资一台15兆瓦的发电机组来估算,投资和运行成本约为1.8亿元,年去除$CO_2$量约为594万吨。

(2) 生物质发电社会效益分析

生物质发电的发展是实现碳中和的重要支撑之一,通过利用与处理生物质资源用于发电,能够增强我国能源供给的多元化程度。通过发展生物质能源,还能帮助农村居民增收并提高其生活质量。生物质发电项目的资源收集处理环节,具有劳动密集型特征,能够新增一定的就业岗位。[④] 此外,生物质能发电还伴随着生态环境保护的协同效益,将废弃物和垃圾用于发电所带来的负面环境影响要小于直接填埋。

据不完全统计,2020年全国生物质发电替代约7000万吨标准煤,减排二氧化碳约15000万吨、二氧化硫570万吨、氮氧化物300万吨。以运营一个30兆瓦的生物质电厂测算,每年需要

---

[①] 段宏波、汪寿阳:《中国的挑战:全球温控目标从2℃到1.5℃的战略调整》,《管理世界》2019年第10期。

[②] J. Alcalde, et al., "The Potential for Implementation of Negative Emission Technologies in Scotland", *International Journal of Greenhouse Gas Control*, Vol. 76, 2018.

[③] M. Carpentieri, A. Corti, L. Lombardi, "Life Cycle Assessment (LCA) of an Integrated Biomass Gasification Combined Cycle (IBGCC) with $CO_2$ Removal", *Energy Conversion and Management*, Vol. 46, 2005.

[④] 杨杰等:《新能源消纳社会效益及风险分析》,《现代经济信息》2016年第19期。

消纳 30 万吨左右的农业秸秆，需要参与秸秆种植和燃料收购、加工、储存、运输的农民经纪人为 500—2000 人、农民工为 6000—12000 人；生物质电厂在燃料的收、加、储、运等环节直接支付相关费用约 1 亿元，转化为农民和农民经纪人的收入可惠及农户 3 万—6 万户。可见，生物质发电可成为农民增收和工业反哺农业的直接载体。以 2020 年年底农林生物质发电累计装机容量计算，年消纳约 1.2 亿吨农林剩余物，整个行业每年支付给农户的燃料款约为 350 亿元，对促进县域循环经济发展效益显著。

兴山县拥有丰富的生物质能源，未来生物质发电市场项目在投资、建造和运行等过程中，会涉及各个领域，预计可以促进千余人就业。

兴山县垃圾发电站项目建成后，可以解决当地的生活垃圾问题，减少对当地生态环境造成的污染问题，还可以将以往的生活垃圾转变为重要的电力资源，提升当地群众的生活质量，并可为当地提供就业机会，减少待业人员数量，缓解当地的就业压力，对推动当地的经济发展起重要作用，因此具有较好的社会效益。

### 6. 储能项目利用的经济成本分析

（1）抽水蓄能项目

按照兴山县抽水蓄能电站项目的建设规划，未来建设装机容量将达到 120 万千瓦，装设 4 台单机容量为 300 兆瓦的单级混流可逆式机组，项目建设期为 6—8 年，项目建成后，年发电量为 12 亿千瓦时，初始投资成本为 6 万—7 万/千瓦时，度电成本为 0.21—0.25 元/千瓦时，总投资成本为 72 亿—84 亿元。

（2）电化学储能项目

从兴山县电动车替代潜力来看，假设未来交通领域全部实现电动车替代，按照每辆电动车年充电次数 50 次来计算，充满电的储能量将达到2.03亿千瓦时，度电成本按0.6—0.9元/千瓦时来计算，[1] 未来实现电动车的完全替代，投资成本为1.22亿—1.83亿元。

(3) "光热+光伏"发电项目

根据兴山县光伏发电潜力测算，未来总的最大发电量约为42.97亿千瓦时，通过配置"光热+光伏"项目，可以分别装机85%的光伏发电、15%的光热发电，度电成本为0.25元/千瓦时，投资成本约为10.74亿元。

(4) 生物质储能项目

目前生物液体燃料的生产成本仍然较高，燃料乙醇和生物柴油的成本为6000元左右，在市场上还不具备竞争力，但是其成本仍低于氢能成本。如果未来以秸秆为原料的二代燃料乙醇能够实现技术突破，预计成本将会降低40%左右，将会有大的发展空间。[2] 根据兴山县生物质固体颗粒的发展情况来看，未来将可以提供12.3万吨左右标准煤的生物质颗粒燃料，投资成本约为2亿元。

表7-3　　　　　　　兴山县不同类型储能成本比较

|  | 度电成本 | 需求规模 | 总投资成本（亿元） |
| --- | --- | --- | --- |
| "光热+光伏"发电 | 0.25元/千瓦时 | 42.97亿千瓦时 | 10.74 |
| 抽水蓄能 | 0.21—0.25元/千瓦时 | 120万千瓦 | 72—84 |
| 电化学储能 | 0.6—0.9元/千瓦时 | 2.03亿千瓦时 | 1.22—1.83 |
| 生物质储能 | 750元/吨 | 12.3万吨 | 2 |

---

[1] 郭剑波：《中国高比例新能源带来的平衡挑战》，2022年1月5日，https://mp.weixin.qq.com/s/EcRSqJZeWx7rzyuzIHXipA。

[2] 《〈3060零碳生物质能发展潜力蓝皮书〉重磅发布（附全文）》，2021年9月15日，北极星垃圾发电网，https://huanbao.bjx.com.cn/news/20210915/1177039.shtml。

### 7. 多能互补电网系统的经济成本分析

从成本收益的角度来分析，在兴山县"风—光—水—生物质—储能"多能互补的电网系统中，光伏发电占30%，由于是分布式光伏发电，采用屋顶光伏和农光互补相结合的形式，预计需要的投资成本为15.18亿—19.31亿元；水力发电占15%，预计需要的投资成本为0.89亿—1.79亿元；风力发电、生物质发电以及兴发集团剩余的上网电量占到5%，预计需要的投资成本为0.78亿—0.86亿元，未来生物质颗粒燃料扩大规模需要投资2.4亿元，规划中的抽水蓄能建成需要投资成本72亿—84亿元，电化学储能跟兴山县未来电动汽车普及程度有关，蓄电池成本也达到0.6元/千瓦时，需要的投资成本为1.22亿—1.83亿元，预计总投资为91.25亿—110.19亿元（见表7-4）。

表7-4　　　多能互补电网系统投资建设规模及成本　　　（单位：亿元）

| | 微电网中分类型能源配置 | 预计投资成本 | 总成本 |
| --- | --- | --- | --- |
| 兴山县年用电量的50% | 光伏发电量占到30% | 15.18—19.31 | 92.47—110.19 |
| | 水力发电量占到15% | 0.89—1.79 | |
| | 风力发电、生物质发电以及兴发集团剩余的上网电量占到5% | 0.78—0.86 | |
| 储能配置 | 生物质颗粒燃料、抽水蓄能和电化学储能 | 75.62—88.23 | |

### 8. 碳汇增汇的社会经济效益评估

**（1）社会效益分析**

①减缓和适应气候变化

气候变化不仅会直接影响社会经济的可持续发展，也会影响人们的健康生活。在这种形式下，兴山县要想有效应对气候变化，为气候变化工作做出一定贡献，就要有效利用现有的资源条件，增强森林碳汇的作用。通过森林经营与管理过程中发展森林碳汇，能有效减缓与适应气候变化，[1] 因此，需要对兴山县森林植被进行保护与恢复，通过发展林业来增加碳汇，达到抵消和吸收二氧化碳的排放的作用。

②提供就业岗位，增加农民收入

兴山县具有较高的森林覆盖率，也可以通过发展森林碳汇产业为农业创造新的就业机会，扩大就业途径，增加农民收入。在造林、幼苗抚育、成林养护和森林管理等各个阶段，森林碳汇项目建设都需要大量的劳动力投入，因此，森林碳汇增汇本身就是一个劳动密集型活动，且劳动力工作持续时间也比较久，能够创造持久的就业机会。[2]

（2）**经济效益分析**

现有的对森林碳汇经济价值的衡量，主要是指将森林固定的碳储量以市场货币的形式表现出来。[3] 查阅相关文献资料，对森林碳汇经济价值（效益）的评估方法主要有造林成本法、人工固定二氧化碳法、碳税法、碳税率法以及市场价格法等。影响森林碳汇经济效益的主要因素有森林碳储量的大小和单位森林碳汇的价格。由于不同研究文献的对象不同、考虑的影响因素不同以及采用的计量方法存在差异等，计算出来的碳汇价格相差很大，这对估算森林碳汇产生的经济效益造成很大的影响。因此，本书采用市场价值法来测算兴山县森林碳汇的经济效益。

具体来说，森林碳汇的经济效益等于森林碳储量与森林碳汇单位价格的乘积。森林碳储量采用森林蓄积量法计算得到，

---

[1] 胡忠学：《森林碳汇的社会效益和经济效益分析》，《南方农业》2018 年第 33 期。

[2] 伍格致等：《湖南省森林碳汇产业发展社会效益分析》，《林业经济》2015 年第 11 期。

[3] 张娟、陈钦：《森林碳汇经济价值评估研究——以福建省为例》，《西南大学学报》（自然科学版）2021 年第 5 期。

森林碳汇单位价格依据湖北省碳排放交易中心以及中国碳排放交易网中碳汇项目成交的均价来计算,最终得到历年兴山县森林碳汇的经济效益(见图7-3)。

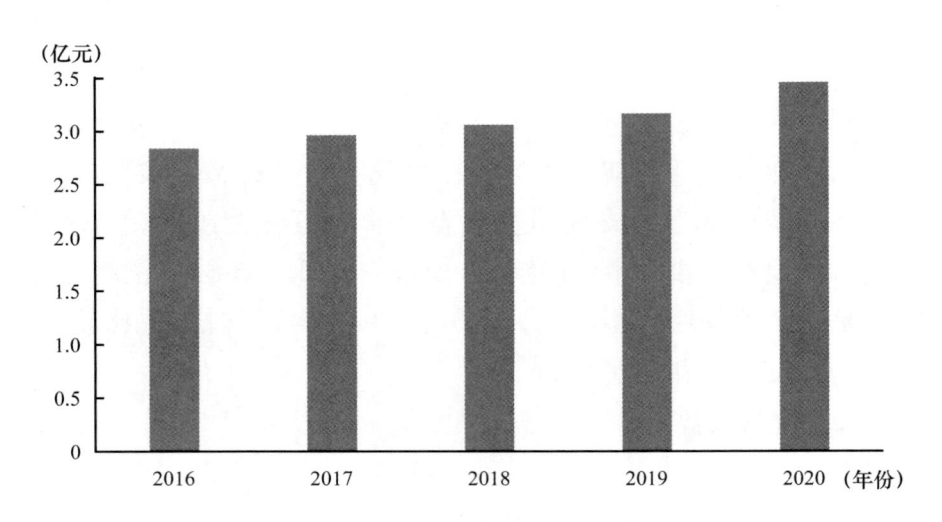

图7-3 兴山县历年森林碳汇经济效益产出情况

从图7-3中计算的结果可以看出,兴山县拥有80%左右的森林覆盖率,带来的直接碳汇经济效益达到3亿元左右,并且每年呈现递增的趋势。通过计算这些数据,充分说明了兴山县凭借其区位生态优势,森林资源丰富,具有发展林业的优越条件,在发展森林碳汇方面潜力巨大。一方面,可以为当地经济发展贡献新的力量;另一方面,可以为尽快实现兴山县碳中和发展目标甚至相邻地区的零碳发展提供新的发展途径。

## (二)兴山县实现碳中和的时间进程

### 1. 兴山县碳中和目标的时间进程情景

中国提出2060年前实现碳中和发展目标,这就要求从各个方面来努力。从碳中和发展的阶段来看,实现碳中和目标一般会经过四个阶段:第一阶段是碳达峰期,在这个阶段,碳排放量有所增长,达到峰值第一阶段是碳达峰期,在这个阶段,碳排放量有所增长,达到峰值;第二阶段是碳达峰后的平台期,这一阶段碳排放趋于稳定,呈现出稳中有降的趋势;第三阶段是碳替代期,这一阶段碳排放量快速下降;第四阶段是碳中和期,这一阶段在保证经济发展与能源安全的情况下,稳步实现碳中和目标。为此,本书对比分析兴山县2035年碳中和情景和2060年碳中和情景,根据目前的经济社会发展状况和产业结构判断,兴山县已经基本实现碳达峰,正处于平台期。尽管受新冠疫情影响,支柱产业近几年的产值和用能水平存在再达峰的可能性,但是大幅提升的空间并不大。随着产业结构的优化和县内支柱企业产能的县外分散化布局,兴山县预计会较快进入碳替代期,实现2035年碳中和愿景的时间路径如图7-4所示。

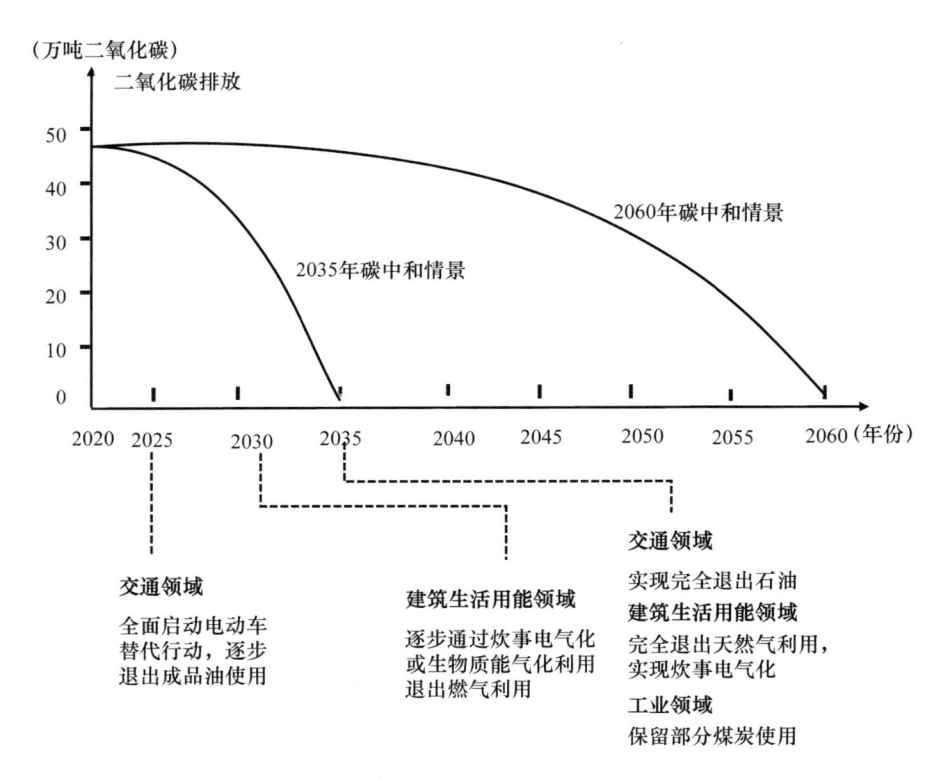

图7-4 兴山县实现碳中和的时间路径情景

两种情景下，兴山县当前的碳排放水平都接近绝对量达峰，到 2035 年实现碳中和，这要求兴山县在 2025 年前后就要进入碳排放的迅速下降期。要实现 2035 年碳中和情景，一是要加快推进能源供应结构脱碳化进程，除了工业生产之外，其他领域在 2035 年应基本依靠零碳能源供应。二是实现电动汽车对传统燃油车的全面替代。按照燃油车使用寿命 10 年计算，2025 年，兴山县就必须尽量实现新增机动车全部为电动车的目标。三是实现建筑用能电气化为主、生物质能为辅的用能结构，使用地源热泵以及电源热泵技术提供建筑采暖，推动炊事领域的脱碳化。四是通过生态碳汇增汇解决无法替代的化石能源利用在工业生产过程中产生的碳排放。

### 2. 兴山县零碳单元目标实现的时间进程

碳中和的实现主体可以是不同层级的单位，为了促进国家或亚国家主体能够实现碳中和，首先可以在更小的生产或生活单位上，通过构建零碳的能源供应体系和向全面零碳的能源消费模式转型，在不同的时间维度上形成细颗粒的零碳"细胞单元"。在兴山县实现碳中和的时间进程中，针对县内不同的能源消费单元主体，如家庭、学校、机关、村镇的基础条件，通过因循"低碳—近零—净零"的减碳路径为分步形成零碳单元，并积累成功经验，努力形成国内示范。

对于农村地区，可以将生物质作为零碳电力的灵活性补充，通过逐步减少生产、生活中的化石能源消费，力争在 2025 年实现零碳村落目标。建设零碳村落、零碳乡村发展目标，主要通过构建集微水电、户用光伏、生物质能发电于一体的能够自发、自用的微电网系统来实现。以抽水蓄能作为储能配置，生物质能为零碳电力提供灵活性补充，实现灵活调峰，推进农村地区用能清洁化，能够进一步产生经济效益。

其中，城镇有条件的家庭通过家庭用能电气化以及电动汽车对燃油车的替代，力争在 2030 年形成县内第一批零碳单元，不再直接消费化石能源。根据城镇家庭电气化和交通电气化的特点，这一部分用电需求主要通过县内小水电、集中式光伏发电和屋顶光伏计划来解决。

对于学校、机关等公共建筑和乡镇单位，通过屋顶光伏计划满足生活用电需求，通过消费模式调整以零碳电力彻底替代化石能源，争取在 2033 年完全脱碳，实现零碳公共建筑。以建筑面积 1 万平方米的校园为例，可实现装机 215 千瓦、年发电量 20 万度，所需投资约为 86 万元。同时，抽水蓄能和生物质颗粒燃料可以作为灵活储能的形式来使用。

最后，通过碳汇抵消等措施，对工业生产领域产生的碳排放进行完全抵消，在 2035 年实现全县碳中和。

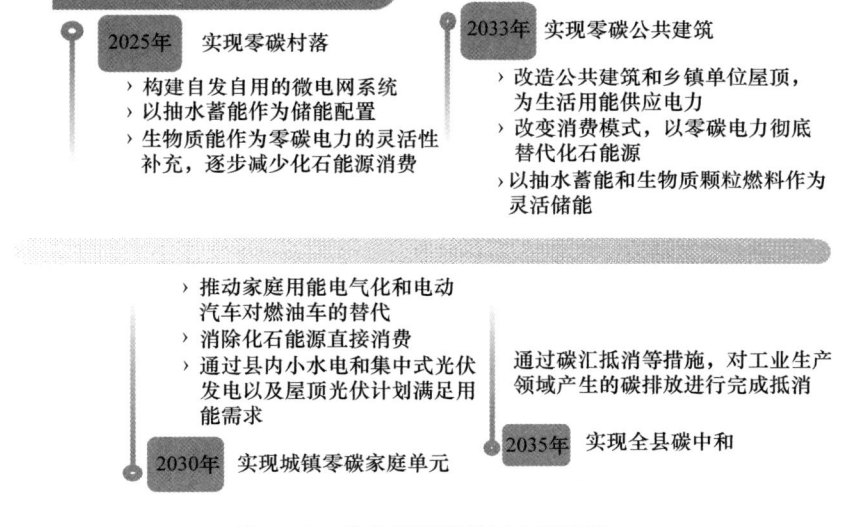

图 7-5　兴山县零碳单元实现进程

### 3. 兴山县具体领域碳中和目标实现时间进程

**（1）兴山县交通领域碳中和时间进程**

中国石油消费总量控制和政策研究项目组在 2019 年发布的

《中国传统燃油汽车退出时间表研究》中，建议中国传统燃油汽车的禁售与退出应按照"分地区、分车型、分阶段"的步骤逐步推行，并将湖北划分为第三层级区域，预计在2040年全省实现除重型货车以外的电气化替代，2045年实现新能源汽车对传统燃油车的完全替代。未来随着经济的持续发展和人们生活水平的不断提高，兴山县的汽车保有量将会保持增长态势，而兴山县要提前实现碳中和目标，必须以更快的速度实现交通能源从化石燃料向电动化转型，实现纯电动汽车的规模化使用。要实现碳中和，需要推进交通领域的结构性变革，加快高碳的燃油机动车出行向零碳的电动车出行方式转型，实现交通领域的电气化转型。

根据2020年10月国务院印发的《新能源汽车产业发展规划（2021—2035年）》，自2021年起，国家生态文明试验区、大气污染防治重点区域的公共领域新增或更新公交、出租、物流配送等车辆中，新能源汽车比例不低于80%，但兴山县作为碳中和的先行区，具有较好的碳中和实现基础，应当走在全国前列，力争2035年前实现碳中和。根据目前机动车的结构，兴山县交通部门可在2025年首先实现公共交通汽车和农用车的全面电气化替代，2030年实现轻型货车和载重车的全面电气化替代，2035年实现家用小汽车和摩托车的全面电气化替代（见图7-6）。

**（2）兴山县整县光伏屋顶应用时间进程**

根据国家能源局综合司下发的《关于报送整县（市、区）屋顶分布式光伏开发试点方案的通知》，对屋顶分布式光伏开展整县推进模式，要求党政机关建筑屋顶总面积光伏可安装比例不低于50%，学校、医院等不低于40%，农村居民屋顶不低于20%。国家发改委、国家能源局在《关于完善能源绿色低碳转型体制机制和政策措施的意见》中,也提出鼓励利用农村地区适宜分散开发风电、光伏发电的土地,探索统一规划、分散布局、农企合作、利益共享的投资经营模式。

**全国**
- 纯电动乘用车新车平均电耗降至12.0千瓦时/百公里
- 新能源汽车新车销售量占比实现20%

**全国**
- 当年新增能源、清洁能源动力到交通工具比例达到40%
- 陆运交通运输石油消费力争2030年前达到峰值

**全国**
- 基本建成现代化高质量国家综合立体交通网

**兴山**
实现公共交通汽车和农用车的全面电气化替代
- 电动车耗电量约为428万度,约折标准煤526吨,电费约为239万元
- 剩余燃油车耗油量约为0.27亿升,约折标准煤3万吨,油费约为2亿元

**兴山**
实现轻型货车和载重车的全面电气化替代
- 电动车耗电量约为0.2亿度,约折标准煤0.2万吨,电费约为1100万元
- 剩余燃油车耗油量约为0.18亿升,约折标准煤2.02万吨,油费约为1.4亿元

**兴山**
实现家用小汽车和摩托车的全面电气化替代,兴山县交通领域完全实现电气化
- 电量需求约为0.7亿度,约折标准煤0.86万吨,电费约为3904万元

2025年 ➡ 2030年 ➡ 2035年

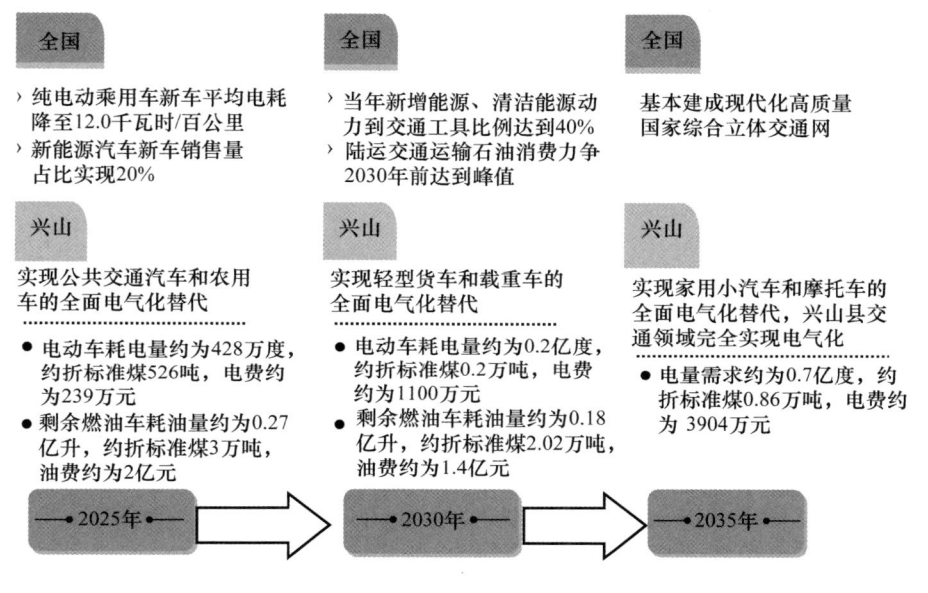

图 7-6　兴山县交通领域碳中和路径

注:油费以2022年3月3日湖北省成品油价格计算。

从实际情况来看,公共建筑屋顶分布相对集中,且主要由政府负责管理运行,因此能够尽早实现较大范围的屋顶光伏安装面积,预计最早可在2027年前达到要求比例。居民屋顶属于居民自有资源,且农村居民屋顶分布较为分散,在资源统计和方案选择上需要较长时间,可在2030年前后达到要求比例。一般情况下,每户居民可安装装机容量为3千瓦的光伏发电系统,所需投资为2.4万元左右,预计在20—25年收回投资。具体安装时间安排如图7-7。

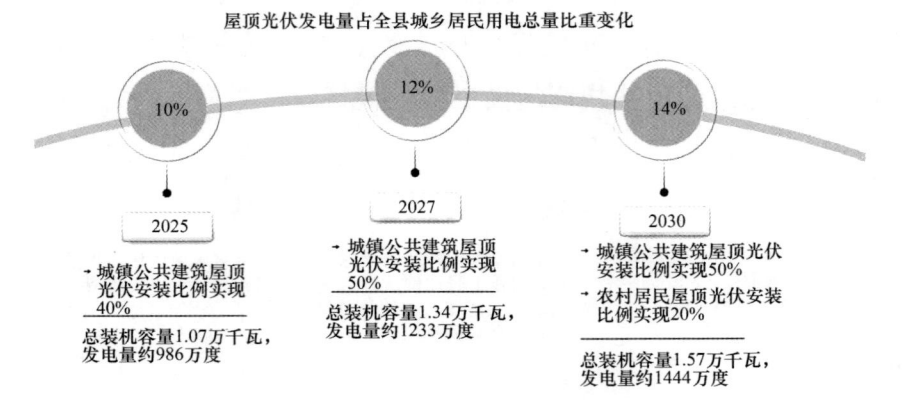

屋顶光伏发电量占全县城乡居民用电总量比重变化

**2025**
- 城镇公共建筑屋顶光伏安装比例实现40%
- 总装机容量1.07万千瓦，发电量约986万度

**2027**
- 城镇公共建筑屋顶光伏安装比例实现50%
- 总装机容量1.34万千瓦，发电量约1233万度

**2030**
- 城镇公共建筑屋顶光伏安装比例实现50%
- 农村居民屋顶光伏安装比例实现20%
- 总装机容量1.57万千瓦，发电量约1444万度

图 7-7　兴山县整县屋顶光伏计划推进时间安排

# 八 兴山县2035年提前实现碳中和的前景展望与启示

## （一）兴山县有条件早于国家目标提前实现协同多赢的碳中和

中国已经向世界庄重宣示提前碳排放达峰、实现碳中和目标的时间节点，体现出国际责任、大国担当，也是推进生态环境保护和高质量发展的有力抓手。明确碳中和目标，提振了世界应对气候变化的雄心，更推进了中国的减碳进程。在亚国家主体层面，必须鼓励有条件的地区和单元加速推进零碳转型，实现净零碳排放。中国在全国层面2060年前实现碳中和，各地区省情、区情、市情各异，显然不会步调一致，需要根据实际情况制定和实施差别化的碳中和方案。对于具有较好零碳能源基础的兴山县来说，应可能在2035年前后，早于全国实现碳中和。

**1. 抓住机遇为亚国家主体单元率先实现碳中和作出示范**

对于具有较好零碳资源优势的县域经济体，可以率先迈开步子，统筹谋划，抓住机遇，在全国乃至全球碳中和进程中，走在前列，作出示范。作为国际小水电绿色发展示范基地，兴山县的水力资源具有自主可控性，以此为骨架，风光生物质能多能互补为辅,完全可以实现域内零碳能源的供给保障。

从兴山县能源供应和消费结构来看,截至2020年,本地能源供应主要有电力、太阳能和薪柴,分别占能源供应量的28.29%、6.01%和13.36%,而煤炭、成品油和天然气全部依靠外调输入来维持本地能源供需平衡。因此,虽然本地不具备生产供应化石能源的基础,但县域内开发利用可再生能源的条件较好,如果能源体系能够做到本地供需平衡,就能实现能源供应体系的彻底脱碳化。此外,从终端用能结构来看,工业部门用能为58.13%,占到能源消费总量的半数以上,建筑和交通部门用能分别为26.53%和13.25%,农业部分用能最少,为2.08%,这体现了兴山县在构建零碳能源供应体系中,重点需要解决的是工业部门的用能以及建筑用电、交通燃油车替代等问题。从兴山县现有的零碳能源储量和潜力来看,不同类型能源也存在较大差异。

首先,从小水电发展的潜力来看,兴山县地处三峡库区,小水电站星罗棋布,成为全县零碳能源供应体系的重要压舱石。但整体而言,水电可开发潜力已经非常有限,只能通过技术进步和水电站改造提质增效等途径,最大程度挖掘水力发电的可利用空间,能够实现兴山县本地水力发电每年保障10亿千瓦时左右的用电需求。此外,根据兴山县现有的抽水蓄能规划,未来建设装机为120万千瓦的抽水蓄能电站,提供年发电量12亿千瓦时,可以充当调峰电站,实现灵活使用,并为风光等新能源占比加大后的能源供应体系提供重要的灵活性。

其次,从风能的发展潜力来看,兴山县风能利用尚未规模化应用,但通过科学研究,风力发电利用也具备一定的发展潜力,通过加快推动远景规划中4个风电站和1个水风光一体化项目的落地,共能增加200兆瓦的风力发电装机容量,每年能够提供发电量约4亿千瓦时。

再次,从太阳能利用的潜力来看,县内太阳能光伏发电和热水器应用已经初具规模,也为扩大应用太阳能利用积累了经验。针对太阳能资源的勘探结果显示,兴山县拥有相对稳定的太阳能资源,并且具备适宜建设太阳能光伏发电系统的基本自然条件。通过推进全县整体屋顶光伏计划,积极探索农光互补应用,可以充分发挥兴山县太阳能光伏潜力。根据测算,仅通过屋顶光伏计划和县内柑橘与中药培育种植面积的农光互补项目,最大能够达到42.52亿千瓦时的新增电力供应。

最后,从生物质发展潜力来看,过去兴山县农村地区还有相当规模的薪柴用于生活用途,围绕农村环境治理,直接以薪柴使用形式为主的生物质能利用方式将被更加高效、集约型的生物质能转换过程取代。垃圾发电、生活沼气的推广将继续为兴山县构建零碳能源供应体系发挥重要作用。同时,兴山县拥有生产生物质颗粒燃料的条件,未来可以进一步扩大规模,并能够作为储能的一种形式灵活使用。根据测算,如果将全县可供利用的农林剩余物、居民生活垃圾及禽畜粪便全部转化为不同形式的生物质能,可以提供大约19.4万吨标准煤的零碳能源。

综上所述,从兴山县各种零碳能源的发展潜力来看,完全有条件构建零碳能源供应体系。同时,如果能够合理有效地利用好本地零碳能源的资源禀赋,不仅可以覆盖全县基本的生活用能和可以被替代的化石能源消费用途,还可以为周边地区和宜昌市城区的用能做贡献,成为零碳能源供应输出基地。

**2. 提前实现碳中和要求加快实现终端消费侧的零碳能源替代**

实现碳中和不仅要求能源生产和供给侧实现零碳能源对化石能源的替代,终端消费侧的零碳能源替代也具有同等重要性。除了零碳的能源供给之外,还必须要求消费端与之配合,从消费习惯到消费模式全面转型。能源消费端的电气化是实现碳中和目标的重要途径之一。兴山县生产生活规模较小，基础设施碳锁定效应相对较弱，在能源消费端的电力替代上已经具有非常好的基础和进展，目前终端用能中的化石能源品种，除了用作原料用途的煤炭消费，其他从技术上都可以通过本地的零碳能源供给加以替代。

兴山县工业部门的生产用能已经基本实现电气化，第三产业也基本实现能源终端主要依靠电力系统功能，农业生产所涉及的能源品种也主要是电力与薪柴，只有在工业领域，兴山县的支柱或优势产业磷化工，生产过程中必须要使用煤炭做还原剂，大约有9.20万吨标准煤的规模。在现有经济技术条件下，不具有零碳能源的完全可替代性，其他产业端的能源终端可以基本实现电力替代。

兴山县的机动车保有量水平不高，数量呈稳步提升态势，机动车普及率还有一定空间。但目前兴山县无论是公共交通系统，还是家用、产业用途的交通工具，都还没有采用电动汽车。大力推广纯电动车，不仅可以减碳，也能够实现节能。兴山县交通领域2020年的能源消费为4.71万吨标准煤，汽油和柴油是主要用能品种。因此，未来兴山县提前实现碳中和，可以采用纯电动汽车取代燃油机动车。根据测算，在电动汽车完全替代燃油汽车的情景下，2035年兴山县交通领域的能源消费仅为0.86万吨标准煤。

在生活用能领域，2020年兴山县的能源消费量大约为6.83万吨标准煤，目前有一部分炊事用途的燃气使用，可以通过电磁炉等电气化方式或者一些生物质能利用方式加以替代。在建筑中，也可以使用电力或生物质能提供供暖和供冷服务。由于供暖所需要的只是低品位的热能，也可以与县内工业生产结合起来，通过收集余热等方式覆盖部分地区的供暖需求。家庭及办公用能，在建筑空间内，原则上、理论上完全可以实现零碳电力替代。对于家庭供暖或供冷，热泵技术、电热毯、电热器、空调等，也可零碳电力保障需求。

总结来看，兴山县未来能够依靠零碳电力实现终端用能消费的转型发展，生物质能够作为灵活补充的形式来使用。

### 3. 自然系统提质挖潜，为提前实现碳中和做出贡献

兴山县作为县域经济体，森林覆盖率高，水热状况良好，自然生产率高，加强森林管理和进一步提升林业生产力，可以用做碳中和的负碳手段，作为兴山县2035年碳中和的零碳手段。基于自然的解决方案（NbS）是人类社会应对环境挑战的有效方式之一，在实现碳中和的过程中，基于自然、挖掘自然的潜力可以通过利用、管理和恢复生态系统来实现减排。根据研究，基于自然的解决方案能够为实现《巴黎协定》目标贡献30%左右的减排潜力。

通过保护、恢复和管理森林、草地、湿地和农田生态系统，以增加碳汇和减少温室气体排放，被称为"基于自然的气候解决方案"，是生态系统自然碳汇之外的额外潜力。森林碳汇具有固碳效应，通过造林和森林培育、生态系统保护，可以在相当长一段时间维系一定量的碳汇，可以在一定时间范围内"中和"一部分化石能源的碳排放。兴山县工业部门产生的刚性碳排放，很难通过能源替代的方式加以消除，只能借助碳汇增汇的途径予以抵消。但是，从兴山县未来碳汇发展潜力来看，碳汇增汇并不是处于无限增长的趋势，增长到一定水平会平稳下降。因此，碳汇增汇对兴山县实现碳中和发挥的作用并不是决定性的最终保障，而是对抵消少量刚性碳排放起到重要的辅助性作用。碳中性的生物质能还能作为多能互补系统的重要组成部分发挥作用。由于风能、太阳能具有间歇性或不稳定性，即使有储能技术，也需要相对稳定可调的能源。生物质能是可储存的，不论是发电、沼气，还是制作成替代煤球的型碳，都可以高度灵活地加以调节。森林改善生态环境、提升生物多样性和生态系

统功能是减少气候变化脆弱性的最有效途径。① 因此，兴山县优越的森林资源，除了在净零碳转型中发挥碳汇功能之外，更重要的是作为生物质能源在零碳能源体系中发挥与其他可再生能源的互补性，保障能源供应安全，以及提供提升气候韧性的生态系统功能。

不仅如此，兴山县的地形地貌有利于发展抽水蓄能，潜力巨大。从兴山县未来发展的规划来看，在原有小水电基础上，进一步发展抽水蓄能，将径流式水电站改造成具有调节能力的水电站，规划建设装机为120万千瓦的抽水蓄能电站来满足电力系统调节需要。这也是储能的一种重要形式。

**4. 把握时间窗口要求，加速化石能源有序退出，确保实现碳中和目标**

本研究始于2021年，并以2035年作为兴山县提前实现碳中和目标的时点，则需要在15年的时间内就完成充满雄心的净零碳转型目标。兴山县提前实现碳中和目标，不仅需要明确终点目标，而且还要制定可行的分领域阶段性目标。碳中和不是一朝一夕就能够实现的目标，不可能一蹴而就，但必须明确一些重要的时间窗口。比如兴山县退出成品油消费，必须完成交通领域的零碳电力替代，但交通工具有一定的使用寿命，如果兴山县要在2035年全面实现电动车对燃油汽车的替代，按照汽车15年使用寿命来看，必须在当前就要出台禁止燃油汽车上市的时间表，避免交通领域的高碳锁定效应，延长了实现碳中和的时间进程。

建筑民用等用能领域的零碳电力设备替代也同样面临化石能源消费终端的使用寿命影响，但通常而言，在这些领域的用能设备，15年足以完成更新换代，因此都有充裕的时间实现零

---

① 张小全、谢茜、曾楠：《基于自然的气候变化解决方案》，《气候变化研究进展》2020年第3期。

碳电力的转型。因而，兴山县的2035年碳中和战略与路径，有着可实现的前景。

### 5. 创新探索市场机制与技术路径加速实现碳中和

兴山县作为经济相对欠发达的地区，收入水平低，投资资金短缺，人才较为匮乏，仅靠自身的努力，2035年实现碳中和几乎是不可能的。但是，兴山县零碳能源的生产潜力、抽水蓄能的巨大空间、自然优势的碳汇能力，可以为兴山县以外的地区，为宜昌市、湖北省乃至全国的碳中和提供支持和帮助。根据测算，如果完全挖掘出兴山县的零碳供应潜力，提高风光水发电的利用率，不仅能够满足本地的用能需求，还能通过多能互补与储能技术的有机结合，以就近消纳与向外输送性相结合的方式，为周边地区碳中和贡献力量，在实现碳中和的进程中，实现零碳多赢。因此，必须探索市场与技术对接的创新路径，为兴山县外输零碳能源和碳汇提供必需的补偿。针对兴山县提前实现碳中和目标，通过市场对接资金投入，保障所需的技术到位，不仅是兴山县碳中和的需要，也是宜昌市、湖北省乃至全国碳中和的需要。

### 6. 基于现实行稳致远，坚定推进碳中和目标进程

迈向碳中和，不仅要走得快，也要走得稳。传统化石能源退出能源市场，零碳能源有技术潜力，但这一潜力的实现，需要政策引导与机制保障，需要技术的进步和创新突破，需要消费观念的根本改变，需要配套资金和技术的精准应用。[1] 兴山县具有良好的可再生能源利用基础，经济规模不大，支柱行业明确，工业电气化程度高，能源结构相对简单，还有一定的碳汇

---

[1] 潘家华：《碳中和革命的发展范式转型与整体协同》，《阅江学刊》2022年第1期。

潜力，这些条件都是兴山县提前实现碳中和的重要现实基础。基于调研和研究，本书发现一些刚性的化石能源需求关系到地方经济的支柱行业，短期内完全退出并不现实。对于目前暂时难以实现零碳的，如磷化工用煤，以及重型货车难以立即纯电动化，还有兴山县从域外购入产品生命周期可能存在的碳排放，可以在未来的净零碳转型进程中继续加强研究，跟踪技术发展寻找最优解决方案，但不必苛求一步到位、不计成本地实现绝对的净零碳。

碳中和是一个长期的过程，作为一个县域单位，兴山县应该基于现实，努力争取有利条件，在能力范围内推动加速迈向碳中和；但行稳才能致远，对于当前难以做到的方面，还应尊重科学规律，防范风险，避免误区，通过提质增效，提升能源利用效率，最大限度实现碳减排，咬定减碳去碳，一路前行。当然，也要加强研发，寻求氢能等零碳替代途径。

### 7. 通过经济社会系统性变革，实现人与自然和谐共生的净零碳现代化

碳中和是一场广泛而深刻的经济社会系统性变革，既然变革，就必然有得有失，有的可能会有损失，有的必然会有收益，这就需要深入分析，必须可行，必须可得大于所失，而且要对进程中受到不利影响的群体和对象有所补偿，确保净零碳转型是一个帕累托改进的转型。

新型能源生产和能源消费革命催生了碳中和时代生产关系的革命性突破和分配方式的根本性变革。碳中和的目标刚性、社会经济能源的消费刚性都表明，需要推动发展范式的根本转型，突破工业文明的生产关系和生产方式，加速迈向碳中和。[1]

---

[1] 潘家华等：《碳中和的转型革命与风险防范》，《青海社会科学》2022年第4期。

以碳中和为目标导向的转型正在催生分配方式的根本性变革。与传统能源生产的供求分离、通过市场实现均衡的分配方式不同，碳中和时代能源生产和消费、供给和需求呈现一体化发展趋势。以屋顶分布式光伏为例，居民在自家屋顶安装分布式光伏电站，形成自产、自用的电力生产和消费模式，不额外占用土地，实现了土地空间的增值，不需要规模经济和中间环节，消除规模经济下的供求分界线，使生产和消费一体融合。

兴山县经济体量较小，可以在探索新的能源生产、消费模式上大胆试验，通过推广屋顶光伏计划，普及分布式发电，出台有针对性的融资和能源生产消费政策，构建扁平化的、自给自足的零碳经济单元。[1] 在建立微电网和零碳单元领域的探索将对引领生产关系的范式转型发挥重要的试验作用，也应探索如何在不伤及任何特定群体福祉的基础上，通过净零碳转型创造更多就业、改善生态环境，提升社会整体福利水平，实现人与自然的和谐发展。也就是说，兴山县提前实现碳中和的根本目标应当是通过社会经济的系统性变革，实现人与自然和谐共生的净零碳现代化。

### 8. 争取机制体制保障，助力碳中和目标提前实现

实现碳中和目标的关键是成功实现净零碳转型，而动力与引擎则来自零碳能源的革命。兴山县具有优越的可再生能源利用基础，能够为探索应用前沿的可再生能源技术与构建多能互补能源系统创造条件。如果能够前瞻性地抓住时代赋予兴山县的机遇，在技术应用、体制机制创新等方面积极开拓，积累宝贵经验，将为助力国家整体实现碳中和发挥重要作用。但作为县域单位，兴山县的小水电、局域网以及在技术和保障上都存

---

[1] 潘家华、孙天弘：《关于碳中和的几个基本问题的分析与思考》，《中国地质大学学报》（社会科学版）2022年第5期。

在一些困难,依靠当地政府很难解决,需要从更大的范围内争取重要的体制、机制保障,开展县域地区碳中和的先行先试。国家能源局、生态环境部、农业农村部和国家乡村振兴局在2023年3月下发的《关于组织开展农村能源革命试点县建设的通知》,已经明确提出将支持可再生能源资源禀赋好、开发潜力大、用能需求明确、地方政府及农民积极性高,特别是现有支持政策完备、支持力度较大的县域,申报农村能源革命试点县。根据调研和研究,兴山县完全符合这些条件。国家和省市能源、电力部门也可以将兴山县作为碳中和试点示范,建立水风光储生物质多能互补的微电网运行系统,探索打造分布式的零碳单元试点,在政策和体制机制上加以扶持,积累经验,服务全国。

## (二)兴山县提前实现碳中和面临的关键挑战

### 1. 缺乏以提前实现碳中和为导向的长远战略规划

实现碳中和是一项长期而复杂的任务,需要处理好多重目标下经济和社会的系统性变革,需要协调减碳、清洁能源开发、能源结构调整等多重发展关系。作为县域单位,兴山县的碳管理和碳规划处在起步阶段。现行规划、设计、建设、管理和运维更新过程均未系统考虑碳中和工作,国土空间规划和管控尚未将碳减排作为一项基本原则纳入其中。[1] 政府内部对双碳、减碳认识模糊,关于谁来主管、推行,如何衡量思想并不统一,未能结合自身禀赋和挑战,明确制定碳中和战略与路线图。全县碳排放的基础数据也相对缺乏,碳排放的"收"和"支"仍不明确,难以有效指导开展系统性碳达峰、碳中和工作。

根据《兴山县"十四五"规划》及《兴山县"十四五"能

---

[1] 洪志超、苏利阳:《国外城市碳中和策略及对我国的启示》,《环境保护》2021年第16期。

源发展规划》，在"十四五"时期，兴山县将会继续修建加油站，推进加油站网络建设，同时还会继续增加石油液化气加气站或者配送中心等基础设施建设，并持续推进天然气管道铺设。未来兴山县仍然推进成品油和燃气发展战略目标，这不符合实现碳中和所要求的化石能源完全退出的发展定位，说明兴山县碳中和战略制定相对滞后，相关能源发展仍以传统化石能源为主，尚未出台以碳中和为约束目标的针对性战略和能源发展规划，而上述以化石能源为主体的政策还会进一步加大兴山县碳中和转型过程中的沉没成本。

实现碳中和等不得但也急不得，应规避"大干快上"推动净零碳转型，牺牲现有的森林资源去发展风光发电。如果在缺乏科学规划的指导下，盲目在森林、山地去安装光伏发电，不仅会损失碳汇，而且会造成水土流失、破坏生物多样性等问题。[1]

### 2. 实现净零碳转型资金需求大

兴山县要实现碳中和，需要大力发展水力发电、光伏发电和风力发电等清洁能源发电系统，加快推动形成可再生能源在能源体系中的主导地位。根据预测，兴山县要实现最大潜力风、光、水等可再生能源发电，需要投资成本217亿—579亿元，并且投资收益回报有一定的周期。除此之外，兴山县工业黄磷难以替代，工业生产过程产生的碳排放可以通过CCUS技术进行捕获、利用与封存。但是目前CCUS利用成本很高，国内处理成本为每吨300—500元，部分富氧燃烧的示范项目成本甚至能达到八九百元左右。[2] 因此，对于工业部门产生的刚性排放无法考虑

---

[1] 潘家华：《中国碳中和的时间进程与战略路径》，《财经智库》2021年第4期。

[2] 郭伟、唐人虎：《2060碳中和目标下的电力行业》，《能源》2020年第11期。

采用碳移除的方式来解决，只能通过碳汇增汇的方式来加以抵消。

统计数据显示，在新冠疫情的影响下，兴山县2020年财政收入仅为6.75亿元，且财政收支常年处于赤字状态。尽管后疫情时代经济会逐渐得到恢复，且未来随着高铁开通，可能会给兴山县经济增长带来利好，但是在推进可再生能源和基础设施建设方面也存在较大的资金缺口，靠自身财政难以支撑。

此外，投资高碳行业也面临较大的风险。高排放行业也是重资本行业，固定资产投入大、寿命长，要完全淘汰这些固定资本将产生巨大的沉没成本。"十三五"时期，兴山县持续推动天然气管网与加气站建设，累计建设投资3630.92万元，铺设天然气管道30千米，并且新建一座加油站，目前兴山县共有加油站19座。根据《兴山县"十四五"规划》，在"十四五"时期，兴山县将会继续修建14座加油站，并铺设天然气管道35千米。上述已经建成或在建的传统能源基础设施的建设投资使兴山县向零碳能源体系转型存在较大的沉没成本，也会阻碍兴山县能源消费向零碳转型，为兴山县实现"以电代煤""以电代薪""以电代气"等清洁能源转型带来挑战。

### 3. 固有利益藩篱影响清洁能源发展

兴山县的可再生能源禀赋为打造多能互补的微电网系统提供了有利条件，但是一些制度性障碍为扩大清洁能源生产供应和清洁能源消纳带来了挑战。作为兴山县的用电大户，支柱企业兴发集团旗下拥有30多座水电站，采用绿色环保的水电为主要生产提供能源动力。长期使用自备电厂可以为企业生产争取成本上的优势，但是全国电力市场总体过剩，国家更加鼓励电力较为紧缺的省份从外地"买电"。因此兴发集团仍然采用"自发自用，余量上网"的电力制度。

然而，受制度影响，兴山县无法通过清洁发电自发、自用降低用电成本，而只能通过电网购入价格较高电力，用电成本增加。兴发集团在保证自身用电的情况下，余电上网，以0.307元/度（不含过网费）的价格卖给国网公司，兴山县再通过电力体制市场化交易，以高于0.55元/度的市场价格购电，每度电价差距在0.2元以上。目前兴发集团年均上网电量在1亿度左右，用电成本增加超过2亿元。

**4. 消费习惯和观念转变存在难度**

化石能源在我国能源消费中的主体地位转型，难免存在巨大惯性。在交通领域方面，目前兴山县尚未开始电气化替代，县域内尚未开展充电基础设施建设。目前兴山县共有加油站17座，但兴山县地广人稀，农村居民居住较为分散，规模较小，若考虑仅在加油站附近布局汽车充电桩，可能无法满足居民的充电需求。纯电动汽车充电难的问题将会成为兴山县交通部门电气化替代的制约因素。此外，相较于国民经济中的大规模集中式管理，农村家庭电气化涉及生活方式的转变，电采暖、电动汽车等消费项目，属于大众自主选择。因此在政策补贴没有实际到位的情况下，大多数用户会选择观望，电动汽车替代发展需要一定的时间。

在建筑生活用能方面，中国餐饮以炒菜为主，对火力需求比较高，相较于城市居民，农村地区居民在传统观念的影响下，更加偏好于明火烹饪，且对于生活方式的改变较为保守，对电炊具的接受度较低，可能会在一定程度上约束炊事电气化转型进程。此外，随着经济发展和生活水平的改善，兴山县居民冬季取暖的需求也会有所增加。未来碳排放的变动趋势取决于当地采取的供暖模式，需要避免采用燃气锅炉或照搬北方地区的供暖模式，因为这会导致化石燃料需求和碳排放的大幅增加。

## （三）兴山县 2035 年提前实现碳中和的政策选择

**1. 以挖掘本地零碳能源供给为主要抓手，促进能源生产体系快速脱碳**

根据研究测算，兴山县如果能够挖掘出所有县域内零碳能源的开发利用潜力，不但能够满足全县生产、生活的能源需求，还有潜力为周边地区输出可再生能源发电或清洁的生物质能供应。

未来兴山县打造零碳能源供应体系，将主要依靠水力发电的扩容增效、扩大太阳能利用范围、新建风力发电设施、多元化生物质能利用方式以及探索多能互补利用方式来实现。未来非化石能源发电技术随着电力需求的增加进一步提升，完成对必要化石能源发电技术的替代。兴山县的水电发展已经比较成熟，未来主要将通过增加水力发电利用时间以及探索水风光多能互补的利用方式扩大对清洁小水电的利用程度。以风电、太阳能发电为主的可再生能源发电技术，经过多年的发展培育，其经济成本已经具备一定的竞争力。兴山县的风光利用尚处于起步阶段，未来可以进一步扩大利用规模，扩大其产生的经济效益。生物质能作为未来兴山县构建零碳电力系统的重要组成部分，既具有满足电力供应的特点，又可以作为储能来配置。在兴山县农村地区探索开展屋顶光伏利用和农光互补，扩大光伏发电规模；将限制薪柴使用后的秸秆等生物质原料用于生物质颗粒燃料制造；加大本地能源供给，利用不同零碳能源之间的互补性实现调峰，保障本地能源供给安全。根据测算，兴山县未来可以继续开发利用的零碳能源体量为 20.7948 亿—48.1148 亿千瓦时，加上目前已有的 11.24 亿千瓦时左右的零碳能源供应基础，足以保障本地生产、生活中的基本用能需求。

**2. 终端消费领域推进全面电力替代，建立零碳的能源消费体系**

兴山县的终端能源消费结构相对简单，应针对施策，从终端消费侧挤出碳源，其中最重要的终端能源消费部门是交通领域和建筑领域的用能行为。交通领域是重要的碳排放源之一。国务院印发的《2030年前碳达峰行动方案》明确指出要在交通领域开展绿色低碳行动，从推动运输工具装备低碳转型、构建绿色高效交通运输体系、加快绿色交通基础设施建设等多个方面为交通领域绿色发展勾勒出了远景目标。碳中和目标下，推动机动车向电动车的全面转型，还需要通过科技创新为交通电气化转型和交通结构优化奠定坚实的基础。2020年，兴山县共有机动车4.98万辆，交通领域燃油能耗总量折合标准煤约4.7万吨。考虑到兴山县交通领域目前的实际情况，可以考虑不同的电气化替代情景：第一种情景中不对传统燃油车进行电气化替代，仅考虑燃油车随技术发展的能源节约效益；第二种情景要求兴山县政府通过各种政策，推动每年新增车辆中新能源汽车比例达到80%；第三种情景是为了加速实现碳中和目标，假设除新增车辆外，也应当加速对现有机动车的电气化替代。根据测算，在完全实现电气化替代情景下，预计到2035年，兴山县交通领域能源消费量约折合标准煤仅0.86万吨，因此交通领域的零碳转型会带来减碳和节能的多赢红利。

作为能源消费的三大领域之一，建筑部门碳排放总量大、增速快，是碳排放的主要来源部门之一。建筑物能源使用的加速电气化、家庭改用清洁的现代能源是建筑领域实现碳中和的主要动力。对于兴山县来说，建筑用能的电气化意味着需要实现建筑供暖、炊事、生活热水和其他建筑用能的全电气化。兴山县的地理、气候条件不适合建立庞大的集中供热管网，但未来城镇居民生活供暖以及公共建筑的供暖用能可能随着生活水平的提升会有所增加。在能源供应端实现零碳转型后，可考虑在供暖需求端采用电能驱动的空气源热泵或地源水源热泵,以"部分时间、部分空间"的方式来供暖。

由于兴山县人口规模相对稳定,炊事的用能需求已趋稳,通过炊事电气化率的提升,可有效降低炊事领域的化石燃料需求,但这需要改变居民的烹饪习惯,依靠政策标准和激励以推进全电气化炉灶技术的应用,实现炊事领域的零排放。

兴山县太阳能热水器的应用已经较为广泛,除了利用太阳能来提供热水之外,电热水器和电动热泵热水器也可以作为生活热水用能的替代选项。热泵热水器具有高效节能的特点,制造的热水量是一般电热水器的4—6倍,其年平均热效比是电加热的4倍,能源利用效率更高。如果通过政策激励加以推广,能够更好地实现节能减排目标。由于兴山县具有较好的生物质能利用潜力,在推动建筑领域电气化的同时,也应同时积极探索生物质能在建筑用能领域的补充作用。例如,发展沼气利用,通过发酵植物秸秆和动物粪便产生沼气,并为条件允许的家庭提供,可作为电能和天然气的替代能源。此外,还可以通过生产固态生物质燃料,作为薪柴等生活用能的替代能源,减少薪柴使用带来的环境污染问题。此外也可以参考国际经验,在兴山县探索开展跨季节储热系统的应用示范项目。

**3. 探索制度创新,鼓励建立能源生产消费一体化的零碳经济单元**

具有就地、就近、便捷、价廉、安全等潜质的风光水生物质利用潜力能替代并逐步挤出不可再生、高污染、高度垄断、价格高度波动且昂贵的高碳化石能源,实现净零碳可持续迈向未来的现代化,将催生碳中和时代生产关系的革命性突破和分配方式的根本性变革。[1] 兴山县在开展光伏扶贫项目时,已经积

---

[1] 江小涓等:《学习阐释党的二十大精神笔谈》,《中国工业经济》2022年第11期。

累了一定的经验，使得贫困家庭能够参与自产自用的电力生产和消费模式。兴山县在推动分布相对均匀的太阳能和风能利用时，应积极探索可再生能源生产利用的产权结构。以碳中和为目标导向的转型还在催生分配方式的根本性变革。与传统能源生产的供求分离、通过市场实现均衡的分配方式不同，碳中和时代能源生产和消费、供给和需求呈现一体化发展趋势。在水面、荒漠、山体上进行太阳光伏电力生产，探索众多的所有者或用益者之间的收益权分配方式，寻求光伏基地的投资商或所有权者的最优利润分享模式，打造生产和消费融为一体的零碳经济单元。推动电力市场顺应可再生能源的市场需求进行改革，例如允许"隔墙售电"，激发众多零碳微单元的市场活力，降低电力成本。

### 4. 针对不同主体，分阶段建设实现零碳单元

鼓励乡村村落在 2025 年实现碳中和。农村能源消费主要包括炊事、取暖、照明等生活用能，以及农林牧渔业等生产用能。本书预测，到 2025 年，兴山县农村人均住房面积将达到 59.53 平方米，加上农村拥有广阔的土地和屋顶面积作为载体，能够充分发挥屋顶光伏、风电和生物质能等零碳能源的资源优势，推动农村清洁能源利用工程，进一步提升清洁能源的消费占比，建设清洁电力生产与供应体系，更有效地推进乡村实现零碳村落建设。

城镇家庭在 2030 年前后迈向碳中和。城镇家庭能源消费主要包括炊事、取暖、照明和出行等生活用能。本书预测，到 2030 年兴山县城镇人均住房面积达到 52.92 平方米，拥有较大零碳能源开发和利用的潜力，通过开展屋顶光伏计划能够有效满足居民的日常生活用能。城镇居民生活用能消费中占据比较大的部分是交通出行能源消费，可以通过交通电气化的方式实现。预计到 2030 年，交通电气化替代所需电力约为 7282 万千

瓦时，城镇家庭实现用电电气化（炊事和供暖），所需电力约为5.6亿千瓦时，总需求约为6.33亿千瓦时。这些用电需求完全可以通过县内水电、屋顶光伏计划以及生物质能利用来解决，从而确保城镇家庭实现零碳单元建设。

公共建筑和乡镇单位在2033年实现碳中和。本书测算，学校、机关等公共建筑和乡镇单位可以采用屋顶光伏计划来满足自身的用电需求，建筑面积1万平方米可实现装机215千瓦，年发电量为20万千瓦时，城镇既有建筑中公共建筑面积为54.13万平方米，预计最大装机可以达到1.16万千瓦，年发电量达到1082.6千瓦时。同时，配套相应的储能来满足灵活用电需求。依据产业发展、城镇化、农网改造等规划，制订"十四五"配电网发展规划，更好地满足全县生产与生活用电需求。加强智能电网建设，鼓励太阳能等新能源发电并网与智能调度、大容量储能调峰、电动汽车智能充电等技术的开发与应用。

**5. 积极争取国家示范项目，引进成熟零碳技术**

兴山县良好的清洁资源禀赋和较好的森林碳汇基础为加快实现碳中和提供了良好的基础，但是受发展水平等因素影响，兴山县在实现碳中和进程中仍面临较大的技术挑战。从自身技术特性来看，水电、风电、光伏、光热受限于水文、昼夜和气象等不可控的自然条件，不确定性大，因此兴山县要实现碳中和，不仅需要大力发展可再生能源发电和供暖、绿色交通、净零能耗建筑等方式，构建清洁低碳高效安全的能源生产和消费体系，还需要通过综合利用储能、多能互补和微电网建设等技术应对调峰、远距离输送、储能等，保证新的零碳能源体系下电力供应的经济性、安全性、连续性。

从现实情况来看，目前兴山县抽水蓄能受限于地理环境，规模不足以支撑风光发电对储能发展的需求；微电网发展薄弱也对电力输送造成制约，尤其是兴山县电网和县外供电连接的关口负载有限，即使兴山扩大可再生能源潜力，送电端的可再生能源也难以独立完成送电任务，需要搭配其他电源实现外送。目前低碳、零碳、负碳技术都还在发展完善过程中，各类技术系统集成难，环节构成复杂，技术种类多，成本昂贵。兴山县作为县域单位，没有大规模研究团队和资金去进行零碳能源技术的研发，难以依靠自身实现技术创新和突破，相关技术难题的攻克需要依靠外界力量，积极争取国家政策和示范项目，引进成熟稳定的零碳技术。在电能替代方面，推进生产和生活领域中的电代煤、电代油和电代气。推进家庭及餐饮行业的电气化，推广普及家电设备，广泛使用电炊具；采用电暖器、电锅炉、电热膜、相变电热地板、热泵等方式，推进在采暖及生活供热环节代替燃煤的使用；推广电能做饭取代燃气，电采暖取代燃气供热，餐饮业大力推广电火锅。同时应该基于兴山县的资源禀赋，按技术成熟度和成本有序推进储能技术应用，发展抽水储能和生物质能储能；随着电动车的广泛普及，采用电动车进行储能也将是重要的备选方案。从成本和规模经济的角度考虑，不建议在兴山县大规模推动CCUS技术的应用布局。

**6. 加大碳中和投资力度，开展企业合作解决零碳能源发展资金和技术需求**

资金和技术是兴山县发展可再生能源实现碳中和的重点需求。作为县域经济体，兴山县难以依靠自身实力满足上述需求。因此需要积极与地方高校、科研院所等形成战略合作，积极引进和支持兴发集团与三峡集团开展合作，发挥资金和专业技术优势，加大对兴山县可再生能源发电系统的建设资金和资源投入，帮助兴山县建立起能够稳定运行的可再生能源电力系统和电力通道，在满足自身用电需求的同时，同周边地区开展能源合作，向外开展输电工程。既为周边地区用电提供稳定的能源保障，也能够实现自身经济效益。

对于兴山县这样发展规模和经济体量较小的地区，拥有兴发集团这样的500强企业，应该充分利用企业发展的优势，开展企业之间的合作，通过与三峡集团等企业合作，加快推进绿色低碳科技革命，进一步建设一批绿色低碳技术示范标杆项目，从而实现不同企业多种资源优势的互补和协同创新。兴山县政府也可以出台相应的优惠政策，扶持以兴发集团为首的相关企业发展，将企业的自身资源优势转化为经济发展优势，进一步形成以可再生能源为主体的发展产业。同时，积极响应国家政策方针，通过"西电东送"的外销模式为周边地区的能源替代做出贡献，也可以通过相关产业"内生"式发展和承接产业转移"外引"式发展，来确保当地的可再生能源实现充分利用，并能够就地就近消纳，以此来解决兴山县碳中和转型发展中面临的资金和技术难题。[①]

**7. 避免高碳锁定，通过发展循环经济逐步摆脱化石能源依赖**

"碳锁定"是指当前已建立的化石能源系统具有惯性，即便有可行的低碳替代技术出现，惯性使得化石能源持续存在。按照兴山县"十四五"规划要求，未来还要继续加大加油站等基础设施建设，要实现2035年碳中和发展目标，应该禁止投资高碳锁定项目，减少这种高碳锁定项目带来的沉没成本。依据国家出台的《"十四五"现代综合交通运输体系发展规划》的要求，实施交通运输绿色低碳转型行动，推动近零碳交通示范区建设。因此，兴山县应力争在2025年全面淘汰高能耗、低效率的老旧车辆，市内交通全部转为清洁能源汽车；鼓励发展低能耗、低排放的大容量公交等客运方式；优化城区规划，鼓励在

---

① 武汉大学国家发展战略研究院课题组：《中国实施绿色低碳转型和实现碳中和目标的路径选择》，《中国软科学》2022年第10期。

公共交通方便的地区进行高密度开发和建设经济适用房，减少小汽车出行。

同时，制订兴山县新能源汽车推广应用计划，完善新能源汽车推广补贴政策，逐步推广使用新能源汽车（主要是电动车）。通过减免税费、财政补贴、优惠用电、建设充电设施、建设售后服务体系等措施，激励公务车、公共汽车、出租车、私家车、景区换乘中心旅游大巴与观光车等逐步更换成混合动力车或纯电动车。

首先在城镇公交车行业、景区换乘中心等全面推广使用新能源汽车，然后在党政机关和公共机构、企事业单位等推广使用新能源公务用车，最后推广至私家车。力争做到2025年首先实现公共交通汽车和摩托车的全面电气化替代，2030年实现家用汽车全面电气化替代，2035年实现农用车和轻型货车的全面电气化替代。

**8. 推进分布式光伏试点建设和生物质能开发示范工程，实现碳中和的渐进突破**

立足于兴山县零碳能源实际情况，推进分布式光伏试点建设，国家能源局出台《关于整县屋顶光伏分布式开发试点方案的通知》，进一步明确了党政机关建筑屋顶总面积可安装光伏发电比例不低于50%，学校、医院、村委会等公共建筑屋顶总面积可安装光伏发电比例不低于40%，工商业厂房屋顶总面积可安装光伏发电比例不低于30%，农村居民屋顶总面积可安装光伏发电比例不低于20%，并在并网、金融各方面全力支持分布式光伏发展。兴山县整体区域拥有丰富的光照和屋顶资源，大力发展屋顶光伏产业可以提升资源的综合利用，优化电源结构，居民用电基本能够实现自给自足，同时能够创造一定的经济价值，创造就业岗位。因此，政府部门应该尽快研究推进兴山县屋顶分布式光伏开发试点工作，尽快研究推进模式，解决影响推进的瓶颈问题，先易后难，先推进党政机关、学校、医院、村委会等公共建筑屋顶及工商业厂房屋顶，确保整体工作推进。也可以结合乡村振兴战略，鼓励居民更好地利用屋顶建设光伏项目，带动和提升农村居民的绿色用电水平和生活水平。

此外，通过帮助企业积极争取国家与湖北省相关政策与项目资金，并出台配套政策支持沼气、乙醇、生物柴油等生物质能的发展，开展生物质能开发示范工程，助力乡村振兴与美丽乡村建设。在规模化养殖场、酒厂建设大中型沼气池，以牲畜粪便污水、人粪、废弃秸秆、酒厂有机废水与有机固废、部分生活垃圾等为原料，实现沼气规模供应。在大中型沼气池附近修建有机肥生产厂，为全县发展生态农业提供必要的肥料。重点区域农村能源消费结构继续优化，畜禽养殖污染得到遏制，规模化养殖场的粪尿处理率达到80%以上，资源化利用率达到70%以上，农村生态环境进一步改善。支持发展颗粒燃料、乙醇、生物柴油等其他生物质能的生产与供应，作为全县重要的辅助能源，促进清洁可再生能源的生产与消费。BECCS技术是保障我国电力部门2050年实现碳中和、2060年实现负碳排放的关键性技术。兴山县具有丰富的生物质可利用资源，有必要提前规划核心技术的研发，考虑生物质资源分布与$CO_2$利用封存地的空间匹配性，推动BECCS技术的规模化应用。

同时，从森林保护政策实施和推动生物质能源发展的视角来看，促使能源政策的指导思想实现了以经济效益为主到生态效益与经济效益并重的跨越式发展。合理平衡森林保护政策和生物质能利用之间的关系，既带动了生物质能源行业在改善民生、保护生态环境等方面发展的积极影响，同时又增加了生物质能源行业本身的活力。兴山县有超过80%的森林覆盖率，森林资源十分丰富，生物质能利用潜力也比较大。因此，一方面要贯彻森林保护政策，加快绿色生态发展，改善民生落实的理念；另一方面也要确保生物质能源的合理产出，避免造成森林系统合理更新过程中生物质能源的浪费。

**9. 做好森林修复和维护，提升生态系统碳汇增量**

兴山县具有较高的森林覆盖率，为碳汇发展提供了坚实的基础。因此，根据兴山县森林生态系统实际发展情况，制定和出台科学、合理的森林经营方案，并建立完善的制度和考核体系，达到对森林经营管理中实现碳汇增汇的目的。具体来说，需要实地调研了解兴山县本地的林业结构、种类分布情况，根据兴山县当地的气候变化和环境特点来调整林分根本结构，进一步增加混交林比例，并适当延长森林树木的轮伐期，以增强碳汇作为主要发展目标，推广可复制的森林经营模式。对于中幼林抚育和退化林修复的问题，要积极出台相应的经营管理方针，需要加大人工林改造的力度，通过倡导多功能森林经营来确保森林生态系统的稳定性，提高应对气候变化的抗性及恢复力。[①]

同时，也要充分发挥森林附带的经济效益。探索多元化的林业产业新业态。通过建设绿色发展先行区，大力支持与发展生态林业、有机林业、特色经济林、林下经济等现代林业产业，探索将碳汇林与现代林业产业有机融合。

**10. 制定兴山县 2035 年碳中和的顶层设计与总体方案**

中共中央办公厅和国务院办公厅于 2017 年印发的《党政机关公务用车管理办法》，要求党政机关带头使用新能源汽车，并按照规定逐步扩大新能源汽车配备比例。2021 年 11 月，在国家机关事务管理局、国家发展和改革委员会、财政部、生态环境部联合印发的《深入开展公共机构绿色低碳引领行动促进碳达

---

① 刘世荣：《提升林草碳汇潜力助力碳达峰碳中和目标》，《大众投资指南》2022 年第 1 期。

峰实施方案》中，提出到2025年公共机构新建建筑可安装光伏屋顶面积力争实现光伏覆盖率达到50%。这就要求政府应当发挥带头引领作用，率先在政府公共建筑屋顶建设光伏发电系统，同时在公务和行业用车中率先使用电动车，为推动户用光伏系统和电动车发展作出表率。

其一，兴山县应该制定碳中和路线图，明确化石能源的退出路线图。在兴山县的化石能源消费中，煤炭占比较大，按理应该优先退出。但是，考虑到兴发集团黄磷生产中需要煤炭作为原料，这部分刚性需求可以保留使用。成品油和天然气中，成品油占比较大，天然气占比较小。天然气相比于石油的碳排放系数较小，因此成品油应该较天然气优先退出。天然气大体退出，仅保留较小一部分比例，用于满足社会经济的稳定运行。从分行业层面进行低碳转型优化布局。充分利用兴山县零碳电力发展优势，构建以新能源为主体的新型电力系统，推动可再生能源发电与储能技术结合。在交通部门大力布局新能源交通工具，实现电动汽车、氢能燃料车对燃油汽车的替代。工业部门刚性排放需求可以秉承节能提效、降低终端用能和采取低碳技术等策略进行零碳转型。建筑行业倡导电气化，提高建筑部门内部尤其是供暖、供冷和照明等的能效。农业部门用能需求比较少，可以提高农村沼气工程利用，在垃圾处理上大力推动焚烧处理，推动造林与再造林工程，提高生态系统碳汇增汇潜力。

其二，要明确不同部门的政策需求，制定清晰的2035年目标。作为全国小水电示范县，兴山县提出2035年实现碳中和，在县域单元主体上起到了示范和引领作用。在实现碳中和的过程中，应该分部门、分步骤地构建有力的政策体系。在明确最终实现目标年份时，兴山县需要利用一系列政策手段和具体的投资行动来确保进展。如建立统一规范的碳计量体系和碳核算体系，规范碳排放数据采集，并进一步明确分部门能源转型的量化指标体系。对于一些关键基础设施领域,应该持续大规模投资,如输电系统和充电桩基础设施等。

## (四) 未来可以进一步开展的工作

**1. 考虑生产侧和消费侧排放向共担责任排放核算转移,纳入非二氧化碳温室气体排放,细化碳汇的核算**

第一,从生产侧和消费侧核算向共担责任排放核算转移。生产侧核算是以生产者责任(或地理边界)为原则来核算每个地区的排放。在该核算体系下,一个地区的生产导致的排放责任将完全由该地区承担,不管产品是国内消费还是出口,因此没有考虑排放的生产者责任和消费者责任之间的平衡问题。消费侧核算是根据各地区,由最终需求引起的排放来进行责任划分。相比于生产侧原则,消费侧原则考虑了贸易相关的碳排放。然而,从兴山县实际发展情况来看,碳排放的主要来源是电力消费产生的排放。兴山县发电结构以清洁电力为主,采用电网平均排放因子来进行核算,会高估当地实际的碳排放水平。因此,可以考虑共担责任排放的原则,对兴山县用电结构进行区分,分为清洁能源发电和外购电力两部分,并采用更合适的电力排放因子来进行计算,明确责任主体,提高本地提升减排能力的积极性。

第二,考虑化石能源燃烧产生的排放,需要进一步明确非二氧化碳温室气体排放。在我国编制的国家温室气体清单中,考虑了包括能源活动,工业生产过程,农业活动,土地利用、土地利用变化和林业,废弃物处理五个领域的二氧化碳($CO_2$)、甲烷($CH_4$)、氧化亚氮($N_2O$)、氢氟碳化物(HFCs)、全氟化碳(PFCs)和六氟化硫($SF_6$)的排放或吸收。本书为了测算方便,仅考虑了化石能源相关的二氧化碳排放,并未考虑生产生活中产生的二氧化碳温室气体。在未来的研究中,可以进一步细化不同温室气体产生的排放。

第三，对兴山县碳汇增汇能力进行更准确的测算。根据本书的测算结果，兴山县2035年碳汇增汇达到87.67万吨。然而，目前关于碳汇的核算方法，仍有很多可以进一步精确的地方，如考虑不同种类树木生长类型、周期等，在未来的研究中需要进一步对碳汇核算的方法进行完善和修改。

### 2. 做好碳中和进程的追踪与评估，研究制订细化实施方案

第一，进一步细化兴山县实现碳中和的时间进程。兴山县在推进碳中和目标的过程中，需要进一步针对具体部门和行业来做好碳中和进程的规划、追踪与评估工作，细化碳中和的时间进程，将碳中和目标纳入经济社会的各个方面。目前兴山县的能源消费还在波动期，从地方政府的视角，还希望为实现碳达峰争取一定的时间和空间。如何尽快推动实现碳达峰，并尽快步入快速降碳阶段，是兴山县在2035年实现碳中和的关键。为了能够尽快实现净零碳排放，必须压低峰值，这就需要制定更加细化的减碳任务，明确不同化石能源的退出时间节点和不同用能部门的化石能源替代方案，在有限的时间窗口内，加快推动能源生产和消费端的零碳转型。未来可以进一步依据宏观战略思考规划来制定具体的行业发展规划，明确碳中和发展的具体思路。

第二，确定最优降碳技术组合。兴山县具有品种多样的可再生能源禀赋，但是每种能源开发利用的成本、利用效率和对地方经济就业的拉动作用都存在差异。结合兴山县的实际情况，有针对性地确定适用的技术清单，有选择性地确定成本最低、效率最高、供应稳定性最有保障的技术组合，在县域范围内加快推进扩大零碳能源供应和消费端的电力替代；优先采用成熟的技术，谨慎布局研发型技术。

第三，积极推动碳中和目标指向融入兴山县经济社会生活

的各个方面，形成全民参与的良好局面。兴山县作为一个县域单位，率先实现碳中和必须得到各界的支持与理解，推动生产方式、生活方式以及消费方式的零碳转型。政府部门应当认识到提前实现碳中和给地方发展带来的巨大红利，选择合适的碳中和战略路径，并合理规划碳中和目标，引导督促企业零碳转型，宣传鼓励公民开展零碳行动；企业作为碳中和的行动主体，应自觉履行企业社会责任，加大对零碳技术的研发、使用力度，将碳中和融入企业的生产经营过程中；个人则应顺应时代的要求，建立新的零碳生活、消费方式。

# 参考文献

本刊编辑部：《科学发展屋顶光伏助力"双碳"战略目标》，《农村电气化》2021年第9期。

蔡博峰：《国际城市$CO_2$排放清单研究进展及评述》，《中国人口·资源与环境》2013年第10期。

常乐等：《储能在能源安全中的作用》，《中外能源》2012年第2期。

陈丽萍等：《风电场接入系统设计研究》，《发电与空调》2012年第4期。

陈迎、巢清尘：《碳达峰碳中和100问》，人民日报出版社2021年版。

陈迎：《碳中和概念再辨析》，《中国人口·资源与环境》2022年第4期。

褚叶祺、翁晓冬：《电动汽车微公交商业模式研究——以杭州市为例》，《浙江工业大学学报》（社会科学版）2014年第3期。

丛建辉、刘学敏、王沁：《城市温室气体排放清单编制：方法学、模式与国内研究进展》，《经济研究参考》2012年第31期。

丛建辉、刘学敏、赵雪如：《城市碳排放核算的边界界定及其测度方法》，《中国人口·资源与环境》2014年第4期。

崔卫波：《浅谈建筑节能设计和节能改造要点》，《科技信息》2011年第25期。

崔卫芳等：《三江源区生物质资源沼气化利用潜力评价》，《干旱地区农业研究》2013年第5期。

杜谦泰：《探讨提高森林碳汇能力的有效途径》，《环境与生活》2014年第12期。

段宏波、汪寿阳：《中国的挑战：全球温控目标从2℃到1.5℃的战略调整》，《管理世界》2019年第10期。

房梦：《秸秆发电企业成本与补偿研究》，硕士学位论文，华北电力大学，2016年。

傅一迪：《风电场声环境影响探析——以望江屯风电场二期工程为例》，《环境科学与管理》2013年第6期。

高世楫、俞敏：《"双碳"促进人类可持续发展》，《今日中国》2022年第1期。

郭伟、唐人虎：《2060碳中和目标下的电力行业》，《能源》2020年第11期。

国家电网公司"电网新技术前景研究"项目咨询组等：《大规模储能技术在电力系统中的应用前景分析》，《电力系统自动化》2013年第1期。

国家林业和草原局：《中国森林资源报告（2014—2018）》，中国林业出版社2019年版。

郝利等：《沼气生产成本收益与产业发展分析——以北京市平谷区大兴庄镇西柏店村沼气站为例》，《农村经济》2011年第2期。

何介南等：《湖南省林木生物质能资源现状及利用潜力研究》，《湖南林业科技》2021年第1期。

洪志超、苏利阳：《国外城市碳中和策略及对我国的启示》，《环境保护》2021年第16期。

胡忠学：《森林碳汇的社会效益和经济效益分析》，《南方农业》2018年第33期。

贾晨霞：《我国大型风电技术现状与展望》，《现代工业经济和信息化》2017年第3期。

江小涓等：《学习阐释党的二十大精神笔谈》，《中国工业经济》2022年第11期。

江亿、胡姗：《中国建筑部门实现碳中和的路径》，《暖通空调》2021年第5期。

蒋俊霞等：《风电场对气候环境的影响研究进展》，《地球科学进展》2019年第10期。

景天忠、豆晓洁：《害虫对森林碳汇的影响及其机理》，《世界林业研究》2016年第1期。

李冰、李迅、杜海龙：《既有建筑绿色低碳化改造调查研究——以北京市为例》，《城市发展研究》2022年第12期。

李丹阳等：《山西省畜禽粪污年产生量估算及环境效应》，《农业资源与环境学报》2019年第4期。

李海奎：《碳中和愿景下森林碳汇评估方法和固碳潜力预估研究进展》，《中国地质调查》2021年第4期。

李海玲等：《以可再生能源为主的多能互补集成应用现状及发展研究》，《太阳能》2020年第9期。

李泓：《锂离子电池基础科学问题（XV）——总结和展望》，《储能科学与技术》2015年第3期。

李惠民、童晶晶：《中国建筑部门碳排放的区域差异及其碳中和路径选择》，《环境保护》2021年第Z2期。

李静：《山西省光伏扶贫的相关问题研究》，《农家参谋》2017年第18期。

李俊峰：《做好碳达峰碳中和工作，迎接低排放发展的新时代》，《财经智库》2021年第4期。

李梁：《分布式光伏发电系统的并网技术应用》，《电力设备管理》2021年第7期。

李奇等：《中国森林乔木林碳储量及其固碳潜力预测》，《气候变化研究进展》2018年第3期。

李伟、王成鹏、徐从海：《建设项目碳排放环境影响评价分析及建议》,《环境生态学》2022 年第 5 期。

梁锋:《碳中和目标下碳捕集、利用与封存(CCUS)技术的发展》,《能源化工》2021 年第 5 期。

梁红、魏科、马骄:《我国西北大规模太阳能与风能发电场建设产生的可能气候效应》,《气候与环境研究》2021 年第 2 期。

林波荣:《建筑行业碳中和挑战与实现路径探讨》,《可持续发展经济导刊》2021 年第 Z1 期。

刘必祥:《森林抚育对森林生态系统的影响及对策》,《安徽农学通报》2021 年第 11 期。

刘兰:《全球极端天气走向常态化》,《生态经济》2021 年第 9 期。

刘珉、胡鞍钢:《中国打造世界最大林业碳汇市场(2020—2060 年)》,《新疆师范大学学报》(哲学社会科学版)2022 年第 4 期。

刘鹏、刘昌明:《我国能源发展与水电开发问题研究》,《科学对社会的影响》2007 年第 2 期。

刘润宝、周宇昊、谢玉荣:《江苏仪征大仪 100MWp 农光互补发电项目研究》,《节能》2017 年第 3 期。

刘世荣:《提升林草碳汇潜力助力碳达峰碳中和目标》,《大众投资指南》2022 年第 1 期。

刘晓莹:《森林管理对森林碳汇的作用和影响分析》,《南方农业》2016 年第 27 期。

刘晓宇:《山西省林业生物质能源利用前景分析》,《山西林业》2019 年第 3 期。

陆国成:《"光热+光伏"发电项目的国际经验借鉴》,《太阳能》2022 年第 7 期。

吕植:《中国森林碳汇实践与低碳发展》,北京大学出版社 2014 年版。

罗明、应凌霄、周妍:《基于自然解决方案的全球标准之准则透析与启示》，《中国土地》2020年第4期。

毛显强、郭枝、高玉冰：《碳中和与经济、社会、生态环境的协同研究》，《环境保护》2021年第23期。

孟祥飞等：《电化学储能在电网中的应用分析及展望》，《储能科学与技术》2019年第S1期。

倪桂香：《中小型水电建设项目施工成本控制研究》，硕士学位论文，西南财经大学，2012年。

潘家华等：《碳中和的转型革命与风险防范》，《青海社会科学》2022年第4期。

潘家华、孙天弘：《关于碳中和的几个基本问题的分析与思考》，《中国地质大学学报》（社会科学版）2022年第5期。

潘家华：《碳中和革命的发展范式转型与整体协同》，《阅江学刊》2022年第1期。

潘家华：《碳中和：需要颠覆性技术创新和发展范式转型》，《三峡大学学报》（人文社会科学版）2022年第1期。

潘家华：《中国碳中和的时间进程与战略路径》，《财经智库》2021年第4期。

庞明月、张力小、王长波：《基于能值分析的我国小水电生态影响研究》，《生态学报》2015年第8期。

尚杰、杨果、于法稳：《中国农业温室气体排放量测算及影响因素研究》，《中国生态农业学报》2015年第3期。

施正荣：《将碳达峰、碳中和纳入生态文明建设整体布局》，《世界科学》2021年第8期。

苏翠霞等：《我国建筑屋顶光伏应用潜力分析》，《浙江建筑》2021年第3期。

孙峰等：《太阳能热利用技术分析与前景展望》，《太阳能》2021年第7期。

田德、马晓慧：《国内外大型风电机组关键技术发展趋势（一）》，《风能》2016年第1期。

田宜水等：《我国生物质经济发展战略研究》，《中国工程科学》2021年第1期。

田原宇、乔英云：《生物质气化技术面临的挑战及技术选择》，《中外能源》2013年第8期。

汪晗宇：《光伏发电扶贫减贫项目工程难点和对策研究》，《电力设备管理》2021年第7期。

王朝才、刘金科：《促进生物质能发展的财税政策思考》，《经济研究参考》2010年第37期。

王成山、王守：《智能微网在分布式能源接入中的作用与挑战》，《中国科学院院刊》2016年第2期。

王光伟等：《太阳能光化学利用方式及应用评述》，《半导体光电》2015年第1期。

王慧慧、余龙全、曾维华：《基于职居分离调整的北京市交通碳减排潜力研究》，《中国人口·资源与环境》2018年第6期。

王火根、王可奕：《基于生命周期评价的生物质与煤炭发电综合成本核算》，《干旱区资源与环境》2020年第6期。

王露等：《绿色小水电综合评价研究》，《中国水利水电科学研究院学报》2016第4期。

王朔等：《储能技术领域发表文章和专利概览综述》，《储能科学与技术》2017年第4期。

王孝武等：《黄磷废水处理工艺比较》，《环境污染治理技术与设备》2003年第10期。

王志武：《基于房屋建筑工程节能施工技术的分析》，《低碳世界》2016年第23期。

伍格致等：《湖南省森林碳汇产业发展社会效益分析》，《林业经济》2015年第11期。

武汉大学国家发展战略研究院课题组：《中国实施绿色低碳转型和实现碳中和目标的路径选择》，《中国软科学》2022年第10期。

郗婷婷、李顺龙：《黑龙江省森林碳汇潜力分析》，《林业经济问题》2006年第6期。

肖洋、刘海峰、李娜：《生物质能的开发与利用》，《湖北农机化》2020年第9期。

徐辉、荣晨：《"十四五"时期中国住房需求变化及对策建议》，《宏观经济研究》2021年第8期。

薛飞宇、梁双印：《飞轮储能核心技术发展现状与展望》，《节能》2020年第11期。

闫睿：《重庆市乔木林碳储量动态分析及潜力预测》，《林业经济》2019年第7期。

杨杰等：《新能源消纳社会效益及风险分析》，《现代经济信息》2016年第19期。

杨永江、王立涛、孙卓：《风、光、水多能互补是我国"碳中和"的必由之路》，《水电与抽水蓄能》2021年第4期。

曾荻：《我国民用建筑运行能耗预测方法及其应用研究》，博士学位论文，北京交通大学，2012年。

张娟、陈钦：《森林碳汇经济价值评估研究——以福建省为例》，《西南大学学报》（自然科学版）2021年第5期。

张守攻：《提升生态碳汇能力》，《上海企业》2021年第7期。

张文斌、王挺、陈宝明：《生物质绝非高污染燃料》，《中国能源报》2021年第4期。

张小全、谢茜、曾楠：《基于自然的气候变化解决方案》，《气候变化研究进展》2020年第3期。

张晓庆等：《中国农作物秸秆产量及综合利用现状分析》，《中国农业大学学报》2021年第9期。

张旭、隋筱童：《中国特色社会主义现代化与新"四个全面"的历史进程及演进逻辑》，《山东社会科学》2021年第2期。

张颖、李晓格：《碳达峰碳中和目标下北京市森林碳汇潜力分析》，《资源与产业》2022年第1期。

张颖、潘静:《森林碳汇经济核算及资产负债表编制研究》,《统计研究》2016年第11期。

赵红芬:《浅议采用合同能源管理实施建筑节能》,《产业与科技论坛》2008年第4期。

甄晓亚、尹忠东、孙舟:《先进储能技术在智能电网中的应用和展望》,《电气时代》2011年第1期。

中国工程院:《我国干旱半干旱地区农业现状与发展前景》,高等教育出版社2013年版。

朱宁、瞿志敏、李守军:《直流供电系统及新型储能系统的思考》,《现代建筑电气》2020年第9期。

竹立家:《走向2035年的中国:远景目标与关键变量》,《人民论坛·学术前沿》2021年第6期。

《转变经济发展方式增强可持续发展能力》,《甘肃日报》2012年12月28日第11版。

庄贵阳、白卫国、朱守先:《基于城市电力消费间接排放的城市温室气体清单与省级温室气体清单对接方法研究》,《城市发展研究》2014年第2期。

J. Alcalde et al., "The Potential for Implementation of Negative Emission Technologies in Scotland", *International Journal of Greenhouse Gas Control*, Vol. 76, 2018.

M. Carpentieri, A. Corti, L. Lombardi, "Life Cycle Assessment (LCA) of an Integrated Biomass Gasification Combined Cycle (IBGCC) with $CO_2$ Removal", *Energy Conversion and Management*, Vol. 46, 2005.

潘家华，经济学博士（剑桥，1992年），中国社会科学院学部委员，国家气候变化专家委员会委员，国家外交政策咨询小组成员，北京市政府专家咨询委员会委员，中国城市经济学会会长、中国生态经济学会副会长，中国生态文明研究与促进会副会长，北京工业大学生态文明研究院院长、博士生导师，联合国可持续发展报告（GSDR2023）独立专家组（15人，联合国秘书长古特雷斯任命）成员、政府间气候变化专门委员会（IPCC）评估报告（减缓卷，2021年）主笔，联合国政府间气候变化专门委员会（IPCC）第三、第四、第五、第六次评估报告主要作者，英文期刊 *Chinese Journal of Urban & Environmental Studies* 的主编。曾任中国社会科学院城市发展与环境研究所（现生态文明研究所）所长、外交政策咨询委员会委员、UNDP高级项目官员、IPCC高级经济学家。长期从事可持续发展经济学、世界经济、能源与气候政策、生态文明范式新经济学等研究，主持了国家自然科学基金重点项目、国家社会科学基金重大项目、科技支撑专项、国家973计划、中国社会科学院重大项目、国家部委项目、地方省市委托和国际合作研究项目30余项，独立撰写学术专著8部（英文2部）、合著（第一作者）28部（英文6部）、主编学术专著30余部，在国际刊物《科学》《自然》《牛津经济政策评论》等和国内刊物《中国社会科学》《经济研究》等上发表中英文论（译）著300余篇（章、部）。获中国社会科学院优秀科研成果一等奖和二等奖、第十四届孙冶方经济科学奖、绿色中国年度人物、第九届中华宝钢环境奖。2007年作为IPCC评估报告撰写团队主笔之一分享2007年度诺贝尔和平奖。2010年中央政治局集体学习时，讲解"关于实现2020年二氧化碳减排目标的思考"。

张莹，中国社会科学院生态文明研究所副研究员；中国社会科学院可持续发展研究中心自然资源资产核算研究部主任；

中国社会科学院中国气象局气候变化经济学模拟联合实验室研究成员；中国城市经济学会理事；作为中国社会科学院学部委员潘家华教授向联合国经济与社会事务部提名的工作助理，参与 2023 年全球可持续发展报告编写工作。主要研究领域为可持续发展经济学、数量经济学、应对气候变化经济学、环境经济学等。已在《财贸经济》《数量经济技术经济研究》《中国人口资源与环境》，One Earth 等学术刊物发表学术论文 40 余篇，多篇成果被人大复印报刊资料转载；合著学术著作多部；主持、参与课题 50 余项；曾获国家社科基金青年项目、北京市科委优秀博士论文资助，中国博士后科学基金面上资助，"中国社会科学院优秀对策建议三等奖"以及"中国数量经济学会优秀论文奖"等奖项。长期关注可持续发展议程、公正转型、"一带一路"倡议、全球发展倡议等全球性议题，对外展示中国立场、阐释中国主张、宣传中国经验与中国案例。

李萌，经济学博士，中国社会科学院生态文明研究所副研究员，中国社会科学院可持续发展研究中心理论部主任，中国社会科学院生态文明研究智库环境治理与生态修复部主任，中国生态经济学会城市生态经济专业委员会副主任。主要研究方向为产业经济、可持续发展经济学。近年来，致力于生态环境的治理与可持续发展问题研究，主持国家社会科学基金课题、国情调研课题 5 项，完成欧盟、美国、印度、荷兰、英国等国外合作课题 12 项，国家发展和改革委员会、生态环境部及地方政府委托的相关课题 37 项。在国家核心期刊上发表论文 70 余篇，其中有多篇文章被《新华文摘》《中国社会科学文摘》等转载。专著 6 本，研究报告 120 余篇（章）。部分研究成果和对策建议得到国家有关部门的认可，并在地方获得有效实践。获省部级信息对策一等奖、二等奖、三等奖若干次。